Jutta Wimmer

DIE 10 GRÖSSTEN LERNLUSTKILLER

Wie unsere Kinder mehr Spaß an der Schule haben

KÖSEL

MIX
Papier aus verantwortungsvollen Quellen
FSC® C014496
FSC
www.fsc.org

Verlagsgruppe Random House FSC® N001967
Das für dieses Buch verwendete FSC®-zertifizierte Papier *Classic 95* liefert Stora Enso, Finnland.

Umschlag: Weiss Werkstatt, München
Umschlagmotiv: plainpicture/RelaxImages
Satz und Herstellung: Lisa Jüngst, München
Druck und Bindung: GGP Media GmbH, Pößneck
Printed in Germany
ISBN 978-3-466-31019-7

www.koesel.de

Meinem Vater,
der mir schon immer sehr viel zugetraut hat.
Meiner Mutter,
die schon immer meine Stärken gesehen hat.
Danke.

INHALT

VORWORT

Ein wichtiger Schritt zu Veränderung besteht darin, auszusprechen, was ist. Scheinthemen, Bemänteln, Verschweigen von dem, worum es im Kern geht, hält uns in alten Mustern fest.

Jutta Wimmer gelingt ein erfrischend humorvoller Blick auf ein brisantes Thema, das unsere unbedingte Aufmerksamkeit braucht: die Differenz zwischen den pädagogischen Idealen von Schulen, Bürokratien und Eltern einerseits und der gelebten Praxis in unseren Schulen andererseits. Beispielhaft hierfür sind: Statt motivationsfördernder Beziehungskultur – strukturelle Verhinderung von Beziehungen. Statt erfahrungsorientiertem Lernen – gepaukte Stofffülle. Statt Sinnhaftigkeit, Kreativität und höchstmöglicher Interdisziplinarität – Langeweile und Ausfüllen von Arbeitsblättern, deren Lösungen im Lehrerhandbuch stehen. Statt ermutigender Potenzialentwicklung in einer wertschätzenden Kultur – Bewertung, Selektion, Sortieren und oft Angst.

Wie kommt es zu diesem Beharren auf tradierten Konzepten, Strukturen und Strategien, die so offenkundig nicht zukunftsfähig sind? Während Unternehmen zunehmend Potenzialentfaltung, Wertschätzung, Sinn, Partizipation und Mut zu ergebnisoffenen Experimenten, also einen grundlegenden Kulturwandel in den Zukunftsblick nehmen, verharrt das System Schule in alten Mustern.

Unsere Gesellschaft und die großen aktuellen Herausforderungen rufen nach mehr als einem ABC des Wissens. Was wir brauchen, sind junge Menschen, die fähig sind zu Empathie und Perspektivwechsel, zu konstruktiver Handlungsfähigkeit in heterogenen Gruppen, zu Visionskraft und geistiger Flexibilität in sich ständig verändernden Dynamiken und zu Verantwortungsbewusstsein in komplexen Umwelten.

Jutta Wimmer rüttelt wach, indem sie punktgenau den Finger auf die Wunde legt. In kleinen Geschichten lässt sie uns Einblick nehmen in die Verrücktheiten eines Systems, das sich – bislang jedenfalls – grundlegendem Wandel verweigert. Manche ihrer aktuellen Geschichten rühren an meine eigenen Schülererfahrungen, obgleich diese ein halbes Jahrhundert zurückliegen.

Der Charme des Buches liegt nicht zuletzt darin, dass die Autorin ihre Botschaft aus den verschiedensten Perspektiven vermittelt, und zwar auf dem Hintergrund ihres soliden Erfahrungswissens: Sie schlüpft in die Elternrolle ebenso wie in die Rolle der Lehrer; sie nimmt die Autorität der Wissenschaft ebenso in Anspruch wie die Kompetenz der professionellen Begleiterin von Eltern, Lehrern und Kindern. Sie ist Anwältin der Kinder, ihrer Nöte, ihrer Wahrnehmungen, ihrer Bedürfnisse, ihrer Freude und genuinen Potenziale. Das bewegt und berührt, schafft Aha-Erlebnisse.

Jutta Wimmer bleibt nicht bei der Schulkritik stehen, sondern öffnet die reich bestückte Schatzkiste ihrer Erfahrungen. Am Ende jedes Kapitels lässt sie uns teilhaben an Ideen, Haltungen, Methoden, mit denen sie selbst gute Erfahrungen in ihrer vielfältigen Praxis gemacht hat.

In meiner Tätigkeit als Schulleiterin und als Initiatorin von *Schule im Aufbruch* bin ich auf viele Visionäre und Mutmacher gestoßen. Und auf Schulen, die den Mut haben, Schule grundlegend neu zu denken. Die gute Botschaft: Lernlust und Leistung sind Geschwister. Wer Leistung will, muss Lernlust fördern!

Mit Jutta Wimmer wird unsere Aufmerksamkeit durch eine Autorin inspiriert, die nicht anklagt, sondern uns mit Humor und Poesie den Spiegel vorhält und dazu ermutigt, neue Wege zu entdecken und zu gehen.

Margret Rasfeld

WENN DIE LERNLUST SCHWINDET

Kennen Sie dieses unbeschreiblich tolle Gefühl, wenn Ihr Kind mittags aus der Schule kommt, sich ohne Aufforderung an die Hausaufgaben setzt, sie voll motiviert in einem Rutsch erledigt und hinterher auch noch freiwillig die Lateinvokabeln wiederholt? – Ich auch nicht. Deshalb habe ich dieses Buch geschrieben.

DER ERNST DES LEBENS

In den ersten beiden Grundschuljahren fragte ich meinen Sohn, wenn er mittags von der Schule kam, häufig, wie es denn gewesen sei. »Toll!«, strahlte er jedes Mal. Was denn so toll gewesen sei, wollte ich wissen. Und täglich glich seine Antwort der vom Vortag: Mit glänzenden Augen erzählte er mir, was er wieder Neues gelernt hatte, von dem Riesenspaß, der super Action und all dem Spannenden, das die Schule ihm täglich bot – in den P-A-U-S-E-N. Nach dem Unterricht selbst befragt, winkte er oft ab. Die Schule war für ihn trotz guter Noten eher Nebensache und Zeitverschwendung. Alles andere als lustig! Er hatte sie in die Kiste »Notwendiges Übel« gepackt. Und diesen Ort hat sie bis heute nur hin und wieder verlassen. Der schwerfällige »Ernst des Lebens« konnte nicht konkurrieren mit dem pulsierenden Leben außerhalb des Unterrichts, das die Schule für 20 Minuten am Tag zuließ. Nein, »Schule« hatte niemals eine reelle Chance gegen all die Lernerfahrungen in der großen Pause. Und so wie meinem Sohn geht es vielen Kindern.

In den ersten Lebensjahren sind die Kinder zutiefst beglückt von jeder neuen Lernerfahrung und lechzen geradezu danach, in die Schule zu kommen! Eine Einrichtung, die verspricht, dass sie täglich Neues entdecken und lernen können.

Es dauert aber keine zwei, drei Jahre, dann ist bei vielen die Lernfreude bereits deutlich gedämpft. So wie bei Max, der seine Mutter schon in der 2. Klasse fragte, wie viele Jahre er denn in die Schule gehen müsse. Die Mutter erklärte ihm, das käme auf die Schule an, die er besuchen würde – neun, zehn oder zwölf Jahre. Max' Antwort: »Dann gehe ich auf jeden Fall in die Hauptschule, da bin ich schneller fertig!« Spätestens wenn es die ersten Noten gibt, gehen viele Kinder mit mulmigen Gefühlen zur Schule. Manche sogar mit Angst. Nachmittags fließen die ersten Tränen, und nicht wenige Kinder klagen über Einschlafstörungen, Bauchschmerzen und Übelkeit. Die unbändige Lernlust ist plötzlich wie verflogen. Sicher nicht bei allen. Aber die Lustkurve sinkt deutlich. Die »Guten« laufen mit im System, doch auch von ihnen kommen zunehmend Klagen. Sind die Schüler dann an weiterführenden Schulen, tragen sie neben ihren Schulbüchern bereits einen dicken Lernfrust mit im Schulranzen herum.

Was ist da passiert? Wie kommt es, dass Kinder, die ihren ersten Schultag mit Begeisterung antreten, sich schon bald dem Lernen verweigern? Im Laufe der Jahre habe ich viele Schüler dazu befragt. Herausgekommen ist eine Liste der 10 größten Lernlustkiller.

LERNLUST UND LERNERFOLG SIND UNTRENNBAR VERBUNDEN

Derzeit gibt es kein größeres Problem in unserem Bildungssystem als das der Motivation. Die Mehrheit der Schüler an weiterführenden Schulen hat »keinen Bock« auf Lernen. Sie ist

»voll genervt«, hasst es, den ganzen Vormittag lang »zugelabert« zu werden, findet den größten Teil des Unterrichts langweilig und den Stoff häufig »überflüssig«. Wenn Unterricht ausfällt, schwappt eine Begeisterungswelle durch das Klassenzimmer. Mittags sind die Jugendlichen froh, wenn sie das Schulhaus so schnell wie möglich verlassen können. Lernen macht meist wenig bis gar keine Freude. Zumindest nicht in der Schule. »Lust« ist ein Begriff, den wir im Zusammenhang mit Schule kaum hören oder lesen – »Leistung« schon. Lehrern und Schulbehörden kommt es in erster Linie darauf an, dass Schüler etwas leisten. Viele Eltern dagegen bedauern, dass ihre Sprösslinge immer seltener einfach nur Kind sein können. Sie sind oft zerrissen zwischen dem Schuldruck und dem Wunsch, dass sich ihre Kinder entfalten können. Aber im Zweifelsfall spielen auch für sie die Noten die alles entscheidende Rolle.

Dabei wird eines gern übersehen: Lernerfolg und Lernlust sind untrennbar verbunden. Sie gehören zusammen wie Wasser und Seife. Wer mit Spaß und Lust lernt, ist in der Regel zu Höchstleistungen fähig. Und wer beim Lernen viele Erfolgserlebnisse hat, ist motiviert, noch mehr zu leisten.

MANGELNDE LERNLUST – NICHT NUR DAS PROBLEM DER SCHÜLER

Unter dem Motivationsproblem der Schüler leiden nicht nur sie selbst, sondern auch Eltern und Lehrer. Viele Eltern beobachten besorgt, wie ihre Kinder nachmittags lustlos am Schreibtisch vor sich hinträumen, statt Hausaufgaben zu machen. Wie sie das Lernen oft bis auf den letzten Drücker hinausschieben. Und jeder Lehrer hat Schüler, die auf ihren Stühlen lümmeln und sich teilnahmslos berieseln lassen. Mit ihren Gedanken sind sie bei »Germany's Next Topmodel«, beim Bundesliga-Neuzugang oder was sie am Nachmittag mit den Freunden unternehmen werden. Pubertierende haben wahrlich andere Sorgen als die Schule!

Da stellt sich die Frage: Wieso gehen viele Kinder so ungern in die Schule? Wieso macht das Lernen so wenig Spaß? Und wieso haben sie scheinbar so wenig Lust, sich anzustrengen? Diesen Fragen gehe ich im Folgenden nach. Dabei begebe ich mich auf die Suche nach den Wurzeln des Lernfrustes: Wo stehen wir den Kindern als Eltern, Lehrer und mit unserem Schulsystem im Weg? Wo zerstören wir ihre Lernlust sogar, weil wir es nicht besser wissen? Und wo könnten wir ansetzen, um in unseren Kindern das Lernfeuer neu zu entfachen, damit sie wieder motiviert sind und mehr Spaß an der Schule haben?

PISA – DER SCHIEFE TURM DER BILDUNGSLANDSCHAFT

Für die Schulbehörden steht das Thema »Lernlust« nicht oben auf der Agenda. Das Wort »Spaß« im Zusammenhang mit Schule ist eher verpönt. Vielmehr geht es um Leistung – und das Kriterium dafür sind die internationalen Leistungstests PISA, TIMSS, IGLU usw. Durch die Bildungslandschaft zieht die »Testeritis«. Dennoch steht der Turm von Pisa schief. Nicht nur in der Toskana. Die PISA-Studien zementieren alle paar Jahre von Neuem die Schieflage unseres Schulsystems. Während Bildungsexperten in den Kultusministerien über das noch immer schlechte PISA-Abschneiden diskutieren, macht sich an der Basis der Schullandschaft in den letzten Jahren zunehmend Unmut breit: Lehrer, Pädagogen, Psychologen, Philosophen und Hirnforscher veröffentlichen Bücher, die für eine Schule kämpfen, in die die Kinder gerne gehen. Bekannte Fernsehformate und Talkshows greifen schulische Missstände auf. Dokumentationen und Kinofilme zeigen das ganze Ausmaß der Schulmisere und stellen

Modellschulen vor, wie sie sich die Kinder wünschen. Organisationen und Initiativen werden gegründet, in denen sich veränderungswillige Eltern und Lehrer zusammenfinden, um die Schule hirn- und damit kindgerechter zu gestalten. Hirnforscher reisen durch die Lande und verbreiten die aktuellsten Erkenntnisse der Neurowissenschaften und ihre Bedeutung für Lernen und Bildung. Vieles davon ist der Schulpädagogik seit Langem bekannt – aber sie ignoriert es weitgehend, ergreift ihre Chancen nur spärlich und verwehrt damit den Kindern viele Entwicklungsmöglichkeiten.

Die Reaktionen in der Fachwelt sind geteilt. Sie bilden zwei Fronten: die Innovativen, die Windmühlen bauen und aktiv mithelfen wollen beim großen Wurf, Schule zu transformieren. Und die eher Konservativen, die Mauern errichten, gerne alles beim Alten lassen möchten und allenfalls offen sind für kleine Korrekturen.

WINDMÜHLENBAUER WAGEN DAS NEUE – MAUERBAUER HABEN ANGST

Zu den Windmühlenbauern gehören viele verzweifelte Eltern, die sich für eine »neue« Schule engagieren, weil sie es satthaben, ihre Kinder täglich mit viel Überredungskünsten oder unter Androhung von Strafen zum Lernen zu zwingen. Die sich durch die Schule nicht mehr die Harmonie in der Familie zerstören lassen wollen. Dazu gehören die vielen engagierten, motivierten LehrerInnen, die ihre Schüler nicht länger dem permanenten Beurteilungsdiktat aussetzen möchten. Lehrer, die lieber fördern als selektieren. Windmühlenbauer sind auch eine wachsende Gruppe innovativer SchulleiterInnen, die mutig neue, unerprobte Wege gehen. Und Windmühlenbauer sind aufgeschlossene und interessierte Beamte in der Schulbürokratie, die erkannt haben, dass die Schulen vor ganz neuen gesellschaftlichen und wirtschaftlichen Herausforderungen stehen, und sich daher für eine neue, kindgerechte Schulkultur einsetzen.

Mauerbauer dagegen sind Eltern, die sich überhaupt nicht vorstellen können, dass Lernen ohne Druck möglich ist. Eltern, die diese ganze Schuldebatte überflüssig finden: »Aus uns ist ja schließlich auch was Ordentliches geworden!«

Zu den Mauerbauern gehören Lehrer, die sich angegriffen fühlen und zurückziehen, weil sie mit Schuldzuweisungen konfrontiert werden. Die Angst vor all den Veränderungen haben, weil sie ihr Lebenswerk infrage gestellt sehen: »Soll falsch gewesen sein, wie wir jahrelang unseren Unterricht gestaltet haben?«

Mauern bauen auch Schulleiter, denen himmelangst wird, wenn sie an die kontroversen Diskussionen im Lehrerzimmer denken. Die befürchten, dass all die neuen Ideen eine organisatorische Katastrophe heraufbeschwören, sobald sie diese einmal im Haus haben.

DER ARZT SIEHT DEN PATIENTEN NICHT

Ganz ehrlich: Ich verstehe die Angst der Eltern, ihre Kinder könnten nicht genug lernen. Ich verstehe die Wut der Lehrer, die permanent angegriffen werden und für ihre Arbeit nicht genügend Wertschätzung erhalten. Und ich verstehe auch die Bedenken der Schulleiter.

Wütend macht mich dagegen die Tatsache, dass weite Teile der Schulbehörden und der Politik die Situation der Kinder bagatellisieren. Seit Jahren wird versucht, das marode System »Schule« mit immer neuen Aufhübsch-Reförmchen zu sanieren. Das Problem dabei: Am Schreibtisch der Verwaltungsbeamten und Politiker stellt sich die Situation der Schulen und Schüler weitgehend emotionslos dar. Die Schulbehörden haben Datenmaterial und Statistiken auf dem Schreibtisch, wissenschaftliche Konzeptionen und manchmal auch Klagen von Eltern über Noten. Aber wer sieht die Tränen der Kinder, ihre Enttäuschungen, ihre Ängste und ihr angeschlagenes Selbstwertgefühl? Ich unterstelle den Verantwortlichen keineswegs Inkompetenz, aber ich will vehement darauf hinweisen, dass die Räume in einem Ministerium oder in einem Landtag weitab vom eigentlichen Geschehen liegen. Das heißt: Der Arzt, der das Rezept ausstellt, sieht den Patienten nicht. Aber Ferndiagnosen sind nicht nur in der Medizin problematisch. Kein Wunder, dass dabei das Gefühl für die Kinder verloren geht. Und während sich die Fachdiskussionen weiter um PISA-Rankings drehen, gehen viele Schüler Tag für Tag mit Bauchschmerzen in die Schule. Es macht für Kinder eben schon einen Unterschied, ob sie Spaß an der Schule haben oder nicht!

FÜNFFACH SELBST BETROFFEN

Mich selbst betrifft die Lernlust-Problematik sowohl privat als auch beruflich:

Als *Schülerin* erlebte ich eine wechselhafte Schulzeit. Ich hatte Zeiten, in denen ich stinkfaul war, ebenso wie Zeiten, in denen ich fast rund um die Uhr gepaukt habe. Ich kenne Zeugnisse mit vielen schlechten Noten (einmal war sogar die Versetzung gefährdet) ebenso wie Zeugnisse mit einem Traumschnitt von 1,0. Ich hatte gute Lehrer, die ich liebte, und weniger gute, die mir die Schule vermiesten. Ich fand manche Fächer sehr interessant, andere zum Einschlafen. Lust auf Schule hatte ich vor allem in den ersten beiden Schuljahren. Eine normale Schulkarriere also.

Als *Mutter* eines 15-jährigen Sohnes durchlebe ich die Schule noch ein mühsames zweites Mal. Überwiegend optimistisch, aber dennoch manches Mal auch ratlos und ohnmächtig. So kann ich mich dem Liedermacher Reinhard Mey nur anschließen, wenn er singt: »Und nun fängt alles das noch mal von vorne an! Ich will dir helfen, wenn ich kann.«

Als begeisterte, aber manchmal abgekämpfte *Lehrerin und Dozentin* kenne ich die Seite der Unterrichtenden, die nichts lieber haben als Schüler und Studierende, die motiviert und mit Freude lernen. Trotz eines vielfältigen und methodenreichen Unterrichts und einer vertrauensvollen Beziehung zu meinen Schülern stieß ich doch immer wieder an die Grenzen ihrer Lernlust.

Als *Lerncoach* begleite ich viele unglückliche Schüler, die an sich selbst und der Schule verzweifeln und für die Lernen eine Quälerei ist. Ihr wichtigstes Ziel ist, die Prüfungen gut zu schaffen und die Schule schnell hinter sich zu bringen.

Und als *Beraterin* von Eltern, die mit ihrem Latein am Ende sind und bei mir verzweifelt Rat einholen, suche ich Auswege aus der Schulmisere.

Aus diesen fünf Blickwinkeln bringe ich meine Erfahrungen in dieses Buch ein. Oft leidenschaftlich, gelegentlich auch kämpferisch. Dabei ist es nicht meine Absicht, jemanden zu verletzen. Wohl wissend, dass man manchmal anstößig sein muss, um Anstöße zu geben, die genug Kraft zur Veränderung haben.

EIN BUFFET AN IDEEN, IMPULSEN, INSPIRATIONEN

Die 10 größten Lernlustkiller bieten weder ein vollständiges Theoriekonzept für eine bessere Schule noch eine empirisch-wissenschaftliche Arbeit, die nach allen Seiten lückenlos und ausgewogen ist. Dafür habe ich Ihnen anhand von exemplarischen Beispielen, wahren Geschichten, erlebten Anekdoten, Metaphern, schulischen Hintergrundinformationen und wissenschaftlichen Untersuchungen einen Cocktail gemixt, der die oft so frustrierende Situation von Schülern nachvollziehbar und einfühlbar macht und die Hintergründe ihrer Lernunlust beleuchtet.

Betrachten Sie, liebe Eltern und liebe LehrerkollegInnen, die vorgestellten Ideen bitte nicht als Allheilmittel, die für alles und jeden passen. Es sind vielmehr Denkansätze und praktische Handlungsoptionen, die mich und andere weitergebracht haben. Manches davon wird für Sie passen, anderes nicht. Das eine oder andere wird Sie vielleicht sogar zum Widerspruch reizen. Meine Haltung dabei ist nicht die der Besserwisserin, sondern ich werde selbst immer Fragende bleiben. Sehen Sie dieses Buch daher bitte als Ideen-Buffet an. Bedienen Sie sich dabei ganz frei, aber laden Sie sich auch nur die Impulse auf Ihren pädagogischen Teller, die Ihnen schmecken, die Sie verdauen können und die Sie zu Ihren eigenen Lösungen inspirieren. Alles andere lassen Sie bitte einfach liegen. Vielleicht werden Sie an diesem Buffet auch das ein oder andere vermissen, worauf Sie gerade Appetit gehabt hätten, zum Beispiel das Medien- oder Mobbingthema. Aber unter der Last dieser weiteren Teller wäre das Buffet vermutlich zusammengebrochen. So habe ich mich aus Platzgründen lieber auf 10 Lernlustkiller beschränkt.

Vermutlich wird auch nicht alles neu für Sie sein, insbesondere nicht für Lehrerkollegen. Dennoch darf es immer wieder in Erinnerung gerufen werden. Wir werden nichts ändern, wenn wir nur »Wisser und Kenner« der vielen Möglichkeiten sind. Bewirken können wir erst etwas, wenn wir zum *Könner* werden und die Ideen auch umsetzen.

Noch zwei formale Hinweise:

Alle Geschichten und Fallbeispiele sind zum Schutz der betreffenden Personen anonymisiert: Namen und Orte wurden geändert und Lern- und Lebensumstände verfremdet.

Wenn von Schülern und Lehrern die Rede ist, gebrauche ich der besseren Lesbarkeit halber nicht immer die männliche und weibliche Form. Selbstverständlich sind dann jeweils beide Geschlechter gemeint.

AUF IN DIE KINDERSCHUHE!

Bevor ich Ihnen nun die 10 größten Lernlustkiller vorstelle, bitte ich Sie, Ihre Schuhe auszuziehen. Ja, Sie haben richtig gelesen! Vielleicht kennen Sie ja die indianische Weisheit: »Urteile so lange nicht über einen anderen, bis du nicht einen Mond lang in seinen Mokassins gegangen bist!« Das würde ich gerne mit Ihnen tun: Lassen Sie uns für die Dauer dieses Buches unsere »Erwachsenenschuhe« ausziehen und wieder in unsere alten »Kinderschuhe« schlüpfen: in unsere schmutzigen, alten Turnschuhe, in die abgetretenen Sandalen, die schicken rosaroten Ballerinas oder die braunen Clogs. Und lassen Sie uns zwischendurch immer wieder so denken und fühlen, wie wir es als Kind getan haben – sitzen Sie bereits in Socken da …?

LERNLUSTKILLER 1:
ÜBERFRACHTETE LEHRPLÄNE

»Es ist alles so viel. Ich schaff das einfach nicht!«

Regelmäßig sitzen mutlose und resignierte Schüler vor mir in der Praxis, denen alles zu viel wird. Leistungsdruck und das Gefühl der Überforderung sind Bestandteil ihres schulischen Alltags.

Unsere Schulen sind Orte voller Zeitdruck. Schüler wie Lehrer stehen permanent unter Stress. Besonders an den Gymnasien sind die Lehrpläne vollgepackt bis oben hin. Aus der Not dieser Stofffülle heraus bleibt den Lehrern oft nichts anderes übrig, als von einem Thema zum nächsten zu hetzen, um alles Vorgeschriebene durchzunehmen. Viele Sachverhalte können dadurch lediglich gestreift werden. Für eine Vertiefung, sodass Inhalte in Fleisch und Blut übergehen, bleibt häufig keine Zeit. Und dies liegt beileibe nicht an den Lehrern. Von ihnen wird im Grunde Unmögliches verlangt.

Was Gymnasiasten täglich an Lernpensum zu bewältigen haben, ist so enorm, dass es von den meisten Kindern in der vorgegebenen Zeit kaum zu schaffen ist. Es sei denn, sie pauken Tag und Nacht. So wie Julia. Das Leben der 14-jährigen Gymnasiastin besteht fast nur noch aus Schule. Bis 23 Uhr sitzt sie meistens über ihren Büchern, selbst samstags und sonntags lernt sie viele Stunden. Freizeit bleibt da kaum noch. Freilich sind ihre Noten bei so viel Engagement auch sehr gut, aber dafür hat sie auch das Klavierspielen und ihren Sport aufgegeben. Obwohl sie eigentlich leicht lernt, leidet sie unter dem ICE-Tempo, das die

Schule vorgibt. Oft fühlt sie sich überfordert, weint viel, hat regelmäßig Kopfschmerzen und Einschlafprobleme. Den Lehrern gibt sie keine Schuld: »Die müssen ja mit dem Lehrplan durchkommen!«

Wenn unsere Kinder all das tatsächlich lernen, was vorgegeben ist, sind sie damit deutlich länger beschäftigt als jeder Arbeitnehmer mit einer 40-Stunden-Woche. Aufgrund der Stofffülle und der knappen Zeit können sie sich die Inhalte kaum wirklich zu eigen machen. Vieles wird daher einfach auswendig gelernt. Übrig bleiben rudimentäre Kenntnisse samt dem unbefriedigenden Gefühl: »Ich hab's nicht wirklich drauf. Ich kann es nur so lala!« Neulich sagte ein Achtklässler zu mir: »Ich hasse das so: Ich hab das eine noch nicht richtig im Kopf und schon kommt das Nächste. Und das Übernächste. Wir rasen von einem Thema zum nächsten.«

DIE EWIG UNAUFGERÄUMTE KÜCHE

Lassen Sie uns an dieser Stelle mit einem Beispiel aus der Erwachsenenwelt wieder ein paar Schritte in den Kinderschuhen laufen. Stellen Sie sich bitte vor, Sie kochen ein schönes, mehrgängiges Menü in Ihrer Küche. Dazu brauchen Sie viele Töpfe und Schüsseln. Hinterher wollen Sie aufräumen. Aber – Mist! – ein unvorhergesehener Termin kommt dazwischen und Sie müssen schnell außer Haus. Als sie weit nach Mitternacht wieder heimkommen, steht die Küche noch immer voller Geschirr. Aber Sie sind zum Umfallen müde und müssen sofort ins Bett. Nach einer kurzen Nacht kommt am nächsten Tag noch das Frühstücksgeschirr dazu. Schnell füllen Sie eine Spülmaschine, haben aber keine Chance, alles wegzuräumen, denn Sie müssen zur Arbeit. Mittags spülen Sie eine Runde ab, aber noch immer stapelt sich das schmutzige Geschirr, das Sie notdürftig auf die Seite schieben, denn Sie müssen rasch kochen: Die Kinder kommen gleich aus der Schule. Gerade haben Sie das Mittagessen geschafft, dann steht schon ein Termin beim Kinderarzt an. Und so geht es immer weiter. Sie kommen einfach nicht nach. Den Zustand einer aufgeräumten Küche erreichen Sie nur höchst selten.

Viele unserer Kinder leben in diesem Dauerzustand des nicht aufgeräumten Gehirns. Überall türmt sich Halbfertiges und Angerissenes. Genauso liegen Kindern Zahlen, Formeln, Vokabeln und Texte kreuz und quer im Hirn. Ungeordnet und unaufgeräumt. So kommen die Kinder mittags heim, vollgestopft mit notdürftig geschlucktem, aber unverdautem Wissen. Und kaum jemals stellt sich dieses wunderbare Glücksgefühl ein, das man erfährt, wenn man etwas zu Ende gebracht hat: »Endlich fertig!« Nicht mal in den Ferien! Immer sind da Löcher zu stopfen und Lücken zu füllen. Schüler leben stets mit offenen Schubladen und mit einem permanent schlechten Gewissen. Hätten Sie da noch Spaß an der Schule? Der Stress frisst die Lernlust auf.

WISSENSFETZEN STATT BILDUNG

In unseren Lehrplänen regiert die »Zuvielisation«. Wir mästen unsere Kinder mit Detailwissen und noch mehr Detailwissen – zulasten von grundlegendem Allgemeinwissen und Zusammenhängen. Und von all dem Spezialwissen bleiben am Schluss nur Wissensfetzen. Erinnern wir uns doch an uns selbst: Was haben wir nicht schon alles in uns hineingestopft! Ganz ehrlich: Das meiste davon ist durchgerauscht! »Wie wenig wir selbst wissen, erkennen wir, wenn unsere Kinder anfangen zu fragen«, sagt ein amerikanisches Sprichwort.

So kommt es, dass die Kinder die Schule verlassen und doch oft die einfachsten Dinge nicht wissen. Nehmen wir nur einmal den Biologieunterricht. Was haben Abiturienten nicht alles drauf an Detailwissen und Fachtermini! Sie können den Zitronensäurezyklus vorwärts und rückwärts herunterbeten. Sie sagen Ihnen die diversen Fotosynthese-Gleichungen auswendig auf. Aber wenn Sie mit ihnen in den Wald gehen, können sie mit Mühe und Not gerade mal Laubbäume von Nadelbäumen unterscheiden. Fragt man sie nach den einzelnen Bäumen, müssen sie passen.

Das Problem: Durchgenommen ist nicht gleich angekommen! Die Stofffülle verhindert, dass aus Informationen Wissen wird, das bleibt, abrufbar ist und anwendbar: nämlich Bildung!

»Das nachhaltige Wissensresiduum[1], das der Unterricht hinterlässt, ist geradezu mikroskopisch klein. Die Schule versagt vor der Herstellung eines garantierten Bildungsminimums. Die ›EF-Defizite‹, also im Bereich des Elementaren und Fundamentalen, sind gewaltig und durchgängig auch bei Schülern mit guten Noten zu finden. (…) Was verbleibt, ist Pseudowissen, Pseudoverständnis und Dilettantismus …«[2] Dies bestätigt auch der Hirnforscher Gerhard Roth: »Alle Überprüfungen des Wissens, das junge Menschen fünf Jahre nach Schulabschluss noch besitzen, gelangen zu niederschmetternden Ergebnissen und lassen den zynischen Schluss zu, dass das deutsche Schulsystem einen Wirkungsgrad besitzt, der gegen Null strebt.«[3]

ÜBERFORDERUNG – DER STÄNDIGE BEGLEITER

Das Alles-ist-zu-viel-Gefühl mündet in das Tal der Überforderung und wird für viele Schüler zum stetigen Begleiter. Überforderung ist ein mächtiger Lernlustkiller. Er entsteht, wenn im Unterricht alle im Gleichschritt lernen müssen und für alle gleich viel Zeit zur Verfügung steht. Eine Differenzierung für Schnelllerner und Langsamlerner gibt es in der Regel nicht.

Waren Sie schon einmal mit einer Gruppe wandern, deren Tempo schneller war als Ihres? Das ist grauenhaft. Man kann das Wandern nicht genießen, nicht die Landschaft, nicht die Anstrengung, nicht die Erholung, nicht die gute Luft und nicht das Vogelgezwitscher. Man ist allein konzentriert darauf, mit den anderen Schritt zu halten und den Anschluss nicht zu verlieren. Das ist Stress pur. Unter diesen Umständen ist es unmöglich, seinen eigenen Rhythmus zu finden. Das Gefühl dominiert, wie an einem unsichtbaren Seil hinter den anderen hergeschleppt zu werden. Angst zu haben, abgehängt zu werden. Immer der Letzte zu sein. Das Etikett »Zu langsam!« zu tragen. All das ist alles andere als ein Vergnügen. Oben angekommen, ist die Freude am Panorama getrübt, denn der Preis dafür war hoch. Man hat es zwar geschafft, aber gerade eben so. »So schnell nicht wieder!«, ist das vorherrschende Gefühl.

Sie ahnen, worauf ich hinaus will: Die Lust, uns beim Lernen anzustrengen, vergeht uns, wenn uns die Situation deutlich überfordert. Wenn alles zu viel oder zu schwer ist und wir nicht in unserem eigenen Tempo und Rhythmus arbeiten können. Die Lehrer können es im Schlaf herunterbeten: Über- und Unterforderung beim Lernen sind kontraproduktiv. Bleibt die Frage: Warum ist Schule dann so konzipiert, dass wir nicht individuell auf den Gipfel gehen können, sondern im Pulk marschieren müssen – in dem Tempo, das andere vorgeben? Warum müssen eigentlich alle in derselben Zeit den Gipfel erreichen? Die meisten kommen ja irgendwie oben an. Aber nach Wiederholung schreien sie nicht. Der Preis der Schulausbildung ist hoch: Sie opfert die intrinsische Motivation[4] des Einzelnen auf dem Altar des Gleichschritts. Und dass es darüber hinaus eine Reihe von Schülern gibt, die den Gipfel gar nicht schaffen, vor Erschöpfung aufgeben, umkehren oder gar abstürzen, nehmen wir als gegeben hin. Dabei könnten viel mehr den Gipfel erklimmen, wenn wir ihnen nur ein bisschen mehr Zeit ließen, in ihrem

Tempo und Rhythmus zu marschieren. Was für eine Vergeudung von Talent und Lebenschancen!

Heute wissen wir, dass sogar Down-Kinder unter individuellen Lernbedingungen Unglaubliches erreichen können. Die ersten Down-Kinder in den USA machen Abitur! Oder denken wir an den Spanier Pablo Pineda, der als erster Europäer mit Downsyndrom einen Universitätsabschluss erworben hat: Er ist Lehrer. Noch vor Jahren hätte man das für unmöglich gehalten.

Ein weiterer Aspekt kommt zu kurz: die Tatsache, dass wir alle (!) nicht jeden Tag gleich gut drauf sind. An einem Tag reicht es gerade mal für einen Spaziergang, am anderen sind wir bereit für die Zugspitze. Und solch eine Bergtour zu starten, ist auch nur dann ratsam, wenn wir uns fit fühlen. Dann ist sie besonders schön und wirkungsvoll, und wir kommen besonders weit.

Diese einfache Erkenntnis hat zum Beispiel die Schulleiterin Margret Rasfeld in ihrer Evangelischen Schule Berlin-Zentrum (ESBZ) umgesetzt: Hier gibt es Lernbüros für Fächer wie Mathematik, Deutsch, Englisch, Natur und Gesellschaft, zwischen denen sich Kinder täglich entscheiden können. Je nach Lust und Befindlichkeit können sie wählen, wozu sie gerade am besten in der Lage sind. Ist ein Schüler morgens nicht gut drauf, geht er nicht unbedingt in das Fach, in dem er sich sowieso schon schwertut, weil er seine Zeit nicht effektiv nutzen könnte.

DAS HAUSAUFGABEN-DRAMA

Viele Kinder kommen mittags oder nachmittags völlig erschöpft aus der Schule und haben alles, nur keine Lust, den ungeliebten Schulzustand fortzusetzen. Dann beginnt für viele Eltern die schwierigste Zeit des Tages. Sie wollen, dass ihre Kinder schnell und selbstständig die Hausaufgaben erledigen. Aber das wollen die Kinder meist nicht. Sie sträuben sich, zögern das Lernen hinaus wie einen Kaugummi, schmieren die Hausaufgaben so schnell ins Heft, dass die Eltern die Seiten herausreißen und sie noch einmal bearbeiten lassen. Andere Kinder sind zwar willig, tun sich aber sehr schwer und werden einfach nicht fertig. Hausaufgaben sind neben »Zimmer aufräumen« in vielen Familien das Streitthema Nummer eins – das oft nicht einmal vor der Ehe der Eltern Halt macht. So manche Partnerschaft kommt ins Wanken, weil die Schulsituation die ganze Familie so sehr belastet, dass die Nerven blank liegen und Konflikte kaum mehr zu bewältigen sind. In vielen Familien ist die Schule der Taktgeber, sie diktiert den gesamten Tagesablauf, überschattet viele Gespräche und jedes gemeinsame Essen. Nachmittag für Nachmittag spielen sich die gleichen Dramen ab: Es wird motiviert, angeschoben, ermahnt, gebeten, gebettelt, gedrängt, geschimpft, gedroht, geschrien und geweint. Nicht nur aufseiten der Kinder – auch Eltern fühlen sich hilflos, und dann reißt manchmal einfach der Geduldsfaden.

CO-LEHRERSYSTEM UND NACHHILFE-IMPERIUM

Mittlerweile gilt das Abitur für die Mehrheit der Eltern als der einzig akzeptable Schulabschluss, um später auf dem globalisierten Arbeitsmarkt ausreichend Chancen zu haben. Gleichzeitig sitzt vielen Eltern gerade aus der Mittelschicht die Angst im Nacken, dass ihre Sprösslinge es in dem als hart empfundenen Wettbewerb nicht schaffen könnten. So setzen sie insbesondere in der Grundschule und in der Unterstufe der weiterführenden Schulen alle Hebel in Bewegung und investieren eine Menge Energie und Zeit in die schulische Betreuung ihrer Kinder. Sie helfen bei den Hausaufgaben und büffeln oft mit ihren Kindern bis spät in den Abend: Französisch schon beim Frühstück und

Mathe noch um Mitternacht. Sie arbeiten quasi als unbezahlte Co-Lehrer, und unser Schulsystem rechnet mit ihnen. Das nimmt inzwischen groteske Ausmaße an: Ich hatte Mütter in der Praxis, die am Schluss besser Latein konnten als ihre Kinder. Und so manche Mutter, so mancher Vater könnte das Abitur inzwischen selbst noch einmal mitschreiben.

Lehrer delegieren seit der Einführung des G8 immer mehr Aufgaben an die »mitarbeitenden« Eltern, um den Stoff in der verkürzten Zeit durchzubekommen. Da werden nicht nur gemeinsam Hausaufgaben erledigt und Vokabeln abgefragt, sondern da wird auch Unverstandenes erklärt, werden Lücken gefüllt und gemeinsam Referate vorbereitet. Eltern werden als zentrale Säule für den Schulerfolg ihrer Kinder betrachtet. Das geht so weit, dass sich Vater und Mutter die Zuständigkeit für die Fächer aufteilen: »Du übst mit dem Kind Mathe und Physik, ich mache Englisch und Latein.«

Aber viele Eltern kommen schon bald an ihre zeitlichen und fachlichen Grenzen, wenn die Kinder älter und die Inhalte komplexer werden. Die elterliche Hilfe ist daher nur *ein* Teil des schulischen Kompensationssystems. Die Überforderung von Kindern und Eltern und die Not mit den Noten hat einen blühenden Nachhilfemarkt entstehen lassen. Eltern geben Unsummen für die Nachhilfe ihrer Kinder aus: Jährlich sind es rund 1,5 Milliarden Euro allein in Deutschland. Neben dem öffentlichen Schulsystem hat sich so in den letzten Jahren ein eigenes Schattenschulsystem etabliert. Und der Nachhilfesektor boomt: Überall im Land sprießen Nachhilfeinstitute wie Pilze aus dem Boden. Alarmierend ist, dass bereits in der Grundschule die Nachhilfezahlen immens steigen. Besonders wenn es auf den Übertritt in eine weiterführende Schule zugeht, lassen sich Eltern die Nachhilfe einiges kosten.

WENN DIE PFORTEN SCHLIESSEN

Darf ich ein Gedankenexperiment mit Ihnen machen? Stellen wir uns vor, morgen früh, 8 Uhr, schließen alle Nachhilfeinstitute ihre Pforten und alle Mütter und Väter stellen ihren Dienst als Co-Lehrer ihrer Kinder ein. Ohne Vorwarnung! Was würde passieren? Wie wären die Ergebnisse der Klassenarbeiten? Wie würde es den Kindern ohne Nachhilfe und ohne Lernhilfe durch die Eltern gehen? Und den Lehrern? Ich glaube, das wäre der Super-GAU für unser Schulsystem. Vermutlich würde es innerhalb weniger Monate kollabieren. Die Lehrer könnten mit ihrem Stoff nur zögerlich vorangehen, weil manche Schüler überhaupt nicht mehr mitkämen. Und wie viele Schüler müssten eine Klasse wiederholen? Angesichts dieses Szenarios müssen wir uns fragen: Was passiert in Deutschland eigentlich vormittags in der Schule, wenn wir nachmittags ein ganzes Heer von Nachhilfelehrern beschäftigen müssen?

Bevor nun die wohlbekannte Lehrerschelte losbricht und Lehrer pauschal in einen Topf geworfen werden, möchte ich hier gleich klarstellen: Lehrer können nicht so viel beeinflussen in einer Schule, die allen den Gleichschritt abverlangt – zu viel in zu kurzer Zeit – und in der demzufolge kaum Raum für individuelle Förderung bleibt. So schafft die Schule automatisch Problemfälle: Zu viele Kinder bleiben im Mittelmaß stecken oder rangieren auf Verliererplätzen. Daher haben Nachhilfeinstitute auch einen so hohen Zulauf: weil manche Eltern ihre Kinder in eine weiterführende Schule hieven wollen, wo sie jedoch gar nicht hingehören. Nicht selten wird der Weg insbesondere auf das Gymnasium mit Nachhilfe erzwungen und erkauft.

EVALUIERUNG WECKT UNS AUF

Der beste Koch ist immer noch der, der knapp kocht. In Sterne-Restaurants ist genau das ein Erfolgsrezept: Von allem wird nur eine sehr kleine Portion aufgetischt. Der Gaumen ist entzückt und es bleibt das Gefühl: Ah, davon hätte ich gerne noch ein bisschen mehr gehabt. Wenn wir uns dagegen überessen, kann selbst ein Lieblingsgericht zu einer Mahlzeit werden, die man in Zukunft erst einmal meidet. »Stay hungry!«, rief Apple-Chef Steve Jobs den Absolventen von Stanford zu. Was aber, wenn man übersättigt ist von all den Informationen, die während eines Schultages auf einen einprasseln? Die man schlucken muss, ob sie einem schmecken oder nicht? Dass viele Schüler Schule dann im wahrsten Sinn des Wortes zum »Kotzen« finden, wundert Sie das? Das Erfolgsrezept ist ein anderes: Geben wir ihnen Lernfutter, aber in Maßen, sodass der Lernhunger sie antreibt, in die Bücher zu schauen.

Unsere Kinder brauchen ein solides und breites Grund- und Allgemeinwissen in allen Fächern. Damit das Grundlagenwissen und das Verständnis von Zusammenhängen nicht zu kurz kommen gegenüber isoliertem Spezialwissen in einzelnen Fächern, müssen die Lehrpläne entrümpelt werden. Die Frage ist: Was müssen wir jungen Menschen mitgeben, damit sie sich in dem explosionsartig zunehmenden »Weltwissen« orientieren können, das ihnen auf Knopfdruck jederzeit zur Verfügung steht?

Das Problem dabei: »Die Schule hat sich bislang als sehr innovationsresistent erwiesen. Schulentwicklung vollzieht sich in erdgeschichtlich anmutenden Zeithorizonten.«[5] So versuchen wir zwar seit Jahren, die Lehrpläne zu verschlanken, in der Praxis merkt man davon allerdings kaum etwas. Wer aus einem vollgestopften Kleiderschrank, in den kein Kleiderbügel mehr passt, bloß sieben Teile aussortiert, hat immer noch einen übervollen Schrank. Den Verantwortlichen fällt es offensichtlich schwer loszulassen. Die Devise »Weniger ist mehr« greift nicht, solange die Schulbehörden an der Hoffnung festhalten, dass nach der Abschlussprüfung ein Wissenskorpus bleibt, der längere Zeit überdauert.[6] Wenn wir in puncto Lernlust tatsächlich entscheidend weiterkommen möchten, müssen wir prüfen, ob diese Hoffnung zutrifft oder ob sie nur ein Wunschtraum der Schulbehörden ist. Wir müssen dem Tiger hier ins Auge blicken und diese Annahmen verifizieren bzw. falsifizieren. Thomas Städtler macht darauf aufmerksam, dass sich die Schule bisher »in keiner Weise um eine Kontrolle der Langfristigkeit des von ihr vermittelten Wissens gekümmert«[7] hat: Wie viel von all dem Gelernten in Biologie, Geschichte, Mathematik, Physik, Chemie wissen Schüler eigentlich noch am Ende ihrer Schulzeit? Und ein, zwei oder fünf Jahre nach ihrem Abschluss?

Um zu klären, was am Ende tatsächlich übrig bleibt, müsste eine flächendeckende empirische Studie durchgeführt werden. PISA kann das nicht leisten, denn sie misst nur das aktuelle Wissen. Aber schon eine schulinterne Evaluierung könnte uns hier weiterbringen und den behördlichen Mythos der Langfristigkeit des Gelernten stürzen! Um ehrliche schulinterne Fakten auf den Tisch zu bringen, bräuchten wir die Schüler am Ende der Schulzeit nur einen Test schreiben zu lassen, der das gesamte Schulwissen noch einmal prüft. Freilich: Wer seinen Schülern ehrlich zusieht, weiß auch so, dass gerade in den naturwissenschaftlichen oder sozialwissenschaftlichen Fächern meist schon nach wenigen Monaten nur noch eine vage Erinnerung übrig ist: »Ja, das haben wir in Sozialkunde mal gehabt!«, oder: »Stimmt. Bei Herrn Huber haben wir das mal durchgenommen …« Aber welche Schule wagt schon, der Flüchtigkeit ihrer Wissensvermittlung wirklich ins Auge zu blicken?

Das Ergebnis solcher Vorstöße darf aber nicht zu einer billigen Lehrer-Verurteilung führen. Wir müssen vielmehr an die Wurzel des Übels: das System selbst. Wenn ich hier meiner Fantasie mal keine Grenzen setze: Welcher Deutsch- oder Französischlehrer traut sich denn, eine Mathe-Prüfung seines Kollegen mitzuschreiben oder einen Physik- oder Geschichtstest? Und umgekehrt. Versuchen Sie als Lehrer es doch einmal: Opfern Sie an Ihrer Schule einen halben Nachmittag und tauschen Sie im Lehrerzimmer Ihre Klassenarbeiten und Schulaufgaben aus – ich versprech's Ihnen: Sie werden die Schule durch eine neue Brille sehen ...

Ich gehe noch einen Schritt weiter: Was wäre, wenn wir solche Prüfungen die Kultusminister aller Länder schreiben lassen würden – wie würde das ausgehen? Ich vermute, das wäre sehr heilsam!

Was wir uns in der Schule an mangelnder Evaluierung leisten, wäre in anderen gesellschaftlichen Bereichen ein Skandal, zum Beispiel in der Medizin. Der Diplompsychologe Thomas Städtler zieht ein Fazit, das ich nur teilen kann: »In der Medizin ist im Bereich der Krebstherapie das Fünfjahres-Kriterium Standard geworden; erst dann spricht man von einer echten Heilung! Wofür ich schlicht und einfach plädiere: ein vergleichbares Leitmotiv auf den Bildungsbereich und die Qualitätskontrolle der Schulen anzuwenden!«[8]

Klar ist: Wir alle vergessen Fakten, weil sie vielleicht nicht mehr so relevant sind oder nicht täglich angewendet werden. Das schmälert nicht den Wert, sie einmal gelernt zu haben. Und es ist sicherlich weniger problematisch, die genauen Inhalte von Shakespeares *Macbeth* vergessen zu haben, als nie davon gehört zu haben und davon auszugehen, dass »Macbeth« eine neue Hamburger-Kreation von McDonald's sei. Dennoch: Würden wir die »Zuvielisation« der Lehrplaninhalte angehen, hätten wir die Chance, das breite Grundwissen sehr viel mehr zu verankern.

DIE LEHRPLAN-DIÄT

Wir brauchen eine Lehrplan-Diät!

Lieber weniger Inhalte, aber die wirklich vertieft. Weniger in Fächern unterrichten, dafür mehr in Themen wie zum Beispiel Krieg, Entwicklungshilfe, Klimakatastrophe, Landwirtschaft, Menschenrechte usw.

Aber unabhängig davon, ob die Kultusministerien und Schulbehörden eine sinnvolle Entrümpelung der Lehrpläne voranbringen: Wir Lehrer vor Ort können auf jeden Fall die Spielräume des Lehrplans nutzen und uns den maximalen Freiraum für unsere Schüler nehmen. Lehrer müssen nicht jeden Stoff in aller Ausführlichkeit behandeln, können Schwerpunkte setzen und einzelne Themenbereiche vertiefen, Unsinniges und Uninteressantes auch mal vernachlässigen oder nur kurz behandeln. Das geht am besten Hand in Hand mit den Eltern, die solche Entscheidungen eines Lehrers im Interesse der Kinder mittragen. Von daher mein Tipp an die Eltern: Vergleichen Sie nicht zwischen einzelnen Klassen und führen Sie schon gar nicht Buch, welche Themen der Lehrer Ihres Kindes noch nicht durchgenommen hat. Sprechen Sie lieber mit ihm persönlich, um sich ein Bild vom Konzept und Vorgehen zu machen.

Die Spielräume sind allerdings nicht beliebig dehnbar, insbesondere dann nicht, wenn es sich um Prüfungsfächer handelt. Ich selbst weiß ein Lied davon zu singen: Jahrelang unterrichtete ich die Fächer Pädagogik, Heilpädagogik und Psychologie. Sie waren alle Teil des schriftlichen und mündlichen Staatsexamens. Da kann man im Grunde genommen nichts weglassen. Wenn Lehrer am Prüfungstag um 7 Uhr morgens die Prüfungsaufgaben des Ministeriums öffnen, sind sie meist selbst genauso angespannt wie die Prüfungskandidaten: Habe ich wirklich alles so durchgenommen, dass die Schüler optimal auf die Prüfungen vorbereitet sind?

WIE KÖNNEN WIR DEN KINDERN PRAKTISCH HELFEN?

Auf der einen Seite können wir Kindern helfen, indem wir uns als Eltern für einen Wandel der Schule stark machen. Auf der anderen Seite brauchen die Kinder sofort Hilfe, um mit der Situation des »Zuviel« zurechtzukommen. Daher hier drei Impulse zur Schadensbegrenzung.

Kurze Deadlines

Vielleicht geht es Ihnen manchmal auch so: Sie haben einen Tag, an dem Sie sehr viel Zeit haben, eine bestimmte Aufgabe zu erledigen, die Sie gemütlich in zwei Stunden schaffen könnten. Aber die Arbeit zieht sich Stunden hin. Abends fragen Sie sich dann: Was habe ich heute eigentlich gemacht? Gerade mal eine Sache geschafft. Das nächste Mal haben Sie für die gleiche Aufgabe nur eineinhalb Stunden Zeit – und alles ist erledigt.

Das Parkinson'sche Gesetz aus der Arbeitssoziologie besagt: »Arbeit dehnt sich in genau dem Maße aus, wie Zeit für ihre Erledigung zur Verfügung steht.« Wer viel Zeit hat, braucht auch lange – und vertrödelt auch viel. Was das Lernen betrifft, erliegen wir Eltern oft diesem Denkfehler, und wir hören uns dann sagen: »Also heute gibt's nichts mit Freunden! Heute setzt du dich mal den ganzen Nachmittag hin und lernst Latein!« Wir glauben, wenn wir den Kindern die Freizeit streichen, dann lernen sie automatisch. Das ist falsch! Entscheidend ist nicht die verfügbare Menge an Zeit, sondern deren qualitative Nutzung: die Zeit, die tatsächlich gelernt wurde.

Was könnte die Lösung sein? Setzen Sie kurze Deadlines zum Lernen, an deren Ende etwas steht, worauf sich Ihr Kind freut: Eine Stunde lernt das Kind, dann kann es sich mit Freunden treffen. Was passiert hier? Das Lernen läuft sehr fokussiert und konzentriert ab. Die Arbeit wird schneller weggeschafft. Und dann kann das Kind hinter die Aufgabe einen Haken setzen und die Erledigung als kleines Erfolgserlebnis speichern.

Mini-Max-Prinzip

Manchmal vertrödeln Kinder selbst diese eine Stunde. Dann gibt es einen Trick obendrauf: das Mini-Max-Prinzip. Ich selbst liebe dieses Prinzip, mit dem wir Kinder aus dem lähmenden Gefühl »Das schaff ich nicht!« herausholen können.

Vielleicht kennen Sie folgende Situation: Sie haben ein tolles mehrgängiges Menü gekocht, es hat wunderbar geschmeckt, aber nun quillt die Küche über von Geschirr. Der Rest der Familie muss weg, keiner bleibt, der mithilft beim Aufräumen. Nach dem Essen sind Sie müde und würden sich am liebsten hinlegen. Der Blick in die Küche ist einfach demotivierend. So geht es mir auch manchmal. Dann mache ich einen Deal mit mir: Ich frage mich, wie viele Minuten würde ich es gerade noch schaffen, die Küche aufzuräumen, bevor ich mich ausruhe? Meistens sind es so 15 Minuten. In dieser minimalen Zeit gebe ich maximale Power (Mini-Max-Prinzip). Ich fege dann mit Höchstgeschwindigkeit durch meine Küche und bin erstaunt, was nach einer Viertelstunde alles geschafft ist. Oft bleibt dann nur noch ein kleiner Rest übrig – und den erledige ich dann meist auch noch, obwohl ich laut meines Deals eigentlich gar nicht müsste. Ich selbst bin jedes Mal wieder überrascht, wie gut das klappt.

Dieser Trick ist auch genial, um uns beim Lernen in die Gänge zu kriegen. Zehn Minuten lang bewältigt man selbst Aufgaben, die keinen Spaß machen – und schon ist man mittendrin. Auf der Erfolgsspur. Vielen meiner Klienten hat dies bereits geholfen, gerade wenn sie am Trödel-Syndrom oder an Aufschieberitis leiden.

Die Jahresrechnung

Manchmal haben Schüler riesige Berge vor sich, von denen sie glauben, sie nicht bewältigen zu können. Ich hatte schon manche vor mir sitzen, die so mit dem Lernen in einer Fremdsprache geschludert haben, dass sich ein großes Defizit – zum Beispiel an Vokabeln – angesammelt hatte. Und das scheint nur noch aufholbar, indem sie jeden Tag zwei Stunden büffeln. Dass diese Vorstellung völlig abtörnt, brauche ich nicht zu erklären. Eine gruselige Vorstellung! Gleichwohl nehmen sich die Kinder dann oft sehr viel vor – und scheitern, weil sie es nicht durchhalten. Bevor es mit der Lernlust und den Aussichten auf Lernerfolg ganz bergab geht, lohnt es sich, ein Rechenexempel zu statuieren:

Gehen wir mal davon aus, ein Schüler lernt jeden Tag 20 Vokabeln Französisch nach. Das dauert maximal zehn Minuten. Wenn er das an nur fünf Tagen pro Woche macht (zwei Tage hat er frei), sind das 100 Vokabeln in einer Woche. Nach vier Wochen hat er bereits einen Wortschatz von 400 Vokabeln und nach einem Jahr (Ferienzeit ausgespart) hat er 4000 Vokabeln gelernt. Viertausend! Und das quasi nebenher. Ebenso, wie wir überschätzen, was wir an einem Tag schaffen können, unterschätzen wir, was wir in einem Jahr schaffen. Viele Jugendliche schöpfen nach so einer Rechnung erst einmal Mut und packen ihre Defizite an. Für uns Eltern heißt es hier wieder umdenken: Weniger ist manchmal am Ende viel mehr!

LERNLUSTKILLER 2:

DER FEHLENDE SINN DES LERNSTOFFS

»Kann mir mal jemand verraten, wofür ich denn jemals Latein brauche?«

»Latein geht mir voll am A... vorbei! Das brauche ich mein ganzes Leben nicht mehr! Warum muss ich das eigentlich lernen?« So kleidete eine Neuntklässlerin ihren Lernfrust vor Kurzem in Worte. Hat Ihr Kind Ihnen eine solche Frage auch schon einmal gestellt? Und was haben Sie darauf geantwortet? »Non scholae sed vitae discimus?« – Nicht für die Schule, sondern für das Leben lernen wir? Haben Sie Ihr Kind damit überzeugt? So wie die Chemielehrerin, die eine Realschülerin auf die Frage wozu der Chemiestoff gut sei und warum sie ihn lernen solle, antwortete: »Weil es im Lehrplan steht und weil es nächste Woche in der Klassenarbeit drankommt ...«

Unsere Schüler ahnen oft schon sehr früh, dass vieles von dem, was sie heute in der Schule lernen müssen, nicht viel mit ihrem späteren Leben zu tun hat. Sie haben – wie wir Erwachsenen übrigens auch – so etwas wie einen eingebauten Sinnsucher in sich: »Alles, was wir erleben und aufnehmen, sortieren wir in Windeseile nach der Frage, ob es für uns relevant ist. (...) Dabei denken wir selten lange darüber nach, ob etwas wirklich relevant ist, wir *fühlen* es vielmehr.«[9] Erhält nun unser Sinnsucher keine positive Antwort auf die Frage »Ist das relevant für mich?«, knallt er uns die Motivationstür vor der Nase zu. Dann ist Schluss mit lustig, sowohl für den Schüler als auch für den Lehrer. Das Ende der Lernlust! Ab diesem Moment hat es jeder Lehrer schwer. Dann müssen Ermahnungen, Druck und Strenge den fehlenden Sinn ausgleichen. Und der klassische Motivationszirkus beginnt: Der Lehrer versucht die Schüler zu etwas zu motivieren, das sie freiwillig nicht tun würden. Das macht müde und bringt eine Menge Konflikte mit sich, weil viele Schüler sich diesem Druck widersetzen. Sie rebellieren oder starten Fluchtprogramme. Entweder beginnen sie zu stören oder sie sitzen die Unterrichtszeit brav und sozialverträglich ab. Sie verfallen in das So-tun-als-ob-Mitmachen. Aber innerlich sind sie unterwegs in einem geistigen Paralleluniversum.

Es gehört zum »Grundwissen« jedes Schülers, wie man einen aufmerksamen Blick vortäuscht, kombiniert mit einem gelegentlichen interessierten Nicken. Die Lehrer merken es oft nicht einmal, wenn sich die Schüler in einer Stunde innerlich verabschieden, denn sie haben genügend Tricks und Taktiken drauf, wie sie die »als Leerlauf empfundene Unterrichtszeiten effektiv für Nebentätigkeiten nutzen«[10]: Sie machen bereits während des Unterrichts ihre Hausaufgaben oder spielen unter der Bank mit dem Handy. Auch zu Hause versuchen sie sich aus dem vermeintlichen »Unsinn« zu winden und tricksen weiter: Sie »übersehen« beim Abschreiben der Lateinvokabeln jedes fünfte Wort oder schreiben ihre Hausaufgaben gleich komplett von jemandem ab, statt sie selbst zu machen. Das geht heute viel leichter als früher: Ein Foto der fertigen Hausaufgabe eines Schulfreundes über WhatsApp oder Facebook angefordert – und schon hat man sich eine Menge »sinnloser Arbeit« gespart! Damit macht Schule übrigens sofort wieder Sinn: So erwerben die Kinder immerhin schon sehr früh wertvolle Plagiatskompetenzen für ihre späteren Dissertationen …

Manche Kinder verweigern die Hausaufgaben komplett. Sie sagen dann: »Den Stoff? – Brauch ich nicht! Lern ich nicht! Das bisschen Lebenserfahrung google ich mir später in zehn Minuten.« Und, ganz ehrlich, da kann ich die Schüler ein Stück weit verstehen. Keiner von uns Erwachsenen besucht freiwillig ein Seminar, einen Kurs, eine Schulung oder einen Vortrag, wenn er nicht von vornherein annehmen kann, dass ihn das persönlich oder beruflich weiterbringt. Doch genau das verlangen wir von Schülern: dass sie Energie aufwenden für etwas, das aus ihrer Sicht keinen Sinn macht.

Anne, 14 Jahre, erklärte mir vor Kurzem: »Warum soll ich eigentlich meine Lebenszeit für etwas vergeuden, das ich nicht wissen will, das ich nicht brauche und das ich in einer Woche sowieso schon wieder vergessen habe?« Welche ehrliche Antwort geben Sie ihr? Vielleicht diese klassische: »Du lernst schließlich nicht für mich. Du lernst für dich!« Aber mal Hand auf's Herz: Glauben wir im Ernst, dass jemand einen Stoff *für sich* lernt, von dem er nicht weiß, wozu er gut ist?

WENN SCHÜLER NUR FÜR NOTEN LERNEN

»Ob sich jemand einer Aufgabe zuwendet, entscheidet sich in Sekundenbruchteilen. Eine Art inneres Stellwerk steuert nach einem unbewusst ablaufenden Kosten-Nutzen-Modell das Verhalten. Es orientiert sich an der Frage: In welchem Verhältnis steht der mutmaßliche Aufwand zum erwarteten Ertrag?« – so sieht der Schweizer Schulleiter Andreas Müller die Frage nach dem Sinn des Lernens.[11] Dies gilt sowohl für die Kinder als auch für uns Erwachsene.

Wenn sich aus dem Lernstoff kein Sinn entnehmen lässt, lernen die meisten Schüler nur noch für Noten. Lernen ist damit »verzweckt«. Nicht zufällig sprechen wir im Deutschen von Sinn und Zweck. Wir verwenden zwei Wörter, die auch für zwei völlig unterschiedliche Dinge stehen. Der Sinn überspannt den Zweck: Der Sinn schulischen Lernens ist nicht die Erwirtschaftung von Noten. Es geht um die Inhalte! Wenn Schulen und Elternhäuser die Sinn-Komponente zu wenig berücksichtigen und das Lernen überwiegend auf den Zweck ausrichten, ist es sinnentleert. Die Schüler spüren ihre Verzweckung: Lernen ist dann Mittel zum Zweck: Sie lernen, weil sie Ärger mit den Eltern oder Lehrern vermeiden möchten oder weil sie sich mit ihren Noten einen bestimmten Studienplatz erarbeiten wollen. Lerninhalte werden nicht mehr um ihrer selbst willen, sondern lediglich wegen ihres Tauschwertes erworben. »Zensuren und Credit Points haben sich zu obersten Zielen verselbstständigt. In deren Schatten sind Wissen und Können zweitrangig geworden.«[12] Unsere Kinder haben dann zwar mit der mittleren Reife oder dem Abitur den »Schein«, den sie brauchen, aber sie bauen sich damit auch »eine Scheinwelt des Wissens auf, eine ›Welt der Scheine‹«, resümiert Andreas Müller.[13]

Der Zweck aber motiviert immer nur kurzfristig und geht nicht in die Tiefe. Das Defizit an Sinn macht Schüler unzufrieden, aggressiv, fordernd. Weil sie den Wert im Lernen selbst nicht erleben, boykottieren sie es: Sie rechnen sich die Noten aus, die sie brauchen, und stimmen ihr Lernengagement darauf ab.

Als Schülerin habe ich das auch getan: Einmal habe ich eine Geschichtsklausur ganz leer abgegeben nur mit meinem Namen. Die Note in dieser Klausur hätte an der Zeugnisnote nichts verändert. Wofür sich dann anstrengen?, dachte ich damals. Ähnlich ein Zehntklässler. Er hatte einen unangekündigten Test erwartet, der dann doch nicht geschrieben wurde, und beklagte sich enttäuscht: »Jetzt hab ich ja alles ganz umsonst gelernt!«

Deutlich wird: Der Stoff interessiert viele »nicht die Bohne« und der Kompetenzzuwachs ist den Kindern schnuppe. Es geht nicht in erster Linie darum, was ich in Geografie oder Biologie weiß, sondern es geht um die Note die auf der Klassenarbeit oben rechts steht. Schüler arbeiten mehr für ihre Noten als für ihre Bildung. Und man kann es ihnen nicht mal verübeln! Sie spiegeln uns die Zweckgebundenheit ihres Lernens regelmäßig, indem sie fragen: »Kommt das in der Klassenarbeit dran? Kriegen wir da Noten?« »Nein? Ach, dann kann ich mich mal zurücklehnen!« Der Tag des Notenschlusses ist der eigentliche Beginn der Ferien. Ab jetzt wird nichts mehr getan. Die Lehrer wissen das auch, weswegen sie oft auch keinen richtigen Unterricht mehr machen können. Die Schüler haben sich sowieso innerlich bereits in die Ferien verabschiedet.

Mal Hand aufs Herz: Wann haben Sie Ihr Kind das letzte Mal gefragt, welches Thema es gerade in den einzelnen Fächern durchnimmt? Und vor allem, was es weiß und kann, was es gelernt hat? In Chemie, in Physik, in Geschichte, in Deutsch? Wie oft fragen Sie dagegen nach den Noten? Und warum? Weil es auch uns in erster Linie »um die knapp gehaltenen Tickets für die Fahrt zu höheren schulischen Weihen«[14] geht. Und selbst Opas und Omas wollen nur wissen, wie das Zeugnis ausgefallen ist. Die Inhalte sind sekundär. Oder ist es bei Ihnen anders? – Wenn Sie sich nun ertappt fühlen: Keine Sorge, so geht es fast allen Eltern.

SCHÜLER KAUFEN NICHT FREIWILLIG

Stellen wir uns vor, Schule wäre ein Wirtschaftsunternehmen. Die Schüler wären unsere Kunden, und wir müssten ihnen den Lernstoff als Ware verkaufen. Dieser Vergleich ist gar nicht so weit hergeholt, denn es geht uns ja tatsächlich darum, dass die Schüler uns den Stoff »abkaufen«. Was macht nun ein Wirtschaftsunternehmen, das erfolgreich arbeiten will? Es stellt sich die oberste aller Marketingfragen, nämlich die nach der Zielgruppe. Erfolgreiche Unternehmen wollen ihre Zielgruppe bis ins Detail kennenlernen und alles über sie wissen: Wie tickt meine Zielgruppe überhaupt? Was fühlt und denkt sie? Welche Bedürfnisse hat sie, die erfüllt werden möchten? Und welche Probleme, die gelöst werden müssen? Was sind ihre dringenden Lebensfragen, auf die sie eine Antwort finden möchte? Dementsprechend entwickelt das Unternehmen seine Angebote. Und je genauer es sein Angebot auf die Bedürfnisse der Zielgruppe zuschneidet, desto mehr reißen ihm die Kunden das Produkt aus der Hand.

In der Schule sind wir meilenweit davon entfernt, dass uns die Schüler den Stoff aus der Hand reißen. Im Gegenteil: Weil wir sie nicht nach ihren Bedürfnissen fragen, bieten wir ihnen permanent Waren an, die sie nicht haben wollen. Und dann wundern wir uns noch, dass sie uns nichts freiwillig abkaufen wollen.

Bleibt die Frage, warum die Schüler dennoch unsere Kunden bleiben. Ganz einfach: weil in der Schule Kaufzwang herrscht – und weil sie aus dem Kaufvertrag nur noch mit erheblichen Komplikationen herauskommen. Wenn Schüler wirklich Kunden wären, würden sie uns den Rücken zukehren! Doch immer dann, wenn wir die Frage »Wozu lerne ich das?« überzeugend beantworten, haben wir bereits einen Schlüssel in der Hand, mit dem wir die Tür zur Lernlust weit öffnen können.

SINNSUCHE IST KEINE RATIONALE ANGELEGENHEIT

Beispiel Geschichte

Lassen Sie uns jetzt wieder in die Kinderschuhe schlüpfen und damit ein paar Schritte durch den Geschichtsunterricht unserer Kinder laufen.

9. Jahrgangsstufe. Die Klasse bekommt als Hausaufgabe einen knapp einseitigen, relativ klein gedruckten Quellentext zum Thema »Außenpolitik in der Ära Adenauer« vorgelegt. Spüren Sie schon, wie es bei Ihnen prickelt? Wie gierig Sie diesen Text nun lesen würden, als Pubertierender? Adenauers Ära ist genau das, was Sie sich jetzt im Augenblick wünschen, wo Sie sich mit Ihren Pickeln quälen, sich fragen, ob die Lena vielleicht in Sie verliebt ist, wo Sie sich mit Ihrer Sexualität auseinandersetzen und daran zweifeln, ob Sie okay sind wie Sie sind. Die ersten Zeilen lassen schon erkennen, was auf Sie wartet: viele Fremdwörter, lange, komplizierte Sätze in einer Sprache, die nicht die Ihre ist. Das bedeutet viel Arbeit für Sie, sehr viel uninteressante Arbeit. Sie atmen tief durch, und schon erwachen die ersten kreativen Gedanken, wie Sie diesem Zustand, der einfach ein ungutes Gefühl in Ihnen auslöst, entfliehen könnten.

Lernlust, wo bist du? Damit Sie sich diesem Text wirklich zuwenden, muss der Nutzen, den Sie davon haben, größer sein als der Aufwand. Andreas Müller betont in seinem Buch *Eigentlich wäre Lernen geil*, dass dies keine rationale Angelegenheit ist. Die Entscheidung fällt im limbischen System, jenem Teil des Gehirns, das für unsere Emotionen zuständig ist. Und dieser Prozess läuft unbewusst ab. Ein moralischer oder kognitiver Appell an die Jugendlichen ist vergebliche Liebesmüh, denn ihr Gehirn ist nur dann bereit, etwas zu lernen, wenn es einen Gewinn oder einen Nutzen erwarten oder einen Sinn darin erkennen kann.

Wir Erwachsenen haben gelernt, uns zu disziplinieren. Wir haben Familie und uns ist klar: Der Schornstein muss rauchen. Wir reißen uns zusammen, wenn wir eine Arbeit vor uns haben, die wir nicht mögen. Aber Kinder und Jugendliche können das nicht so einfach. Es reicht nicht, wenn wir ihnen mit Vernunftargumenten kommen: »Das brauchst du alles für später. Die Schule ist wichtig für dein Leben!« Das ist zwar richtig – und erreicht doch die meisten Kinder nicht. »Später« ist viel zu weit weg von ihrem Leben: Sie denken nicht so weit voraus, sie leben im Hier und Jetzt. Was interessiert mich mit 14 schon meine Rente?

Wenn wir dann mit unserer Weisheit am Ende sind, bleiben uns nur noch Druck und Drohung. Es sei denn, wir schaffen es, das limbische System mit Relevanz zu füttern.

DAS LIMBISCHE SYSTEM BRAUCHT FUTTER

Beispiel Geografie

Die Hirnforschung hat uns darauf aufmerksam gemacht, dass es nachhaltiges Lernen ohne Sinn nicht gibt. Und Sinn bedeutet: Etwas ist relevant für mich persönlich. Sinn ist daher immer individuell und nicht austauschbar. Was den einen Schüler anspricht, mag für den anderen gar keine Bedeutung haben. Und was heute für mich wichtig ist, interessiert mich morgen nicht mehr.

Zum Beispiel das Thema »Südamerika« im Geografieunterricht: Für die meisten dürfte das wenig Berührungspunkte bieten. Hat meine Schule aber eine Partnerschaft mit einer Schule in La Paz in Bolivien, wird es schon interessanter. Leben Freunde von mir in Argentinien, weil deren Vater beruflich dorthin versetzt wurde, und bin ich mit ihnen auf Facebook vernetzt, dann ist die Relevanz von Südamerika natürlich noch höher. Und wenn zufällig eine Fußballweltmeisterschaft in Brasilien mit dem Thema »Südamerika« im Unterricht zusammentrifft, hat der Geografielehrer den Jackpot gewonnen!

Wann immer unsere Kinder im Unterricht sitzen oder daheim am Schreibtisch ein Schulbuch aufschlagen, hebt ihr Gehirn automatisch ein großes Schild hoch, auf dem steht: »Sag mir: Was hat das mit mir zu tun?« Mit diesem Satz scannen Schüler alles, aber auch alles, was ihnen vorgesetzt wird. An diesem unsichtbaren Schild dürfen wir Lehrer und Eltern nicht einfach vorbeimarschieren. Unsere Reaktion darauf entscheidet über Lernlust oder Lernfrust, über Erfolg oder Misserfolg.

Stellen Sie sich einmal einen Ziegelstein vor. Was soll man mit einem einzelnen Ziegelstein anfangen? Auch ein Haufen einzelner Ziegelsteine ergibt noch keinen Sinn. Den erhalten sie erst, wenn sie Teil eines Hauses, eines Turmes, einer Kathedrale werden. Das, was ich lerne, muss sich also in meinen persönlichen Lebens- und Verstehenskontext einfügen lassen und ein Teil davon werden. Nur so erhält das Lernen von Einzelfakten Sinn. Doch dieser Sinn lässt sich nicht dadurch verordnen, dass Erwachsene den Lernstoff für sinnvoll halten. Oder dass Lehrer für einen Schüler den persönlichen Sinn definieren, denn den kennt nur er allein. Relevanz kann daher immer nur bedingt für eine ganze Klasse hergestellt werden. Vielmehr müssen wir Lernbedingungen schaffen, die den Schülern Gelegenheit geben, Relevanz und Bedeutung für sich selbst zu suchen und zu erleben: Wie und wo passt der Ziegelstein in dein Haus?

Damit Schüler einen individuellen Zugang zum Thema finden, brauchen sie Anknüpfungspunkte zu ihrem eigenen Leben – zu ihren Interessen oder Emotionen. Dies geschieht in der Regel, indem sie aus einem Thema, das sie vielleicht noch nicht sonderlich interessiert, einen Punkt herauspicken, der für sie bedeutsam ist oder werden könnte. Diesen Türöffner finden sie, indem sie zu Fragenden werden: Was verbinde ich mit Südamerika? Was für ein Bild habe ich vor Augen? Was weiß ich bereits von diesem Land? Wen kenne ich, der dort schon einmal war? Was hat wer darüber erzählt? Will ich dort vielleicht einmal Urlaub machen? Wie klingt die Sprache? Welche Lebensgewohnheiten und Bräuche gibt es in den einzelnen Ländern? Was sind ihre traditionellen Gerichte? Wie sind die Schulen dort? Wie ist die Landschaft? Welches politische System haben sie? Usw.

Die scheinbar verlorene Unterrichtszeit, die wir als Lehrer investieren, damit jeder Schüler für sich selbst relevante Akzente setzen kann, erhalten wir vielfach zurück, weil wir hinterher wesentlich weniger Störungen aufgrund mangelnder Motivation haben. Hat ein Kind oder Jugendlicher Sinn und Bedeutung eines Stoffes für sich erkannt, geht das Lernen sehr viel leichter von der Hand. Und steht die Sinn-Tür einmal offen, wächst der Appetit, die Lust mit jeder weiteren Beschäftigung mit dem Thema. Berührt es einen, »liegt« es einem, verspricht es spannende Erkenntnisse, führt dies zur Aktivierung des »Belohnungssystems« im Gehirn: Dopamin und endogene Opiate werden ausgeschüttet. Ihre Wirkung ist vergleichbar mit der Einnahme von Kokain und Heroin: Nach solch sinnvollen und daher befriedigenden Lernerlebnissen besteht »Suchtgefahr«. Gelingt die Sinnfindung nicht, werden Lernprozesse äußerst mühsam. Verneint ein Schüler den Sinn des Lernstoffes für sich persönlich, sind Lehrer und Eltern machtlos, denn Sinn lässt sich durch keine noch so raffinierte Didaktik oder ausgefeilte Motivationstricks erzwingen. Im Lernen Sinn zu finden, muss zur Königsdisziplin in Schule und Elternhaus werden.

Ein Tipp an die Eltern: Vielleicht erlebt Ihr Kind diese individuelle Suche nach Relevanz in der Schule nicht; dann können Sie Ihrem Kind enorm helfen, wenn Sie es an die zuvor beschriebene Fragehaltung heranführen. Und: Seien Sie dabei großzügig. Ich selbst zwinge meinen Sohn nicht dazu, Dinge zu lernen, zu denen er absolut keinen Zugang findet. Kinder zum Lernen zu nötigen, wenn sie den Sinn darin nicht finden, schadet mehr als es nützt. Es ist, als ob wir sie zwingen, etwas zu essen, das sie hassen und das letztlich für sie unverdaulich ist. Es nährt sie nicht. Im Gegenteil: Sie werden das Fach wahrscheinlich ablehnen und auch später keine Annäherung mehr zulassen.

ES MUSS GLEICH SINN MACHEN, NICHT ERST SPÄTER!

Beispiel Verantwortung

Besonders Spaß macht Lernen dann, wenn so schnell wie möglich ein Bezug zum Leben hergestellt werden kann. Dies geschieht dann, wenn Schüler das Gelernte sinnvoll einsetzen und wenn sie ihre Kompetenz zeigen können. »Das Feuer entspringt dem Wofür«, meint Coach Veit Lindau: Wer weiß, wofür er etwas lernt und arbeitet – ob nun Schüler oder Erwachsener –, dem erwächst die Kraft, auch dann durchzuhalten und dranzubleiben, wenn es mühsam und schwierig wird, weil man weiß, fühlt und spürt, wie bedeutsam das ist, was man tut.

»Wer Leistung will, muss Sinn bieten!«, sagt Toptrainer Dieter Lange. Warum kommen wir eigentlich nicht auf die Idee, einen Rahmen zu schaffen, in dem Kinder das Gelernte sofort einsetzen können und erleben: »Mit dem, was ich gelernt habe, kann ich schon etwas Sinnvolles bewegen in der Welt.« Und zwar jetzt! Diese Erfahrung machen wir besonders intensiv, wenn wir Verantwortung für etwas übernehmen.

Margret Rasfeld, Schulleiterin der Evangelischen Schule Berlin-Zentrum, ist Vorreiterin, Vordenkerin, Visionärin eines ganz neuen Schulkonzepts. Sie hat erkannt: »Verantwortung lernt man nicht aus Büchern oder durch moralische Appelle, sondern indem man Verantwortung übernimmt.«[15] Deshalb hat jedes Kind in ihrer Schule in der 7. und 8. Klasse zwei Wochenstunden das Fach Verantwortung. Für diese beiden Jahre sucht es sich eine eigene Aufgabe, ein eigenes Projekt im Ort, für das es verantwortlich ist und wo es die Kompetenzen, die es bereits hat, einbringen kann. Das können Senioreneinrichtungen, Naturschutzverbände, Kirchengemeinden, Bibliotheken, Vereine usw. sein. Manche Kinder erarbeiten ein Konzept, um Senioren Computerunterricht zu geben. Andere gehen in die ersten Klassen der

Grundschulen und unterstützen Kinder beim Lesen. All diese Verantwortungsprojekte sind eine Win-win-Konstellation, bei der beide Seiten profitieren. Ihre Verantwortung ist nicht gespielt, sondern real. Und sie spüren sofort den Sinn ihres Lernens.

Diese großartige Möglichkeit wünsche ich allen Kindern und Jugendlichen. Nichts brauchen Jugendliche mehr als das Gefühl, dass die Welt auf sie wartet. Sie möchten wichtig sein, gebraucht werden und spüren, dass es auch auf sie ankommt. Im Projekt Verantwortung erleben sie: Mit dem, was ich bereits kann, kann ich schon etwas Sinnvolles bewegen in der Welt. Das stärkt ihre Sehnsucht, noch mehr zu lernen und ihre Fähigkeiten weiterzuentwickeln.

Solche über längere Zeit laufende Projekte können besonders gut in Ganztagsschulen mit einem rhythmisierten Ablauf bzw. in jede Schule zumindest im Sinne von Wahlunterricht eingebracht werden. Als Eltern können Sie den Anstoß geben, indem Sie sich mit diesen Ideen im Schulelternbeirat einbringen oder in der Gruppe der Schulentwicklung mitarbeiten, in der auch Eltern in der Regel herzlich willkommen sind.

SINN IN PROJEKTEN UND SIMULATIONSSPIELEN

Einmal kam ein Schüler im Lerncoaching zu mir und sagte freudestrahlend: »Morgen ist ein super Tag, da haben wir keine Schule.« – »Wieso«, fragte ich zurück, »morgen ist Donnerstag, fällt bei euch der Unterricht aus?« – »Nein«, sagte er, »ich muss schon in die Schule gehen. Aber morgen haben wir nur Sport und Musik und dann haben wir vier Stunden ein Projekt über Australien.« Auf meine erstaunte Rückfrage meinte er: »Da müssen wir gar nichts lernen!« Genau dieser Schüler erzählte mir eine Woche später begeistert zahlreiche Details von Australien. Von wegen, nichts gelernt! Und was er alles verstanden, durchblickt und gelernt hatte! Aber er hat es gar nicht gemerkt, es ging einfach so, ohne Druck und ohne Lernfrust!

In Projekten erleben die Schüler, wie bedeutsam es ist, was sie lernen. Zum Beispiel das Thema »Asyl«, das Thema »Klimawandel«, »Wasser«, »Entwicklungshilfe« oder »Kriege«. Aus den Fächern Biologie, Geografie, Chemie, Mathematik, Fremdsprachen, Sozialkunde wird nun zusammengetragen, was für das jeweilige Thema relevant ist. Nun bekommt Einzelwissen Bedeutung und Relevanz. Man will sich schließlich hinterher auch auskennen! Hirngerecht ist also nicht das Lehren und Lernen in voneinander isolierten Fächern, sondern gerade ihre Synthese.

In allen Schulen gibt es inzwischen Projekte, weil man die Kraft dieses themenbezogenen Lernens erkannt hat. Aber: Diese Projekte sind noch immer Sonderaktionen. Die Schüler nehmen sie als etwas wahr, das nicht wirklich zum Unterricht gehört. Etwas wofür es keine Noten gibt. Und das ist gleichbedeutend mit »nicht wirklich wichtig«. Schüler, die immer dirigiert werden von Lehrplan und Noten, beginnen dann die durch die Projekte entstehende Freiheit auszunutzen und büxen gerne aus. Welch Paradoxie! Wirklich sinnvoll werden Projekte dann, wenn sie im schulischen Alltag nicht nur der Abwechslung dienen, sondern Teil des Schulalltags sind und die Regel werden.

ELTERN ASSISTIEREN BEI DER SINNSUCHE

Beispiel Moderne Fremdsprachen

Was können Eltern dazu beitragen, damit die Kinder einen Zugang zum Thema finden? Dass sie neugierig sind auf das, was sie lernen sollen – dass sie es mögen? Assistieren wir den Kindern bei der Sinnsuche und helfen wir ihnen, herauszufinden, warum etwas lernenswert sein kann.

Ob nun Französisch, Englisch oder Spanisch: Anstatt zu meckern, dass Ihr Kind doch endlich seine Vokabeln lernen soll, stellen Sie lieber Kontakte zu Engländern, Spaniern oder Franzosen her und schaffen Sie damit eine Lernumgebung, die in höchstem Maße sinn-voll ist. Wir leben in einem multikulturellen Land und haben viele Möglichkeiten, die man nur beim Schopfe packen muss. Oder schenken Sie Ihrem Kind einen Skype-Sprachkurs mit einem Engländer. Die moderne Technik macht es uns heute so einfach. Und so ein Kurs (der vielleicht nur zehn Sitzungen umfasst) ist ein ganz anderes Erlebnis als das Lernen aus einem Buch. Nicht nur Kinder finden das cool. Oder lassen Sie Ihre Kinder DVDs in Englisch oder Französisch anschauen: Die meisten Spielfilme haben auch eine französische oder englische Tonspur. Da lernen die Kinder quasi zum Vergnügen nebenher und bekommen sogar Anreize, Vokabeln nachzuschlagen und den eigenen Lernfortschritt zu sehen. Finnische Kinder sprechen deshalb so gut Englisch, weil das Land so klein ist, dass viele Spielfilme nicht auf Finnisch synchronisiert werden und es sie nur auf Englisch gibt. Verbringen Sie Ihren Familienurlaub in England, Frankreich oder Spanien oder organisieren Sie einen Schüleraustausch in den Ferien. So wird Ihr Kind mit der Sprache und dem Land emotional noch tiefer verbunden.

Es gibt zahlreiche Ideen, wie Sie – zu Hause oder in der Schule – Lerninhalte in einen lebensnahen und anregenden Zusammenhang stellen, sodass Kinder darin Sinn finden. Sie können Schüler auch inspirieren, selbst Anwendungsmöglichkeiten für Inhalte zu finden. Ein kleines Beispiel: Schüler sollen lernen, das ABC in einer Fremdsprache zu buchstabieren. Wozu könnte man das brauchen? »Nun, stell dir vor, du bist in einer Ferienwohnung und brauchst ein Taxi, weil du zum Flughafen musst. Du rufst in der Zentrale an, sagst, wo du abgeholt werden willst, und die

Stimme am anderen Ende sagt: ›Can you spell it, please?‹« Wer sich diese Situation vorstellt, weiß, wozu er fremdsprachig buchstabieren lernt. Dann beginnt das Ganze Spaß zu machen: Die Kinder können mit ein paar Schulfreunden um die Wette buchstabieren und sich dabei möglichst komplizierte Adressen ausdenken, die die anderen dann richtig notieren müssen.

Jedes Stück Sinn und Nutzen, das wir den Kindern geben, ist Motivation in Reinform. Kinder wollen wissen, *wofür* sie lernen. Dann ist die Chance am größten, dass das Wissen im Kopf hängen bleibt. Wenn die Frage nach dem *Wofür* offenbleibt, dann ist das Durchhalten viel schwieriger, dann müssen Schüler den Stoff extrem oft wiederholen, damit er behalten wird.

LERNLUSTKILLER 3:

LANGEWEILE IM UNTERRICHT

»Es macht einfach keinen Spaß, es ist zum Einschlafen!«

Schlüpfen Sie doch bitte wieder in Ihre Kinderschuhe, drehen Sie die Uhr zehn oder 20 Jahre zurück, gehen Sie in Ihr altes Klassenzimmer und setzen Sie sich wieder auf Ihren Platz. Ist sie wieder da, die Erinnerung? War es Ihnen im Unterricht manchmal langweilig? Ja? Haben Sie dann am Bleistift gekaut? Vor sich hingeträumt? Briefchen geschrieben? Alle paar Minuten auf die Uhr geschaut? Oder sind Sie gar einmal eingeschlafen? – Ich schon, beinahe wenigstens. Ich kenne das Gefühl, wenn einem vor Langeweile die Augen zufallen. Wenn man den Kopf aufstützt, als würde man in sein Buch schauen, und plötzlich ist man für einige Sekunden weggedöst. Ja, ich kenne langweiligen Unterricht. Ich war ja mal Schülerin. Aber ich war auch Lehrerin ...

In ihrem Buch *Wie wir Schule machen* berichten die drei Autorinnen Alma, Jamila und Lara-Luna, Schülerinnen der Evangelischen Schule Berlin-Zentrum, von einer aktuellen schriftlichen Befragung, die sie an verschiedenen Schulen durchgeführt haben. Mehr als die Hälfte der befragten Schüler empfindet den Unterricht demnach als langweilig. Ein solcher Vorwurf trifft uns Lehrer an unserer empfindlichsten Stelle. Spaß muss ja vielleicht nicht immer sein, aber eines wollen wir uns keinesfalls nachsagen lassen: dass unser Unterricht langweilig ist! Was mühen wir uns ab für unsere Schüler, was lassen wir uns alles einfallen für sie: Gruppenarbeiten und Lernzirkel, Filme und

Ausflüge, Experimente und Demos, lauter tolle Sachen – und dann so ein vernichtendes Urteil! Haben wird das verdient?

Und wie erleben es die Schüler? »Man macht in fast jedem Fach das Gleiche: Man sitzt, man hört, man schreibt. Mal ein kleines Filmchen oder eine PowerPoint-Präsentation, mal ein Ausflug ins Museum ... Vorne steht einer, und die anderen haben zu verstehen, was er sagt, und dann gibt es Arbeitsblätter zum Ausfüllen. 30 Schülerinnen und Schüler müssen sich ... für dasselbe begeistern. Und nach 45 Minuten kommt der nächste Lehrer mit dem nächsten Fach, für das du dich begeistern sollst. Das ist so unwirklich, so krass: Wer hat sich das eigentlich ausgedacht?«[16]

Wie wünschen sich Schüler aber dann die Schule? Oder anders gefragt: Wann ist Unterricht für sie nicht langweilig? Um das herauszufinden, brauchen wir nicht Pädagogik studiert zu haben. Wir müssen nur auf uns selbst schauen: Wann machen wir Erwachsenen denn unsere Arbeit gerne?

SCHÜLER MÖCHTEN SPASS HABEN

Kinder lachen gerne und viel – bis sie in die Schule kommen. Da vergeht den meisten das Lachen recht schnell. Ich erinnere mich noch gut an eine Situation, als mein damals zwölfjähriger Sohn und ich uns eines Nachmittags gegenübersaßen. Er machte seine Hausaufgaben, ich meine. Er schrieb in sein Heft, ich tippte in meinen Rechner. Er löste Mathe-Aufgaben, ich arbeitete an meinem Vortrag. Plötzlich schaute er auf, musterte mich mit hochgezogenen Augenbrauen und fragte mit inquisitorischem Unterton: »Mamaaaa! Was machst'n du daaa?« »Ich arbeite an meinem Vortrag, weißt du doch!«, antwortete ich. »Glaub ich nicht! Du lachst nämlich die ganze Zeit,« meinte er, »du bist bestimmt gerade in Facebook!«

Wir alle, auch die Schüler, kennen Schule als den Ernst des Lebens. Lachen und Spaß gehören nicht in diese Abteilung. Sie scheinen zusammenzupassen wie Schweinebraten mit Schokopudding oder wie Tee mit Tabascosauce. Beim Lernen ist der Spaß nur gelegentlich zu Gast, aber er hat dort kein dauerhaftes Wohnrecht – jedenfalls nicht im Unterricht oder bei den Hausaufgaben.

Wird beim Lernen viel gelacht, werden Eltern argwöhnisch und zweifeln an der Qualität des Lernprozesses. Mal angenommen, Ihr Sohn kommt nach Hause und erzählt begeistert von seinem Deutschlehrer: wie lustig der wieder war und dass alle sich im Unterricht gebogen hätten vor Lachen, weil er so viele Witze erzählt und so coole Sprüche draufhat. Beschleicht Sie als Mutter oder Vater da nicht das bange Gefühl, Ihr Kind könnte bei diesem Lehrer nichts lernen?

Vielleicht kennen Sie das auch beim Thema »Hausaufgaben«: Ihre Tochter hat Besuch von einer Freundin. Nach dem Mittagessen verziehen sich die beiden zum Lernen ins Kinderzimmer. Doch statt der erwarteten Lernruhe dringt lautes Lachen durchs Haus – und das immer wieder. Irgendwann reicht es Ihnen. Empört stürzen Sie ins Kinderzimmer: »Ich dachte, Ihr lernt?«, fragen Sie, und schon kommt die Drohung mit den Konsequenzen aus Ihrem Mund: »Wenn – das – nicht – klappt –, könnt – ihr – euch – eben – nicht – mehr – treffen!« Die Kinder schauen Sie mit großen Augen an und wissen gar nicht, wovon Sie sprechen. Gemeinsam sitzen sie auf dem Bett, fragen sich Lateinvokabeln ab und haben eben zwischendurch einen Riesenspaß.

Wer beim Lernen lacht, macht sich verdächtig, denn Lernen ist etwas Ernstes, etwas, wozu man sich überwinden muss. Und nur wenn es schwer und mühsam ist, wenn man sich so richtig quält und wenn's auch wirklich keinen Spaß macht, dann ist das mit Sicherheit richtiges Lernen. Lernen und Lachen, das passt für uns nicht zusammen. Das muss man unterbinden! Leichtigkeit ist beim Lernen nicht vorgesehen. Alles, was leicht und locker ist, wirkt nach Freizeit, Muße und Lust – rauskommen kann dabei nicht wirklich viel. Oder?

Das Traumpaar Lachen und Lernen

Aber woher kommt dieser Glaubenssatz, dass in der Schule der »Ernst des Lebens« beginnt, dass Kinder dort nichts mehr zu lachen haben, dass das »richtige« Lernen schwer und mühselig ist? Muss es wirklich so sein, dass die Schüler das Lachen selbst in die Hand nehmen, indem sie mangels Humor in der Schule mit allem möglichen Blödsinn den Unterricht stören, damit es endlich, *endlich* einmal Gelegenheit für ein befreiendes Lachen gibt, das in jede Kindheit gehört?

Lernen und Lachen sind ein Traumpaar, meint die Pädagogin Charmaine Liebertz. Die Macht des Humors erlebe auch ich immer wieder als Rednerin auf der Bühne: Humor gewinnt Herzen und hat eine gewaltige Motivationskraft. Wenn Schulen meinen kabarettistischen Vortrag »Lernlust statt Lernfrust« buchen, dann fast immer mit der Erklärung: »Mit trockenen Fachvorträgen bekommen wir die Eltern kaum mehr an die Schule. Aber sie kommen scharenweise, wenn sie Neues erfahren und dabei lachen können.« Genauso geht es unseren Kindern: Auch sie wollen lachen!

Die segensreiche Wirkung von Humor auf den Schulerfolg demonstriert ein Experiment mit Erstklässlern: Die Kinder sahen sich ein Sachthema per Diashow an. Ein Teil der Klasse betrachtete eine sachlich aufbereitete Diapräsentation, der andere Teil eine Präsentation mit den gleichen Fakten, die aber größtenteils lustig dargestellt waren. Nach einem Monat wollte man wissen, was sich die Schüler gemerkt hatten. Es war verblüffend: Sie konnten sich nur noch an die Inhalte und Fakten erinnern, die lustig verpackt waren. – »Wer lacht, der lernt!«, bringt es

Sabine Asgodom, eine der bekanntesten Managementcoaches, auf den Punkt.

Humor – das Salz in der Suppe

Aber muss es denn immer Spaß, Humor und »Gaudi« sein? fragen Sie sich vielleicht, wenn Sie Lehrer sind. Muss ich mich jetzt auch noch zum Kasper machen, den Clown spielen und das Klassenzimmer rocken, damit Kinder gerne in die Schule gehen? Oder jede Stunde Witze reißen? Nein, es geht nicht um oberflächliche Schenkelklopfer, es geht um mehr: Wenn ein ernstes Thema immer wieder durchzogen ist von humorvollen Bemerkungen, dann wird selbst ein trockener Stoff attraktiv. Humor im Unterricht ist wie das Salz in der Suppe: Er ist nicht der Hauptbestandteil, aber ohne ihn schmeckt die Unterrichtssuppe schal.

Humor kann man im Übrigen lernen. Dafür gibt es eine Reihe von Techniken, die man gezielt einsetzen kann, zum Beispiel die Untertreibung oder Überzeichnung. Ich kann Ihnen versprechen: Das zu erlernen macht allein schon Spaß – noch schöner ist es, Schüler dann auch zum Lachen zu bringen! Sofort schaffen Sie als Lehrer ein angstfreieres Unterrichtsklima. Deshalb müssten Humortechniken dringend Bestandteil der Lehrerausbildung werden. Und gegenüber Comedians und Kabarettisten haben Lehrer einen Riesenvorteil: Niemand erwartet von ihnen etwas Lustiges. Umso leichter können sie die Schülererwartungen übertreffen und mit Witz punkten. Lassen wir also mehr Humor ins Klassenzimmer einziehen, denn wie die Amerikaner sagen: The brain runs on fun!

SCHÜLER SUCHEN SINN

Langeweile im Unterricht und mangelnder Spaß beim Lernen haben sehr viel damit zu tun, dass den Kindern der Sinn ihrer Anstrengung nicht klar ist. Das haben wir im letzten Kapitel schon ausführlich besprochen: In dem Augenblick, in dem das Lernen für die Kinder Bedeutung erlangt, braucht es nicht mehr witzig zu sein. Dann macht die Sache um ihrer selbst willen Spaß, und die Langeweile ist wie weggeblasen!

Genauso, wie es unterschiedliche Schülertypen gibt, erleben wir auch unterschiedliche Lehrerpersönlichkeiten. Gut, dass das so ist! Eine Schule, in der von früh bis spät nur gelacht wird, wäre auf Dauer auch nicht zu ertragen. Wir Menschen sehnen uns nach der Möglichkeit, von Herzen zu lachen, ebenso wie nach Tiefe und Sinn. Gut also, dass es da Lehrer gibt, die Kindern das eine, und Lehrer, die das andere geben können. Genau diese Abwechslung macht die Schule spannend und schön!

SCHÜLER WOLLEN SICH BEGEISTERN LASSEN

Immer wieder wird der Sinn oder Unsinn von Frontalunterricht diskutiert. Mit Recht, denn er hat gewaltige Nachteile. Aber gezielt eingesetzt kann Frontalunterricht auch eine wunderbare Sache sein – dann nämlich, wenn er der Inspiration dient oder einen Überblick verschafft. Schon Heraklit sagte, dass Lehren nicht bedeutet, ein Gefäß zu füllen, sondern ein Feuer zu entfachen! Genau das kann ein toller Unterrichtsvortrag!

Es gibt Fächer, die interessieren einen an sich nicht. Das kann sich allerdings sehr schnell ändern, wenn der Lehrer selbst von seinem Fach begeistert ist und seine Schüler damit ansteckt. Die Begeisterung springt über, wenn er erzählt, was ihn an einem Thema, an einem Text, an einem Film selbst berührt und packt.

Wann ihm dieses Wissen geholfen hat im Leben. »Nicht das gekonnte Herbeten von Fakten und Theorien macht einen guten Lehrer aus, sondern seine Persönlichkeit und sein Brennen für sein Fach.«[17] Wer selber brennt, der kann auch in anderen ein Feuer der Begeisterung entfachen. Und wenn die Kinder Feuer gefangen haben, ist das eine wunderbare Initialzündung.

SCHÜLER LIEBEN GESCHICHTEN

Im Schulalltag liegt der Schwerpunkt auf der Vermittlung des Stoffes. Wir Lehrer möchten den Schülern möglichst viel beibringen, und so tragen wir eine Menge Zahlen, Daten und Fakten zusammen. Wir zeigen Folien, wir kopieren Skalen und Tabellen, wir teilen Unmengen von Texten und Arbeitsblättern aus. Uns Geschichten auszudenken – dafür haben wir meist keine Zeit, denn der Lehrplan ist randvoll. Sie sind ein Luxus, der dem Zeitdruck zum Opfer fällt. Wir geben alles – für den Kopf! Allzu oft erreichen wir aber das Herz der Schüler nicht.

Beispiel: Das Fach Geschichte

Kaum in einem anderen Fach klagen Schüler mehr über Langeweile als in Geschichte. Sie hassen es, wenn sie Stunde um Stunde »tote« öde Quellentexte ausgeteilt bekommen. Aus demselben Grund fand auch ich das Fach Geschichte grauenvoll langweilig. Wie sich diese Stunden in die Länge gezogen haben! Wie oft wir auf die Uhr geschaut und was wir an Unfug getrieben haben, um die Geschichtsstunden zu überstehen! Erst später, als ich Pädagogik studierte und mich in diesem Zusammenhang wieder mit Themen meiner Schulzeit auseinandersetzen musste, fand ich einen Zugang zu diesem Fach. Und ich begann es zu lieben. Die Beschäftigung mit unserer Vergangenheit wurde hochinteressant.

Was hatte sich geändert? Die Fakten wurden nun mit dem Leben und Erleben von Menschen in Verbindung gebracht, denn es ging darum, wie Kinder in den jeweiligen geschichtlichen Epochen aufwuchsen und erzogen wurden. Auf einmal wurde die Vergangenheit lebendig. Ich konnte mir bildlich vorstellen, wie die Menschen einst gelebt und gedacht hatten. Worüber sie sich gefreut und worum sie sich gesorgt haben. Und wie die politischen und gesellschaftlichen Umstände ihr Leben prägten. Geschichte kam mir menschlich nah, und ich fragte mich immer wieder: Hätte ich zu dieser Zeit leben wollen? Wie wäre das gewesen?

Gute Lehrer sind Geschichtenerzähler, sagt der Ulmer Psychiater und Hirnforscher Manfred Spitzer. Wenn wir die Langeweile aus dem Unterricht vertreiben möchten, müssen Lehrer Kurse in Storytelling belegen. Dass wir kaum gelernt haben, wie man einen trockenen Stoff in spannende Geschichten packt, halte ich für ein elementares Defizit in der Lehrerausbildung. Spätestens im Referendariat sollten sich Lehrer vom Faktenvermittler zum Erzähler entwickeln. Nur so können wir dem Gehirn das geben, wonach es beim Lernen so hungert: innere Bilder. Hören wir also auf, Kindern nur zum Einschlafen Geschichten zu erzählen. Erzählen wir sie im Unterricht, damit sie aufwachen!

Geschichten sind keineswegs nur etwas für kleine Kinder. Auch die Zuhörer von Businessvorträgen lieben Geschichten – und schlafen ein, wenn sie mit Folien voller Texte, Zahlen und Diagramme bombardiert werden. Viele geschäftliche Meetings und Konferenzen sind deshalb so grauenvoll einschläfernd, weil Schüler jahrelang nichts anderes erlebt haben als emotionslose Faktenvermittlung und seelenlose Sachlichkeit. Und die führen sie nun im Beruf fort. Es gibt keine langweiligen Themen, sagen Rhetoriker, nur langweilige Redner. Verstehen Sie mich nicht falsch: Ich denke selber sehr strukturiert, ich mag Fakten, und noch mehr, wenn sie in übersichtlichen Listen vorliegen. Aber wir brauchen beides: Fakten und Geschichten! Wenn ich vor die Wahl gestellt würde: Fakten-Folien oder bildhafte Geschichten, würde ich im Unterricht immer die Bilder und die Geschichten wählen, denn abstrakte Aufzählungen verschwinden schnell wieder aus unserem Kopf – die Bilder bleiben und können sich mit der Theorie verknüpfen.

SCHÜLER MÖCHTEN SELBST ENTDECKEN

Wissen Sie, warum wir Menschen Krimis lesen oder anschauen? Um zu wissen, wer der Mörder ist? Falsch! Denn dann würden wir gleich die letzten Seiten des Buches lesen. Nein! Wir lieben es, wenn wir möglichst lange *nicht* wissen, wer der Mörder ist. Wenn wir erst die ganzen Verwicklungen der Geschichte kennenlernen, wenn wir Hinweisen nachspüren können und wenn sich die Ereignisse nur ganz langsam entflechten. Nach dieser Spannung lechzen wir. – Ein guter Lehrer nutzt das.

Oft genug erlebe ich hingegen, dass im Unterricht als Erstes an die Tafel geschrieben wird, »wer der Mörder ist«: »Heute geht es um das Thema XY.« Und dann kommt eine Definition. – Merken Sie, wie dann die Luft bereits raus ist? Und wie Langeweile einzieht? Das ist, wie wenn am Anfang des Krimis im Untertitel steht: »Der Mörder war der Gärtner!« Wie absurd! Wir wollen doch selber draufkommen! Wir wollen nicht, dass uns jemand die Gänsehaut raubt und das Prickeln klaut! Aber Detektivspiele kosten Zeit – wenn wir den Mörder gleich bekannt geben, geht es natürlich schneller. Aber angesichts der Stofffülle bleibt Lehrern oft gar nichts anderes übrig, als so vorzugehen: Sie können den Krimi meist gar nicht bis zum Ende zeigen. Dabei könnte Schule so spannend sein!

Das Sog-Prinzip

Jeder Lehrer weiß, wie es sich anfühlt, wenn er wieder mal vor voll besetzter Klasse ins Leere redet und seine Bemühungen ohne Resonanz bleiben. Hierzu hat mich Renate Caine, eine deutschstämmige Professorin für Psychologie in den USA, mit einem Experiment sehr beeindruckt: Sie zeigte im Geschichtsunterricht Schülern einen Film über den Amerikanischen Bürgerkrieg. Ein Film im Unterricht ist eigentlich nichts Besonderes, aber hier gab es einen entscheidenden Unterschied: Der Ton wurde ausgeschaltet. Die Schüler sahen nur die Bilder: Soldaten, Besprechungen, Verhandlungen, Ansprachen an das Volk, Kämpfe, Schlachten, sterbende Menschen. Sie waren sofort wach und ihre Aufmerksamkeit war gefesselt. Und sie begannen Fragen zu stellen: Was ist denn da los? Wieso schießen die Menschen aufeinander? Wieso ist da Krieg? Welches Problem haben sie denn miteinander? Und wo war das? Und wann? Und wie viele Menschen sind da ums Leben gekommen? Die Schüler waren emotional berührt, aber nicht berieselt. Sofort haben sie Feuer gefangen. Und plötzlich war der Lehrer nicht mehr der, der vorne steht, nervt und sich tot motiviert, sondern auf einmal der, der gefragt war.

Der Wind hat sich gedreht. Die Motivationsdevise ist nicht mehr *push*, sondern *pull*, nicht mehr Drücken, sondern Ziehen. Diese Sog-Strategie weckt die Aufmerksamkeit der Schüler und fordert ihren Wissenshunger und ihren Erkenntnisdurst heraus. Dieses Beispiel steht für einen Paradigmenwechsel in der Haltung des Lehrers: Aus dem, der die Schüler »belabert«, wird ein Experte, den man gerne konsultiert.

Immer wieder fragen Eltern, wie sie ihr Kind motivieren könnten. Die Antwort ist eindeutig: Man kann Menschen nicht von außen motivieren, genauso wie man in ihnen keinen Hunger erzeugen kann. Der Hunger kommt von alleine. Auch der Lernhunger ist in uns bereits angelegt. Es ist ein Grundbedürfnis des Menschen, sich zu entwickeln und zu entfalten, und Heranwachsende haben eine grenzenlose Neugierde auf das Leben. Wir müssen Lernmotivation also nicht künstlich erzeugen. Aber wir können den Kindern den Appetit gründlich verderben, indem wir das Essen lieblos anrichten – oder so viel auf den Teller packen, dass das Gefühl entsteht: Ich schaff das nicht!

Mit zunehmender Schulzeit nimmt die Lernfreude ab. Warum? Weil der Stoff »durchgenommen«, das Thema »behandelt« und die Aufgaben »erledigt« werden. Schon die Sprache verrät uns, wie unattraktiv das Lernen ist. Aber Kinder wollen Nüsse knacken – und sie wollen es selber tun. Sie möchten so lange an einer Aufgabe herumknobeln, bis sie die Lösung gefunden haben. Sie lieben Rätsel und Quiz. Und sie spielen nur allzu gerne Detektiv. Wir müssen deshalb alles daransetzen, den Lernhunger am Leben zu erhalten. Faktenberieselung schadet der Motivation. Es ist hinderlich, wenn wir Schülern permanent Antworten geben auf Fragen, die sie niemals gestellt haben. Wenn wir wollen, dass Kinder Themen wirklich verstehen, dann erfordert das ihr Engagement. Und sie engagieren sich viel lieber als Fragensteller, Spurensucher und Entdecker denn als passive Konsumenten.

Der Trainer und Coach Jens Tomas spricht einmal vom »thirsty man syndrom«: Wer Durst hat, bezahlt für Wasser einen anderen Preis als jemand, der nicht durstig ist. In der Schule brauchen wir analog dazu das »thirsty pupil syndrom«: Schüler, die danach hungern, die Welt zu verstehen, sind auch bereit, einen höheren Preis für den Erkenntnisgewinn zu bezahlen: Ihre Anstrengungsbereitschaft ist sehr viel größer. Spaß und Leistung widersprechen sich eben nicht!

SCHÜLER WOLLEN SPÜREN UND MACHEN

In weiterführenden Schulen regiert immer noch der Frontalunterricht. Wenn von sechs Unterrichtsstunden vier bis fünf im Frontalunterricht gehalten werden, ist das problematisch. Denn dann sind hauptsächlich die Lehrer aktiv, während die Schüler auf die aufnehmende Rolle beschränkt werden. Hirngerechtes Lernen sieht anders aus: »Lernen ist ein Verb, eine Tätigkeit, eine Aktivität. Und zwar eine des Lernenden«, sagt Andreas Müller.[18] Also keine Beschallung und kein Frage-Antwort-Spiel, zumindest keines, bei dem die Schüler antworten. Wir wissen heute, dass Lernen ein Konstruktionsprozess ist. Wir können nicht lernen, indem wir nur mit Fakten »gefüllt« werden. Und keiner kann für einen anderen lernen: Wir müssen es immer selber tun. Das Ziel ist also selbsttätiges und selbstbestimmtes, selbstkompetentes Lernen.

Nun wenden Lehrer immer wieder ein: Aber wir lassen die Kinder doch selber arbeiten! Wir machen zum Beispiel Lernzirkel. Das heißt: Zu einem Thema werden im Klassenraum verschiedene Stationen eingerichtet; die Kinder wandern von einer Station zur nächsten und erarbeiten sich das Thema. Klingt gut, doch die Erfahrung zeigt, dass Schüler das gar nicht mögen. Nicht selten drängen sie die Lehrer sogar, doch bitte, bitte wieder zum normalen Frontalunterricht zurückzukehren. Warum?

Der Ansatz ist prima, aber wir vergessen dabei, dass unser Gehirn viel Abwechslung braucht. Auch ein Lernzirkel ist megalangweilig, wenn er aus einem Arbeitsblatt nach dem anderen besteht. Eine tolle Form des Lernzirkels hingegen ist das »Lernmuseum«: Auch hier wandern die Lernenden, auch hier gibt es an jeder Station etwas zu entdecken und zu lernen. Aber ganzheitlich! Da kann in einer Station etwas betrachtet werden, in der nächsten kann man selbst etwas tun. In der dritten etwas gelesen werden und in der vierten gibt es ein Arbeitsblatt zu bearbeiten. In der fünften können die Schüler etwas hören. In der sechsten dürfen sie etwas gestalten und in der siebten sich bewegen.

Als ich meine Ausbildung zum Lerncoach und Lerntrainer bei Iris Komarek in München machte, reisten wir Teilnehmer in der Regel am Freitagabend an. Das Seminar begann um 17 Uhr. Die meisten von uns hatten eine volle Arbeitswoche hinter sich; viele kamen nach einer langen Autofahrt im Freitagsverkehr schon erledigt an. Statt Erholung hatten wir uns nun ein Wochenende Weiterbildung angetan. Und jetzt noch am Freitagabend vier Stunden Kopfarbeit! Ganz ehrlich: Kaum einer hatte da große Lust, obwohl wir uns freiwillig angemeldet hatten und uns das Thema interessierte. Aber jedes Mal machten wir wieder dieselbe Erfahrung: Wir wurden von Stunde zu Stunde wacher, um 21 Uhr waren wir alle frisch und wollten gar nicht mehr aufhören. Die Laune war super und jeder freute sich auf die weiteren Tage.

Wie war das möglich? Ganz einfach. Unsere Trainerin hatte uns mit allen Sinnen angesprochen. Sie verstand es, den Lernstoff im Wechsel von Anspannung und Entspannung anzubieten. Sie hatte eine Menge fürs Auge, fürs Ohr und für das Herz dabei. Bewegung ebenso wie Phasen, in denen wir auf unseren Stühlen saßen. Ernstes ebenso wie Humorvolles. Phasen der Konzentration und Anstrengung wurden immer wieder aufgefangen durch Leichtigkeit und Lachen. Wie gerne haben wir alle gelernt! Und wie leicht war Lernen plötzlich! Das war hirngerechtes Lernen, wie ich es vorher noch nicht erlebt hatte. Damals habe ich verstanden: So geht Lernen!

»Würde die Funktionsweise eines Handys (…) genauso distanziert und theoretisch erörtert wie die allermeisten Unterrichtsinhalte, wären Schüler davon ebenso gelangweilt«, meint die Lehrerin Bettina L'Habitant.[19] Schulische Lerninhalte wollen ebenso wie ein Handy in die Hand genommen und ausprobiert werden. Kinder begreifen zuerst mit den Händen, dann mit dem Kopf.

SCHÜLER BRAUCHEN DAS RICHTIGE MASS AN ANFORDERUNG

Häufig haben wir im Unterricht eine große Leistungsspanne: Während die einen kaum mitkommen, sind die anderen gelangweilt schon im Tiefschlaf. Ein mittleres Maß an Anforderung, ein leichter Stress ist durchaus förderlich beim Lernen. Wer sich allerdings überfordert fühlt, hat massiven Stress. Stresshormone werden im Übermaß ausgeschüttet und behindern die Transmitterstoffe im Gehirn bei ihrer Arbeit. Informationen können nicht mehr fließen, das Lernen wird dadurch erschwert oder ganz blockiert. Im schlimmsten Fall hat ein Schüler dann einen Blackout.

Andererseits gibt es Kinder, die deutlich unterfordert sind. Das sind Kinder mit einer besonderen Begabung oder Hochbegabung. Unterforderung macht keinen Spaß. Wenn jemand nach der ersten Aufgabe das Prinzip der Division bereits verstanden hat und ein paar weitere Aufgaben übt, reicht das völlig. Muss er sich allerdings tagelang mit der Division auseinandersetzen, stellt sich erheblicher Lernfrust ein. Es ist wie Erbsenzählen. Ich habe das einmal ausprobiert, um mich in solche Kinder einzufühlen. Nehmen Sie eine große Schüssel Erbsen und zählen sie, eine nach der anderen. Da werden Sie verrückt – und unleidlich! Eine Lösung wären zum Beispiel Lernbüros oder Lernlandschaften, in denen jedes Kind nach seinem Tempo vorwärtsgehen kann.

SCHÜLER BRAUCHEN HERAUSFORDERUNGEN

Jugendliche in der Pubertät möchten ihre persönlichen Grenzen kennenlernen. Daher sind sie oft waghalsiger und risikobereiter, als uns Eltern lieb ist. Insbesondere Jungen brauchen es für ihre

Identitätsentwicklung, sich zu beweisen. In unserer Bildungslandschaft ist dafür kaum Platz. Daher suchen Heranwachsende die Abenteuer oft außerhalb, in der Freizeit, und springen im schlimmsten Fall auf fahrende Züge. Wenn sie in der Schule nur mal das Prickeln eines Abenteuers erleben könnten! Es macht solchen Spaß, ein bisschen Gefahr zu erleben und nicht so genau zu wissen, ob das Vorhaben gelingt oder nicht! Das Wesen eines Abenteuers ist das Überraschungsmoment: Was lauert hinter der nächsten Kurve? Was passiert als Nächstes?

Überraschungsmomente sind nicht nur prickelnd, sie sind auch hoch effektiv, wenn es um das Lernen geht. Auf Ereignisse, die dem Erwarteten widersprechen, reagiert unser Gehirn besonders begeistert. Also auf Neues, auf alles, das aus dem Alltagsgeschehen herausragt und das sich nicht linear entwickelt. Insbesondere wenn etwas besser ist als erwartet, feuern die Neuronen wie wild. Solche Erlebnisse erhalten auf der Prioritätenliste des Gehirns einen ganz besonderen Platz.

Das Lieblingsfach Herausforderung

Die Evangelische Schule Berlin-Zentrum hat für das Bedürfnis, die eigenen Grenzen auszutesten, ein eigenes Fach eingerichtet: »Herausforderung« heißt es schlicht. Dahinter verbergen sich Abenteuer und Lebensschule. In der 8., 9. und 10. Klasse dürfen sich die Jugendlichen in kleinen Gruppen eine Aufgabe suchen, die sie herausfordert. Bedingung ist: Die Aufgabe ist außerhalb Berlins (also fernab des vertrauten Umfelds) zu bewältigen und ein Erwachsener begleitet die Gruppe. Das können Studenten oder andere interessierte Menschen sein. Ausgerüstet mit nur 150 Euro gehen die Jugendlichen dann radeln, wandern auf Korsika, gründen eine Band (mit der sie dann drei lange Wochen täglich üben) usw. Alles während der Schulzeit – »Herausforderung« ist ja ein reguläres Unterrichtsfach. Wenn die Schüler dann zurückkommen, sind sie wie umgewandelt, berichten die

Eltern: selbstständiger und um Jahre gereift. Auch die Jugendlichen selbst sagen im Nachhinein, sie hätten niemals in ihrem Leben so viel gelernt wie in diesen drei Wochen.

SCHÜLER WOLLEN INDIVIDUELL LERNEN

Lernen ist etwas, was man meistens »muss«, selten »will« und kaum je »darf«.[20]

Unsere Schulen achten in der Regel nur wenig darauf, welche Lernbedürfnisse die einzelnen Kinder haben. Kinder sind unterschiedlich. Sie haben unterschiedliche Persönlichkeiten, Begabungen und entsprechend auch sehr unterschiedliche Bedürfnisse. In Unternehmen wird das mit dem Schlagwort »Diversity« bezeichnet. Diversity Management steht angesichts von zunehmend internationalen Belegschaften weit oben auf der Tagesordnung. In der Schule ist das Thema allerdings kaum angekommen. Doch je mehr Freiraum Kinder haben, ihr Lernen so zu gestalten, wie es ihnen entspricht, desto mehr Lust haben sie und umso größer wird auch der Erfolg.

Dazu gehört zuerst, dass sie genügend Spielraum haben zu entscheiden, *was sie lernen*. Möglichkeiten dafür bieten Konzepte wie Freiarbeit, die beispielsweise in Montessori-Schulen oder heute auch schon in vielen Grundschulen praktiziert wird, oder offene Lernbüros oder Lernlandschaften.

Wenn Kinder mitbestimmen dürfen, *wann und wie lange* sie lernen, steigt ihre Lernlust deutlich. Menschen sind unterschiedlich schnell. Es gibt Rennpferde und Schildkröten. Beide haben ihre Berechtigung. So unterschiedlich die Heranwachsenden sind, so unterschiedlich ist auch ihr Lebens-, Arbeits- und Lerntempo. Theoretisch wissen wir das. Theoretisch! Doch beim Lernen missachten wir dieses Naturgesetz und quälen das Rennpferd, indem wir es ausbremsen, und die Schildkröte, indem wir sie beim Laufen hinten anschieben. Diese Not erleben viele Schüler – in der Schule und daheim bei den Eltern. Im Unterricht müssen alle zum gleichen Zeitpunkt dasselbe tun und damit möglichst auch gleichzeitig fertig werden. Besonders bei Tests ist das so.

Was würden Sie sagen, wenn jemand verlangt, dass wir alle beim Sex spätestens nach zehn Minuten einen Orgasmus haben sollen? Wenn es hieße, das sei die Norm? Verzeihen Sie mir diesen drastischen Vergleich, aber er macht deutlich, welchen Unsinn wir von den Kindern verlangen. Wir würden uns das nicht gefallen lassen. Wir sind doch nicht alle gleich!

Mit dem Lernen verhält es sich nicht viel anders. Kinder brauchen unterschiedlich lange, bis sie den »Höhepunkt« erreichen: den Höhepunkt des Lernens, nämlich das Verstehen. Diesen wundervollen Moment des Aha! Den Augenblick, in dem »der Groschen fällt«. Der Punkt, in dem einem das Licht aufgeht. Viele Kinder erleben leider gar keine Lernhöhepunkte, in denen das Dopamin fließen kann, weil wir sie drängen und hetzen. Weil wir sie aus ihrem Rhythmus bringen und ihr Lernen takten. Während der eine etliche Anläufe braucht, um die Exponentialfunktion zu verstehen, ist dem anderen schon langweilig. Wir wissen das zwar, doch orientieren wir uns gleichwohl an einem fiktiven Durchschnittsschüler. Das Ergebnis ist dann auch nur durchschnittlich. Wir brauchen in unseren Schulen so etwas wie Diversity Management: den förderlichen Umgang mit der Unterschiedlichkeit der Schüler.

Kinder möchten zudem entscheiden, *wie und wo* sie lernen. Ruhig am Schreibtisch vor Büchern und Heften zu sitzen, verlockt die wenigsten. Wenn Kinder entscheiden können, ob sie im Klassenzimmer am Tisch oder auf dem Teppich sitzend oder liegend im Flur lernen, dann bestehen gute Lernvoraussetzungen. Zu Hause gibt es noch viel mehr Möglichkeiten: im Garten, auf dem Trampolin, auf der Schaukel, im Bett oder auf der Couch im Wohnzimmer. Vorausgesetzt, wir stülpen den Kindern nicht über, was wir selbst als Norm für korrektes Lernen aufgezwungen bekommen haben. Ob wir das, was wir lernen, ins Heft schreiben, in den PC tippen oder auf einem Flipchart aufmalen, ob wir mit Musik lernen oder lieber, wenn es ruhig ist, ob wir die Gegenwart anderer Menschen um uns herum mögen: All das hängt vom Einzelnen ab. Abwechslung ist hier das Gebot der Stunde. Ich erlebe das selbst immer wieder: Sitze ich zu lange am Schreibtisch, erlahmen meine Kreativität und Arbeitslust. Dann schnappe ich mir mein Notebook und wechsle auf die Couch, in den Garten oder in ein Café. Auch im Flugzeug oder in der Bahn kann ich gut schreiben. Lösen wir uns also von der veralteten Vorstellung, dass erfolgreiches Lernen und Arbeiten nur still am Schreibtisch stattfindet. Und lassen wir uns auf den Ideenreichtum der Kinder ein. Sie wissen selbst am besten, in welcher Form sie gut lernen.

SCHÜLER WOLLEN LEISTUNG ZEIGEN

Ich bin zu Besuch bei meinem Patenkind. Alicia ist sieben und liebt es zu turnen. Wie ein Wirbelwind rennt sie durch den großen Garten, schlägt unzählige Räder, macht eine Brücke und einen Handstand. Dann führt sie mich zu einer großen Eiche und ruft mir freudestrahlend zu: »Das ist auch neu!« Mit ihren zarten Fingerchen hält sie sich am Stamm fest und beginnt nach oben zu klettern. Ich sehe, wie viel Kraft sie das kostet, aber sie ist wendig und flink und schafft es, sich Stück für Stück nach oben zu bewegen. Dann klettert sie wieder herunter und schlägt weiter ihre Räder im Garten.

»Das ist auch neu!« – Dieser Satz berührt mich und klingt in mir nach. Wir freuen uns unglaublich, wenn wieder eine neue Fähigkeit in das Haus unseres Lebens eingezogen ist. Wir haben uns entwickelt und sind gewachsen. Großartig! Wie schön wäre es, wenn unsere Kinder durch die Schultage gehen könnten und uns permanent voller Freude zurufen würden: »Schaut mal her, das ist auch neu!« Und mit jeder kleinen »Das-ist-auch-neu-Feier« wird Alicia immer besser und besser – und motivierter.

Ich glaube, es ist eine Sehnsucht von uns Menschen, dass wir anderen zeigen können, wenn wir etwas Neues gelernt haben. Das ist ein Lernlust-Prinzip, das in den Schulen bisher viel zu wenig Berücksichtigung findet. Wie motiviert es doch, wenn man seinem Lehrer oder auch den Mitschülern zeigen kann, was man dazugelernt hat!

Fazit:
Wenn Kinder Unterricht und Lernen interessant finden sollen, müssen wir ihre Emotionen ansprechen. Das kann laut geschehen, indem etwas lustig ist und Anlass zu schallendem Lachen gibt, oder es kann sehr leise vonstattengehen, wenn uns etwas unter die Haut geht, wenn wir uns mit einer Sache identifizieren oder wenn eine Erkenntnis sehr überraschend ist. Dann feuern die emotionalen Zentren im Gehirn, die das Lernen befördern. Und wir müssen den Kindern die Möglichkeit geben, Herausforderungen zu bestehen und sich Inhalte selbst zu eigen zu machen – auf die Weise, die ihnen gemäß ist.

LERNLUSTKILLER 4:

ANGST VOR SCHLECHTEN NOTEN

»Schon wieder eine Vier! Das gibt Ärger daheim!«

Jeder von uns hat so seine ganz eigenen Erinnerungen an die Schulzeit – in der Regel eine Mischung aus guten und schlechten. Aber eine Erinnerung verbindet uns alle, die wir die herkömmlichen Regelschulen besuchten: Jede Schulstunde begann nach dem immer gleichen Muster: Die Lehrkraft betrat den Raum, wir Schüler standen auf und begrüßten sie im Chor. Sobald sie ihre Tasche auf das Pult stellte, stieg unser Puls: Holt sie nun ungefährliches Unterrichtsmaterial aus der Tasche oder ihr kleines rotes Büchlein? Das Notenbüchlein. Dieses Rot bedeutete für uns höchste Alarmstufe. Bedrohung. Angst. Zittern. Rot ließ unseren Adrenalinspiegel ansteigen, denn Rot entschied jeden Tag neu über Glück oder Unglück, über Können oder Nichtkönnen, über Kompetenz oder Losergefühl, über Selbstwert oder Minderwertigkeit – und beim Heimkommen über Hausarrest oder Schwimmbadbesuch. Tag für Tag wiederholte sich dieses Drama – verbunden mit der bangen Frage: Wen trifft es heute? Erinnern Sie sich noch, wie Ihr Lehrer sein rotes Büchlein in die Hand nimmt, seinen Blick über die Klasse schweifen lässt und zu blättern beginnt? Eine Seite nach der anderen. Die Spannung steigt, man schickt ein Stoßgebet zum Himmel: »Nein, bitte nicht ich! Bitte, lieber Gott, verschone mich heute noch mal.« Er blättert um. Die ersten aus dem

Alphabet atmen auf, glücklich, sie sind raus aus der Gefahrenzone. Noch einmal blättert er um, jetzt schlägt das Herz wie wild, die Angst kriecht einem den Rücken hoch und die Gewissheit macht sich allmählich breit: Diesmal erwischt es dich!

War das bei Ihnen auch so? Kennen Sie diesen Minithriller aus Ihrer eigenen Schulzeit? Bis heute hat sich nicht viel daran verändert, außer dass die roten Büchlein digitalen Notenlisten gewichen sind und manche Lehrer die Noten gleich in ihr Smartphone eintippen.

JEDEN MORGEN IST DIE ANGST MIT IM SCHULRANZEN

Ob schriftlich oder mündlich, angesagt oder unangekündigt – Gelegenheit für Prüfungs- und Versagensängste gibt es auch heute reichlich. Unsere Schüler gehen in der Regel morgens nicht zum Schulbus mit der inspirierenden Frage: »Hey, was wird mir dieser Tag heute bringen? Was werde ich Neues erfahren? Wie kann ich schlauer, klüger werden und die Welt besser verstehen?« Stattdessen denken sie: »Hoffentlich werde ich heute nicht ausgefragt! Hoffentlich ist die Klassenarbeit nicht so schwer! Hoffentlich check ich's diesmal!« Viele Kinder verlassen das Haus mit Bauchschmerzen. Sie haben Angst – Angst davor, Fehler zu machen. Denn in der Regel werden Fehler bestraft. Mit schlechten Noten in Klassenarbeiten, beim Abfragen oder im Unterricht selbst, wenn der Lehrer Mitarbeitsnoten macht. Spätestens mit dem Beginn der Notengebung in der Grundschule geht für die meisten die Freude am Lernen zu Ende.

Die Grundschullehrerin Sabine Czerny kann diesen Trend bestätigen: »Was auch immer man tut, ob man vorher beispielsweise noch Entspannungsübungen macht oder eine Bewegungsphase einfügt: Die Atmosphäre im Raum ändert sich durch die

Probe schlagartig. Die Kinder haben Angst. Die Kinder geraten in Stress und unter Druck.«[21] Das ist auch verständlich, denn schon zu Hause wird ihnen eingeschärft, dass von ihrer Leistung ihre Zukunft abhängt. Ihre Noten entscheiden darüber, ob sie zur Elite gehören werden, zu den Mittelmäßigen oder zu den Verlierern. Noten sind ein Urteil, dem sich Kinder nicht entziehen können, auch wenn wir sie noch so pädagogisch beruhigen: »Wenn sie sich nicht bei der ersten Probe fürchten, so doch spätestens bei der zweiten oder dritten. Ich kann da hundertmal sagen, dass es nicht schlimm ist, wenn etwas nicht gelingt, glaubhaft ist das nicht. Ich fühle mich abscheulich, denn ich lüge. Selbstverständlich macht es einen Unterschied – einen bedeutenden, einen lebensentscheidenden. Die Kinder spüren genau, dass hier ihr Lebensweg vorgezeichnet wird«, berichtet Czerny.[22]

DIE GAUSS'SCHE NORMALVERTEILUNG

Noten messen die Leistung eines Schülers innerhalb einer Klasse zu einem bestimmten Zeitpunkt. Für die Notengebung gibt es dabei keinen objektiven, allgemeingültigen Maßstab, sondern es geht immer um den Vergleich des Einzelnen mit der Gruppe. Jeder Lehrer muss selektieren. Das ist seine Pflicht. Und sie hat Vorrang vor der Förderung. Für das Ministerium zählt die korrekte Verteilung der Noten über das gesamte Notenspektrum – dafür haben wir es ja schließlich!

Obwohl die Anwendung der »Normalverteilung« für die Vergabe von Noten bereits vor einigen Jahren von der Kultusministerkonferenz offiziell abgeschafft wurde, hält sie sich hartnäckig. Als ungeschriebenes Gesetz spukt dieses Gespenst immer noch in so manchen Schulhäusern – wenn auch nicht mehr in allen.

Die Normalverteilung strebt einen mittleren Notenschnitt mit vielen mittelmäßigen, ein paar guten und ein paar schlechten

Noten an. Sabine Czerny beschreibt das sehr plastisch: Stellen Sie sich ein Klassenzimmer mit 30 Stühlen vor. Alle Stühle sind bereits von vornherein unsichtbar markiert mit Noten. Da gibt es ganz wenige, da steht auf der Lehne eine Eins, ein paar weitere, auf denen steht eine Zwei, viele Stühle sind mit Drei und Vier markiert und ein paar mit Fünf und Sechs. Das ist gesetzt und betrifft vor allem die Hauptfächer und wichtige Nebenfächer. Fächer wie Musik, Kunst und Sport sind davon ausgenommen.

TRAUMNOTEN SIND NICHT ERWÜNSCHT

Ich selbst habe mich viele Jahre durch dieses System gequält und hindurchgemogelt. Ich habe die Enttäuschungen und die Tränen in den Augen meiner Schüler gesehen und ihre Entmutigung gespürt. Da verzweifelt man an der Schule! Und dennoch habe ich mitgemacht – bis zu einem Punkt, und dann bin ich ausgestiegen. Inspiriert durch neue Erkenntnisse über hirngerechtes Lernen und Lehren, die ich durch meine Ausbildung zum Lerncoach und Lerntrainer bei der schon genannten Iris Komarek in München gewonnen hatte, veränderte ich meinen Unterricht. Ich hatte zuvor schon sehr viel Wert auf Anregung und Abwechslung gelegt; jetzt stellte ich alles noch einmal komplett auf den Kopf. Inhaltlich, methodisch und räumlich. Wir räumten die Tische beiseite, arbeiteten viel miteinander im Kreis. Die Schüler standen im Mittelpunkt, nicht der Stoff. Sie konnten sich kreativ mit Herz und Seele einbringen. Ich bot Materialien für alle Lernpräferenzen an: für das Aufnehmen des Stoffes durch Hören, Sehen und Fühlen. Und ich sprach vor allem die in der Schule vernachlässigten Emotionen an: Humor zog ins Klassenzimmer ein.

Damals ging es im Unterricht um das Thema Kommunikation, Kommunikationsfallen und Konflikte. Mein erklärtes Ziel war es, dass meine Schüler am Ende nach Hause gehen mit dem Gefühl: »Yeah, das hat mir jetzt etwas für's Leben gebracht, ich hab's kapiert, ich kann's umsetzen und anwenden.« Das erreichten wir auch – ein großartiges Gefühl. Ich war stolz auf meine SchülerInnen, weil sie inzwischen so viel draufhatten, und selbst war ich zutiefst erfüllt: Genau so hatte ich mir meinen Lehrerberuf vorgestellt. Nicht als Antreiber, sondern als Begleiter, als Inspirator, als jemand, der sein Wissen und Können begeistert zur Verfügung stellt, ohne es den Schülern aufzudrücken – und auch, dass diese Begeisterung die Schüler erfasst. Zumindest die meisten.

Dann kam die Klassenarbeit. Da ich das Thema in den letzten Jahren schon oft durchgenommen und geprüft hatte, wusste ich, wie es lief. Bisher lag der Notenschnitt immer bei 2,5 bis 2,8. Diesmal war ich besonders gespannt. Die Fragestellung war im Grunde dieselbe wie immer. Dann kam die Korrektur. Ich korrigierte eine Arbeit nach der anderen und machte meine Stapel wie immer: Jeweils einen Stapel für die Einsen, einen für die Zweien usw. Schon während der Korrektur wurde mir ganz anders. Der Stapel mit den Sechsen war leer (kein Wunder, der war bei mir immer leer). Der Fünfen-Stapel ebenso leer (auch das noch nicht ungewöhnlich, nur selten gab es bei mir die Note Fünf). Der Vieren-Stapel leer. Der Dreien-Stapel ebenso. Nun wurde es bedrohlich. Auf dem Zweien-Stapel lagen lediglich vier Arbeiten, *alle* anderen türmten sich auf der Eins. Der Notendurchschnitt dieser Klassenarbeit: 1,2 – Wahnsinn! Eigentlich müsste jeder Lehrer in so einem Moment vor Freude tanzen. Welch ein großartiger Erfolg! Welch eine Bestätigung für einen hirngerechten Unterricht. Ich hatte mein Ziel erreicht. Die Schüler beherrschten den Stoff wirklich, auch die Transferaufgaben haben sie prima gelöst.

Aber was machte ich? Weder tanzte noch jubelte ich. Im Gegenteil. Mir wurde heiß und kalt. Wie sollte ich diesen Notenschnitt nach außen vertreten? 1,2 ist indiskutabel. Das darf es nicht geben. Meine aufgeschlossenen Kollegen hätten dafür Verständnis, aber die Schulbehörden würden das vermutlich nicht durchgehen lassen. Ich war von der Gauß'schen Normalverteilung meilenweit entfernt. Seit ich unterrichte, kenne ich die Argumentation des Ministeriums: Wenn die Noten zu gut ausfallen, sind die Fragen nicht genügend »trennscharf«. Anders ausgedrückt: Sie sind zu leicht. Man würde wissen wollen, wieso ich keine Einsen-Bremse eingebaut habe, also eine so schwierige Frage, bei der ich sicher sein kann, dass nur sehr wenige Schüler sie beantworten können.

Was sollte ich tun? – Ich muss zugeben, ich beugte mich den mehr oder weniger ungeschriebenen Gesetzen. Ich änderte den Punkteschlüssel, sodass wenigstens eine einzige Vier dabei war (die betreffende Schülerin war nicht dümmer oder fauler als die anderen, sie war lediglich krank, als wir den Stoff durchgenommen hatten, wollte die Arbeit aber dennoch mitschreiben). Zudem ergab der neue Punkteschlüssel ein paarmal die Note Drei, etliche Zweien und immer noch eine Menge Einsen. Nun lag der Schnitt bei 1,7. Das kann man ausnahmsweise mal gelten lassen. Aber bis heute ist dieser Akt der Anpassung an die Schulbürokratie ein Stachel in meiner Lehrerseele! Meine SchülerInnen beherrschten den Stoff, und ich bestrafte sie dafür. Mir war klar: Wenn ich meinen Unterricht weiterhin hirngerecht gestalte, dann wird dieser tolle Notenschnitt kein Einzelfall gewesen sein. Hirngerechtes Lehren und Lernen führt zur Potenzialentfaltung. Die Selektionsfunktion der Schule, respektive die Sache mit der Normalverteilung, führt dies aber ad absurdum.

Der oberste Auftrag der Schule ist es, Kinder zu bilden und zu fördern, damit sie den späteren Anforderungen sowohl im Beruf und der Gesellschaft als auch in ihrem Privatleben gerecht werden. Je mehr wir als Lehrer dieser Qualifikationsfunktion der

Schule Rechnung tragen, desto mehr werden wir abgestraft, denn wir kommen in Konflikt mit der Selektionsfunktion. Beide stehen im Widerspruch zueinander und sind im Grunde genommen nicht miteinander vereinbar. Dies verleiht der Schule schizophrenie-ähnliche Züge. Im Kampf der beiden Funktionen hat sich die Selektionsfunktion als die stärkere erwiesen. Schule ist heute leider weniger eine Bildungsanstalt als vielmehr ein »riesiges Rüttelsieb, das von Generation zu Generation die Lebenschancen neu verteilt«[23].

CURRICULUM DER TIERE

Dabei scheint doch alles besonders gerecht zuzugehen: Typischerweise prüfen Klassenarbeiten bei allen Schülern zum gleichen Zeitpunkt dasselbe. Das klingt plausibel und fair. Ist es aber nicht. Die daraus abgeleiteten Zensuren sind in höchstem Maße ungerecht. Das hat nichts mit dem Lehrer zu tun, der nach bestem Wissen und Gewissen versucht, allen Schülern gerecht zu werden und faire Noten zu geben. Hier handelt es sich vielmehr um eine systembedingte Ungerechtigkeit. Innerhalb dieses Systems kann man gar nicht anders handeln! Ein in den sozialen Medien verbreitetes Cartoon macht die Ungerechtigkeit anschaulich: Wir sehen in freier Natur einen Lehrer am Pult sitzen, vor ihm in einer Reihe die Schüler: ein Elefant, ein Affe, ein Pinguin, eine Robbe, ein Hund, ein Vogel und ein Fisch im Goldfischglas. Im Hintergrund ein großer Baum. Der Lehrer gibt seinen Schülern die Anweisung: »Damit es wirklich fair zugeht, bekommt jeder die gleiche Aufgabe: Klettert alle auf diesen Baum!« Den Affen freut's, für ihn ist diese Aufgabe ein Leichtes. Schließlich ist sein Körper im Unterschied zu dem der anderen Tieren aufs Klettern spezialisiert. Die Robbe dagegen wird sich quälen und trotz zahlreicher Anstrengungen, Zusatzförderung und Nachhilfe scheitern. Der Fisch wird an diesem Test elendig zugrunde gehen. Kein Bild könnte deutlicher machen, wie ungerecht unsere Klassenarbeiten und Tests sind, gerade weil sie als einheitliche Prüfungen an alle dieselben Anforderungen stellen. Gerecht aber wäre nicht jedem das Gleiche, sondern jedem das Seine. Das wussten schon die griechischen Philosophen. Der modernen Schul- und Kultusbürokratie scheint dieses fundamentale Wissen abhandengekommen zu sein.

Der falsche Ansatz wirkt sich auch auf die Förderung aus. Täglich arbeiten wir Lehrer mit unseren Schülern auf die Prüfungen hin. Wir wollen ja, dass sie ihre Kompetenzen stetig erweitern. Doch statt die Potenziale unserer Kinder zu erschließen, schlagen wir dabei Türen zu. Dies verdeutlicht eine Tierfabel, dessen Autor leider unbekannt ist. Sie trägt den Titel »Curriculum der Tiere«:

Es gab einmal eine Zeit, da hatten die Tiere eine Schule. Der Unterricht bestand aus Rennen, Klettern, Fliegen und Schwimmen, und alle Tiere wurden in allen Fächern unterrichtet.

Die Ente war gut im Schwimmen, besser sogar als der Lehrer. Im Fliegen war sie durchschnittlich, aber im Rennen war sie ein besonders hoffnungsloser Fall. Da sie in diesem Fach so schlechte Noten hatte, musste sie nachsitzen und den Schwimmunterricht ausfallen lassen, um das Rennen zu üben. Das tat sie so lange, bis sie auch im Schwimmen nur noch durchschnittlich war. Durchschnittliche Noten waren aber akzeptabel, darum machte sich niemand Gedanken darum, außer der Ente. (…)

Das Kaninchen war anfänglich im Laufen an der Spitze der Klasse, aber es bekam einen Nervenzusammenbruch und musste von der Schule abgehen wegen des vielen Nachhilfeunterrichts im Schwimmen.

Was würde unsere Gesellschaft nur für großartige Talente hervorbringen, wenn die Schulen unseren Kindern helfen würden, ihre Stärken auszubauen, statt sie in den Fächern verstärkt zu trainieren und zu bewerten, in denen sie weniger begabt sind? Das zeigt: Unser Förderungskonzept ist kontraproduktiv, solange es um passable Noten in allen Fächern und einen guten Notendurchschnitt insgesamt geht. Es ist ein Jammer, mit anzusehen, wie dabei Begabungen schrumpfen und schrumpfen, bis Kinder ihren Talenten gegenüber gefühlstaub geworden sind und uns Eltern und Lehrern der Blick verstellt ist, was in unseren Kindern alles steckt. So opfern wir das großartige Potenzial unserer Kinder auf dem Altar der Mittelmäßigkeit:

Am Ende des Jahres hielt ein anomaler Aal, der gut schwimmen und etwas rennen, klettern und fliegen konnte, als Schulbester die Schlussansprache.

So das Ende der Geschichte »Curriculum der Tiere«.

WARUM NOTEN NICHT GERECHT SIND

Viele Schüler empfinden Noten als ungerecht und regen sich daher oft über ihre Lehrer auf. Intuitiv fühlen sie, dass da etwas nicht stimmt. Und sie haben recht, denn Noten sind als Instrumentarium zur Leistungserhebung eigentlich nicht geeignet: Sie sind nicht nur ungerecht, sie messen auch falsch. In der Sprache der Wissenschaft heißt dies: Noten sind nicht objektiv, sondern subjektiv (sie sind zum Beispiel abhängig vom Lehrer), nicht reliabel (nicht zuverlässig, denn sie messen ungenau) und nicht valide (nicht aussagekräftig). Die Schule weiß das seit Jahrzehnten, aber wir kehren dieses Wissen unter den Teppich. Denn ohne Zensuren wäre unser Schulsystem nicht mehr haltbar.

Noten sind Mogelpackungen

Noten sind in ihrer Gültigkeit und Aussagefähigkeit nicht sehr belastbar. Sie sind Mogelpackungen, die in ihrer Aussagekraft oftmals nur für die Tonne taugen. Noten sind in vielen Fällen so leer »wie manche Derivate auf den Finanzmärkten«.[24] Es ist oft nicht drin, was außen draufsteht. Und umgekehrt: Es steht nicht drauf, was alles drin ist.

Ein Beispiel: Anna war Schülerin einer Fachakademie für Sozialpädagogik; ich unterrichtete sie in Pädagogik. Sie war eine der Schwächsten in der Klasse und schnitt in den Klausuren meist mit einer Vier ab, manchmal Tendenz zur Fünf. Aber sie war Klassensprecherin – und das zu Recht. Sie hatte ihr Herz auf dem rechten Fleck, in Konflikten vertrat sie die Klasse mit einer so natürlichen Autorität, dass sie uns Lehrer gewann. Sie war verantwortungsbewusst wie kaum eine andere und konnte wunderbar mit Kindern umgehen. Wenn ich mich fragte, wem dieser Studierenden ich mein Kind am liebsten anvertrauen würde: Es war Anna. Anna mit ihrer Vier in Pädagogik, Tendenz zu Fünf. *Sie* war meine Kandidatin, nicht die Einser-Schüler, nicht die Zweier-Schüler. Solche Erfahrungen machte ich immer wieder. Natürlich freuen wir Lehrer uns über gute Noten, keine Frage. Aber Noten sagen oft nichts aus über die wirklich wichtigen Kompetenzen von Menschen.

Oder denken wir an die täglichen Prüfungsblockaden, die für viele Schüler bereits zum Schulalltag gehören: Nehmen wir einen Schüler, der fleißig gelernt hat und den Stoff beherrscht – jedenfalls so lange, bis er vor seiner Klassenarbeit sitzt. Dann purzelt in seinem Kopf plötzlich alles durcheinander. Im schlimmsten Fall fällt ihm überhaupt nichts mehr ein. Erst viel später, womöglich zu Hause, kommen ihm die richtigen Antworten. Zu spät. Mangelhaft! Häufig spiegeln Noten nicht wider, was ein Schüler tatsächlich weiß und kann, sondern sie messen seine Angst. Und seine Stressresistenz.

Noten sind wichtiger als das Können

Schüler können auch viel über ein Fachgebiet wissen und dennoch schlechte Noten bekommen, weil es im Bewertungsschema keinen Platz dafür gibt. Das habe ich als Schülerin selbst erlebt. In der 10. Klasse war ich unglaublich interessiert an allem, was mit Medizin zu tun hatte. Ich stöberte in Bibliotheken und kaufte mir von meinem Taschengeld medizinische Fachliteratur, in die ich mich stundenlang vertiefen konnte. Nichts war mir zu kompliziert. Lateinische Fachbegriffe konnten mir nichts anhaben, im Gegenteil, es war ein Vergnügen, sie zu lernen. Ich tat es ja für mich. Es war ein tolles Gefühl, sich auf einem Fachgebiet immer besser auszukennen und sich selbst als immer kompetenter zu erleben. Als wir dann in Biologie das Herz und seine Funktionsweise durchnahmen, hatte ich ein Spezialwissen, das stellenweise über das meiner Bio-Lehrerin hinausging. Der Unterricht machte zwar Spaß, andererseits konnte ich nicht anbringen, was ich alles wusste. Und in einem unangekündigten Test mit gerade mal 20 Minuten Bearbeitungszeit bekam ich nur eine Drei minus. Warum? Es war einfach nicht möglich, die Funktionsweise des Herzens in vier Sätzen zu erklären! Wie sollte ich in dieser kurzen Zeit Physiologie und Anatomie und all die Fachbegriffe unterbringen? Vorhandenes Wissen zu reduzieren ist unglaublich schwer. Ich schrieb mir die Finger wund, aber in meiner Antwort fehlten ausgerechnet ein paar von den Begriffen aus dem Heft, die der Erwartungshorizont vorgab. Diese Worte mussten fallen. Auch mein Wissen, das einem Medizinstudenten alle Ehre gemacht hätte, konnte das nicht ausgleichen. Das habe ich nie vergessen: Hier wurde begeistertes, leidenschaftliches Lernen in Eigeninitiative abgestraft. Auch meiner Bio-Lehrerin tat das leid, aber es gab eben das Erwartungsschema. Die Lehre, die ich damals daraus zog und die Schüler heute aus dem Effeff beherrschen, lautet: Wenn du in der Schule weiterkommen willst, dann musst du prüfungsaffin lernen und nicht kompetenzaffin.

High Performer sind nicht gleich High Potentials

Dass Noten häufig nicht valide sind, also nicht messen, was sie messen sollen – die tatsächliche Kompetenz eines Schülers –, zeigt auch der Vergleich von »High Performern« mit den »High Potentials«. High Performer sind vorzugsweise Einser-Abiturienten, die wir mit einem Notenschnitt von 1,0 oder 1,1 ins Studium entlassen. Viele von ihnen haben diesen Schnitt durch ihre Fähigkeit erreicht, prüfungsaffin zu lernen. Sie sind fleißig, darüber hinaus haben sie im Lauf der Zeit ein Gefühl dafür entwickelt, was sie tun müssen, um möglichst gut abzuschneiden: Sie ahnen, was gefragt wird, und wissen, was der Lehrer hören will. Darin sind sie spitze. Perfekt angepasst an unser Leistungssystem arbeiten sie ab, was ihnen vorgegeben ist. Oft lernen sie sehr viel auswendig. Sie tun ihre Schülerpflicht und erreichen dadurch Bestnoten. Sie sind oft die Lieblinge von uns Lehrern, weil sie unkompliziert sind, gut mitarbeiten, viel wissen und uns immer wieder Erfolgserlebnisse verschaffen.

»Super, was wollen wir mehr?«, werden Sie vielleicht sagen: Schüler, die die Schule ernst nehmen, sich reinhängen, sorgfältig ihre Hausaufgaben machen, lernen und arbeiten, wie es sich gehört. Vorzeigekinder! Stolz aller Eltern! Nach bestandener Prüfung gibt es vielleicht sogar eine Notiz im Lokalteil der Zeitung, obwohl hinterher oft kaum mehr eine Ahnung von dem vorhanden ist, was gelernt wurde. Aber danach fragt dann keiner mehr. Ich leiste mir diesen Seitenhieb, weil ich selbst zu dieser Gruppe gehörte. Mit einer Abschlussnote von 1,0 an der Fachakademie für Sozialpädagogik war ich scheinbar spitze. Doch nach ein paar Wochen hatte ich die meiste Theorie einfach vergessen. Weg! Meine echten Fachkompetenzen erwarb ich erst später im Studium.

Traumnoten haben einen entscheidenden Haken: Manche Unternehmen wollen heute diese Traumschüler gar nicht mehr. Nicht immer sind Bestnoten das ausschlaggebende Kriterium.

Das erfuhr vor Jahren auch eine meiner Schülerinnen. Sie hatte nur Einsen und bewarb sich mit ihrem makellosen Zwischenzeugnis auf dem Arbeitsmarkt. Dort erlebte sie zu ihrem Entsetzen die Personalverantwortlichen als reserviert bis ablehnend, während sie erwartet hatte, dass sie mit Handkuss genommen werden würde. Das führte dazu, dass sie in ihrer Abschlussprüfung alles dafür gab, schlechtere Noten zu bekommen. Das war für sie so schwer wie für jemand anderen, eine gute Note zu bekommen.

Wer führende Unternehmen heute befragt, welche Mitarbeiter sie sich wünschen, erfährt, dass gerade in den Führungsetagen Menschen gesucht werden, die nicht nur abspulen und wiederkäuen, was sie in Schule, Ausbildung und Universität gelernt haben. High Performer haben gelernt, gut zu funktionieren und die Anforderungen bestmöglich zu erfüllen, aber sie haben selbst nie erfahren, wie es ist, sich mit Leidenschaft einer Sache hinzugeben. Was ihnen fehlt, ist die Fähigkeit, den Status quo infrage zu stellen, aus der vorgegebenen Spur herauszutreten und neue Wege zu beschreiten. Dabei sind heute oft gerade diejenigen Unternehmen besonders erfolgreich, die die vorherrschenden Regeln brechen und sich deutlich abheben vom Mainstream. Aber das ist nur selten Sache der linientreuen High Performer.

Was unsere Gesellschaft, Unternehmen und Organisationen heute dagegen brauchen, sind Andersdenker und Andersticker, also junge Menschen, die in der Lage sind, die vielfältigen, komplexen Probleme und Aufgaben, die es in unserer Gesellschaft zu bewältigen und zu lösen gilt, aus einer völlig neuen Perspektive zu sehen. Die Blickrichtung zu wechseln, in alle Richtungen zu denken, über den Tellerrand hinauszuschauen, die Dinge auf den Kopf zu stellen. Bereiche miteinander in Verbindung zu bringen, die scheinbar nichts miteinander zu tun haben. Lösungen zu entwickeln, die bisher noch nicht im Blickfeld der Gesellschaft und Wirtschaft waren. Es werden neue Ideen, neuartige

Kombinationen, neue Kompositionen technischer oder wissenschaftlicher Art gebraucht. Um innovativ zu sein, braucht es kreative Leichtigkeit, die Bereitschaft, sich von Gewöhnlichem und Bekanntem zu distanzieren, und den Mut, Regeln und Muster zu brechen. Aber diese Fähigkeit erwirbt man nur, wenn Lehrer und Ausbilder nicht sofort bei jedem Federstrich rufen: »Stop! Fehler! Mangelhaft!«

High Potentials ticken anders

Den eher stromlinienförmigen High Performern stehen die High Potentials gegenüber: die besonders Begabten, die über genau diese Fähigkeit verfügen, die den High Performern fehlt: Sie sind unangepasste Um-die-Ecke-Denker, Eigensinnige, Gestaltungsfreaks. High Potentials haben aber ein Problem: Sie ticken anders, als es die Schule wünscht. Sie passen nicht ins System. Sie sind im »Curriculum der Tiere« die typischen Eichhörnchen-Schüler:

Das Eichhörnchen war Klassenbester im Klettern, aber sein Fluglehrer ließ ihn seine Flugstunden am Boden beginnen, anstatt vom Baumwipfel herunter. Es bekam Muskelkater durch Überanstrengung bei den Startübungen und immer mehr »Dreien« im Klettern und »Fünfen« im Rennen.

High Potentials begegnen mir immer wieder in meiner Praxis. Da ist zum Beispiel Leon. Er hat eine außerordentliche mathematische Begabung und gewinnt regelmäßig Preise in mathematischen Wettbewerben. In einem Jahrgangsstufentest in der Grundschule, der diesmal besonders schwer ist, gibt er seine Arbeit bereits nach acht Minuten ab. Die dafür vorgesehene Arbeitszeit beträgt 45 Minuten. Der Lehrer, der von seiner Begabung nichts ahnt, ist erstaunt: »Das kann nicht sein, dass du schon fertig bist. Die Aufgaben sind wirklich sehr knifflig. Jetzt gehst du zurück auf deinen Platz und schaust dir wenigstens die schweren Aufgaben noch mal an!« Leon setzt sich wieder, überfliegt die erste Seite des Tests, dann die zweite, dann die dritte. Er wendet das Blatt noch einmal nach allen Seiten, steht nach einer Minute wieder vor seinem Lehrer und macht seinen zweiten Versuch, abzugeben: »Ich hab keine schweren Aufgaben gefunden!« Als Einziger der Klasse hat er alle Ergebnisse richtig. Dem Lehrer fällt auf, dass Leon bei keiner einzigen Aufgaben den Rechenweg aufgeschrieben hat. Er ist irritiert, aber da Leon bereits nach so kurzer Zeit abgegeben hat, kann er die Ergebnisse auch von keinem anderen Schüler abgeschrieben haben.

Ein paar Jahre später am Gymnasium wiederholen sich diese Szenen. Leon gibt seine Tests immer wieder ohne Rechenweg ab. Leons Denkleistung, bei der er in minimaler Zeit eine Lösung im Kopf erarbeitet, ohne auch nur einen Stift in die Hand zu nehmen, wird mit erheblichen Punktabzügen quittiert. Seine Noten sind mittelmäßig bis schlecht; eine Fünf ist keine Seltenheit. Der Schüler rebelliert anfangs gegen diese Bewertungspraxis mit der zugrunde liegenden Regel: Jeder Schüler muss einen Rechenweg vorweisen.

Der Junge ist immer mehr davon überzeugt, dass er Mathe einfach nicht kann. Niemand, der einen solchen Glaubenssatz verinnerlicht hat, strengt sich noch an. Auch Leon nicht. Mathe wird für ihn zu einem mühevollen Fach. Ein Teufelskreis aus Durchquälen und Versagen beginnt.

Vielleicht fragen Sie sich: Wo ist das Problem? Die Lösung liegt doch auf der Hand: Sag dem Schüler einfach: »Schreib den Rechenweg hin, und alles ist gut!« Nur: Wenn Sie ein hochbegabtes Kind wie Leon fragen: »Warum schreibst du denn die Zwischenrechnung nicht hin?«, dann schaut es Sie mit großen Augen an und fragt: »Welche Zwischenrechnung denn?« Neulich sagte mir Antonia, ein überdurchschnittlich begabtes Mädchen: »Die machen in Mathe mit ihren Formeln alles so wahnsinnig kompliziert, da versteh ich gar nichts mehr. Das hab ich alles viel schneller im Kopf!« Solche Kinder brauchen keine Zwischenschritte! Sie sehen die Aufgabe und haben ruck, zuck die Lösung.

Diese Beispiele machen deutlich: Von den Noten auf das Leistungspotenzial eines Kindes zu schließen, wie das üblicherweise geschieht, ist schlichtweg falsch. Hochbegabte haben manchmal super Noten, überspringen Klassen und beginnen ihr Studium mit 15 – oder sie sind extrem schlecht in der Schule. Ich habe in meinen Seminaren und im Coaching eine Menge solcher Begabungen erlebt, die in unserem Schulsystem als Loser durch das Raster fielen: alles Schüler, die nicht ins Erwartungsschema passten. Und so landeten manche mit einem IQ über 150 in der Hauptschule. Obwohl wir eigenständiges Denken in der Schule eigentlich fördern wollen, bewirken wir in der Schulrealität immer wieder das Gegenteil. Unser Bildungssystem ist vielerorts eine Wüste für Talente. Nicht nur als Lehrer müssen wir uns da fragen, was wir hier tun!

Eine Aktualisierung der Noten ist nicht möglich

Besonders demotivierend wirkt, dass unser Notensystem keine Verbesserungsmöglichkeit einräumt, auch wenn Schüler ihr Wissen faktisch verbessern. Ein Beispiel:

Ein Schüler hat in Mathematik das Thema »Lineare Gleichungen« bis zur Klassenarbeit noch nicht ganz verstanden. Er schreibt eine Fünf. Sein Kenntnisstand ist also mangelhaft. Nun arbeitet er weiter und erwirbt die fehlende mathematische Kompetenz. Inzwischen bekäme er eine Zwei. Im aktuellen System erhält er jedoch keine Möglichkeit zu zeigen, dass er das Thema inzwischen beherrscht. Die Fünf bleibt bestehen. Punkt. Das führt letztlich dazu, dass Schüler auf korrigierte Arbeiten oft nur einen kurzen Blick werfen und sie dann demonstrativ wieder zurückgeben. Wenn Ziel und Zweck von Prüfungsarbeiten hauptsächlich die – unabänderlichen – Noten sind, wen kümmern dann hinterher noch die Fehler? Genau damit nehmen wir uns aber die Chance, aus ihnen zu lernen! Bei manchen ist nicht einmal die geringste Motivation zu erkennen, die Randbemerkungen des Lehrers sorgfältig zu lesen, geschweige denn, daraus Schlüsse zu ziehen. Was jedoch bleibt, sind Frust und Resignation.

Der Zufall spielt mit

»Hey, ist doch gemein! Alles andere hätte ich gewusst!«, ruft mir Alexander zu, als ich ihm seine Arbeit mit einer Vier minus zurückgebe. Ausgerechnet das, was er gelernt hatte, wurde nicht gefragt! Natürlich spielt der Zufall bei Noten eine Rolle. Insbesondere wenn Tests unangekündigt durchgeführt werden, ist die Messung des Wissensstandes keineswegs reliabel, also zufallsunabhängig. Auch deshalb spiegelt die Note nicht unbedingt das tatsächliche Wissen. In einer Kurzüberprüfung wird im Extremfall nur eine einzige Frage gestellt, die der Schüler nicht beantworten kann, während er alles andere gewusst hätte. Pech! Auch äußere Faktoren wie Durst, Lärm oder der kratzende Füller des Tischnachbarn und persönliche Aspekte wie die allgemeine Verfassung des Kindes oder ein morgendlicher Streit der Eltern beeinflussen die Note, die dann später vielleicht den Haussegen schief hängen lässt.

Noten sind oft nur Mathematik

Schüler klagen auch oft über Ungerechtigkeiten, die beim Errechnen der Noten entstehen. Stellen Sie sich zwei Schüler vor. Der eine bekommt im Zeugnis eine Zwei, der andere eine Drei. Wenn wir jedoch die einzelnen Punkte *aller* Klassenarbeiten zusammenzählen würden, wäre es möglich, dass der Dreier-Schüler insgesamt fünf Punkte mehr erreicht hat als der Zweier-Schüler. Obwohl er mehr Punkte hat, hat er im Zeugnis die schlechtere Note. Fatal ist das, wenn es um Abschlussprüfungen oder zum Beispiel das »Grundschulabitur« geht. Dann würde eine Drei dem Kind eventuell den Weg auf das Gymnasium versperren. Ähnliches gilt, wenn ein Schüler mit einem Notenschnitt von 2,6 ebenso ein »Befriedigend« im Zeugnis erhält wie ein Schüler mit einem Schnitt von 3,5. Dazwischen liegt eine ganze Welt. Andersherum ist der Leistungsunterschied zwischen einem Schüler, der für seinen Schnitt von 2,45 noch ein »Gut« ins Zeugnis bekommt, und seinem Klassenkameraden, der für 2,55 bereits eine Drei erhält, gering. Dass inzwischen wegen Zehntelnoten prozessiert wird, überrascht da nicht wirklich. Dann kommen wir Lehrer mit dem uns zugestandenen »pädagogischen Ermessen« oft in eine arge Bredouille. Nein, Noten sind nicht fair!

Wen wundert es, dass Eltern mit den Lehrern ihrer Kinder über die Formulierung von Prüfungsfragen diskutieren, dass sie um jeden halben Punkt kämpfen und um die Zahlen hinter dem Komma feilschen? Dass sie Klassenarbeiten akribisch mit denen von anderen Lehrern oder sogar Schulen vergleichen, im Lehrplan recherchieren, sich über ihre Rechte informieren und mit dem Anwalt drohen? Manche Eltern machen sogar die Hausaufgaben für ihre Kinder, schreiben ihnen Aufsätze und ganze Referate, nur damit die Noten stimmen. All das sind Folgen eines fragwürdigen Systems, unter dem alle leiden: Kinder, Eltern und Lehrer.

Auch Lehrer sind nur Menschen

Damit Noten von den Schülern wirklich ernst genommen werden, müssten sie vor allem objektiv sein – unser drittes Messkriterium. Dass Objektivität ein theoretisches Ideal ist, wurde mir klar, als ich das erste Mal eine Pädagogikklausur korrigierte. Wie schwer war es doch, beim einen Schüler aus zehn Seiten Text die relevanten Punkte herauszusuchen, während ein anderer die Fragen auf zwei Seiten kurz und bündig beantwortete.

Damals merkte ich, wie sehr die Note vom eigenen Stil und Geschmack abhängt: Bin ich selbst jemand, der gerne ausführlich erzählt, oder eine, die sofort auf den Punkt kommt?

Die ehemalige Lehrerin Ursula Leppert beschreibt die Zwickmühle, in die Lehrer während jeder Korrektur kommen, so: »Der eloquente Formulierer, der wunderbare Sätze schreibt, angenehm zu lesen ... aber halt, hat er das Argument nun genannt oder nur angedeutet? Ich muss seine Antwort noch einmal lesen. Wie umgehen mit der Minimalistin? Knappe, schroffe Sätze, aber es ist alles da, alle Argumente. (...). Wie also bewerten? (...) Geben wir beiden eine Eins: dem klarer Repetitierer und der Ideen wuchernden Chaotin?«[25]

Selbst wenn er muss: Kaum ein Lehrer macht gerne Noten. Dennoch können sich nur wenige vorstellen, dass die Schüler ohne die Disziplinierungsfunktion der Noten etwas lernen. Dabei erwerben unsere Schüler eine ganze Menge an Fähigkeiten ganz ohne Notendruck, beispielsweise in Wahlfächern. Wenn ich nur das Fach Musik ansehe: Big Band oder Schulorchester – sie alle kommen ohne Noten aus, und dabei ist auch das Üben eines Instruments nicht immer vergnüglich.

Aber motivieren Noten nicht?

Tatsächlich können Noten für Schüler ein Anlass sein, zu lernen. Hans Brügelmann spricht jedoch vom »Radarkasten-Effekt«: »Man geht vor dem Kasten mit dem Tempo runter – und danach drückt man wieder aufs Gas. In der Schule pauken die Schüler sich vor einem Test den Stoff rein. Wenn sie den Test drei Wochen später noch mal schreiben würden, was klugerweise kein Lehrer macht, würde man feststellen, dass schon kaum mehr was da ist.«[26]

Fazit

Wo also ansetzen, damit wir Kindern wieder Lust aufs Lernen machen? Hoffnung gibt es erst dann, wenn wir ernsthaft über den Selektionsgedanken nachdenken. Trauen wir uns einmal hinzuschauen: Unser selektives Notensystem *muss* Misserfolge generieren, wie sollte es sonst die vermeintlich (!) Schlechten von den Guten trennen können? Solange wir diesem Missstand nicht in die Augen schauen, wird es keine nennenswerte Lernlust geben für die Mittelmäßigen und die Schwächeren. Immer wieder wird argumentiert, dass doch auch beim Leistungssport außerhalb der Schule die Leistungen der Teilnehmer miteinander verglichen werden und dass es auch da Sieger und Verlierer gibt. Keiner beschwert sich hier – was soll also daran schlecht sein, dass in der Schule ebenso Leistungen miteinander verglichen werden?

Im Gegensatz zum Sport gibt es hier einen gravierenden Unterschied: die Freiwilligkeit der Teilnahme. Keiner von uns würde sich freiwillig einem Wettbewerb aussetzen, wenn er nicht wenigstens die Chance auf Erfolg hätte. Jemand, der permanent scheitert, würde diesen Sport recht schnell wieder aufgeben und sich eine Disziplin suchen, die ihm mehr entspricht. Genau hier liegt der springende Punkt: Außer in ein paar Wahlfächern oder in der Oberstufe haben Kinder in der Schule kaum die Wahl, sich das herauszusuchen, wo ihre Stärken liegen, im Gegenteil: »Die potenzielle ›Eislauftänzerin‹ soll den vorgeschriebenen ›Boxkampf‹ gut bestreiten.«[27] Lust auf Leistung wird hier lange zu suchen sein. Was würden Sie tun, wenn für Sie der Misserfolg im Job klar vorprogrammiert wäre? Mit Freude scheitern? Sich mit Lust vor den anderen blamieren?

Was tun viele Kinder in der Schule? Sie leiden und geben sich auf, weil sie in unserem Notensystem keine Aussicht darauf haben, anständige Erfolge einzufahren. Und dann ist es äußerst schwer, ihre Motivation wieder zurückzugewinnen.

Mit dem Selektionsauftrag und den Bewertungsstandards verteidigen die Kultusbehörden ein System, das Begabungen mit Füßen tritt. Gesamtgesellschaftlich gesehen vergeuden wir hier wertvolles Potenzial – in einem Land, dessen wirtschaftliches Wohlergehen auf Wissen und Innovation gegründet ist. Werden wir wach! Es ist unser aller Pflicht, dafür zu sorgen, dass unsere Kinder ihr Potenzial entwickeln können.

Wenn Sie sich als Eltern oder Lehrer fragen: »Was können wir schon ausrichten gegen ein mächtiges Kultusministerium mit seinen rigiden Vorschriften?«, dann lautet die Antwort: viel. Sehr viel sogar! Das zeigen staatliche oder staatlich anerkannte Schulen, die im Sinne der Kinder ihre Kräfte gebündelt und Konzepte verwirklicht haben, in denen die Entfaltung der Kompetenzen wichtiger ist als die Noten (siehe Schlusskapitel).

GIBT ES ALTERNATIVEN ZU NOTEN?

Wenn man Schüler fragt, ob denn die Noten abgeschafft werden sollen, rufen viele vehement »Nein!«. Wir nehmen dies als Legitimation, weiterzumachen wie bisher. Dabei bedenken wir eines nicht: Ja, Schüler wollen Noten. Aber sie wollen vor allem *gute* Noten! Wir dürfen außerdem nicht vergessen: Die Befragten kennen die Alternativen meist nicht. Hinter dem Wunsch nach Noten erkennen wir in Wahrheit den Wunsch nach Orientierung. Zum Lernen gehört auch eine immer wiederkehrende Standortbestimmung: Wo auf meinem Weg befinde ich mich inzwischen? Um Schülern hilfreiche Anhaltspunkte für ihren Leistungsstand zu geben, ohne sie in Sieger und Verlierer zu sortieren, müssen wir eine neue Leistungsmessung installieren. Eine Leistungsmessung, die auf klaren Anforderungen beruht und gleichzeitig genügend Spielraum für Fehler lässt, die als Katalysatoren das Lernen vorantreiben.

Dafür eignen sich zum Beispiel Levelsysteme oder Zertifikate. Dabei werden klare Leistungsanforderungen abgeprüft. Es handelt sich also nicht um »Kuschelpädagogik«, die alles geschehen lässt. Der Hauptunterschied zum herkömmlichen Notensystem liegt darin, dass die Prüfungen hier zeitflexibel erfolgen: Nicht jeder schreibt zum selben Zeitpunkt den gleichen Test, sondern die Teilnehmer melden sich zur Prüfung an, wenn sie so weit sind. Das verhindert, dass Schüler, die vielleicht nur eine Woche mehr bräuchten, um den Stoff gut zu beherrschen, von vornherein scheitern.

Kommt Ihnen das seltsam und unrealistisch vor? Dann werfen wir doch mal einen Blick auf die vielen Prüfungen, die außerhalb der Schulkultur stattfinden. So werden beispielsweise Sprachtests für Erwachsene unabhängig von einem für alle gültigen Prüfungstermin abgehalten. Jeder, der glaubt, die Anforderungen für den Test zu erfüllen, meldet sich an, schreibt den Test und erhält das Zertifikat, wenn er erfolgreich ist. Dann geht es weiter zum nächsten Level. Wer scheitert, gleicht seine Defizite aus und meldet sich erneut an. Wer ein bestimmtes Level erreichen will, muss also tatsächlich sein Können unter Beweis stellen.

Auf diese Weise wird übrigens auch die Pseudokompetenz vermieden, wie wir sie heute vielfach antreffen: Schüler schreiben Klassenarbeiten und vergessen die Inhalte hinterher sofort wieder, weil sie sie nicht im Mindesten interessieren und sie sich nicht wirklich damit auseinandergesetzt haben. Kraft ihres Realschulabschlusses oder ihres Abiturs schreibt man ihnen eine Kompetenz zu, über die sie faktisch oft nicht verfügen. Kürzlich erst beklagte eine Professorin für Betriebswirtschaft, dass es von Jahr zu Jahr mehr Abiturienten gäbe, die nicht einmal das Prozentrechnen beherrschten.

Ein weiteres Beispiel kennen wir alle aus unserer Kindheit: Auch Schwimmabzeichen sind nach dem Level-Prinzip aufgebaut – vom Seepferdchen über Bronze bis zu Silber und Gold.

Wir finden dieses Prinzip auch bei Computerspielen. Wer erfolgreich ist, steigt ein Level höher: Unsere Kinder spielen das deshalb so gerne, weil sie so lange dranbleiben können, bis sie die jeweiligen Anforderungen tatsächlich erfüllen. Fehler sind für sie kein Problem, weil sie immer wieder von vorne anfangen können. Der Gegenstand des Lernens steht im Vordergrund, nicht die Note, die eine bestimmte Position in der Rangordnung der Klasse zuweist. Warum greifen wir diesen Aspekt nicht auf, wenn die Kinder uns anhand der Computerspiele zeigen, wie Lernlust über viele Stunden erhalten werden kann? Und jetzt sagen Sie bitte nicht, dass Computerspiele so unkompliziert und einfach seien und deshalb nicht mit komplexem Schulstoff verglichen werden könnten! Computerspiele können ganz schön anstrengend und komplex sein. Und sie fordern einen heraus, es immer wieder und so lange zu versuchen, bis man weiterkommt.

Inzwischen gibt es staatlich anerkannte Schulen, die ähnliche Systeme eingeführt haben: Zum Beispiel in der Evangelischen Schule Berlin-Zentrum schreiben Schüler ihre Klassenarbeiten, wenn sie bereit dafür sind. Jeder hat dabei Aussicht auf Erfolg. Das beflügelt und verstärkt die Bereitschaft, sich anzustrengen. Somit kann sich auch kein Defizit ansammeln. Und die auf diesem Wege nachgewiesenen Kompetenzen sind fundiert erworben und damit besser verankert als schnell für die Klassenarbeit Angelerntes. Wenn Tests mehrmals wiederholbar sind, leiden die Schüler zudem weniger unter Prüfungsangst. Und sie haben es auch nicht nötig, zu »spicken«.

Weitere motivationsfördernde Bewertungsalternativen sind zum Beispiel Portfolios: In diesen Leistungsvorlagen tragen die Kinder wie in einem Lerntagebuch alles zusammen und dokumentieren, was sie sich erarbeitet haben und beherrschen. Eine Visitenkarte ihrer Leistung, auf die sie stolz sein können. Auch eine dialogische Feedback-Kultur nimmt zu: Lehrer, Schüler und manchmal auch Eltern setzen sich zusammen – ähnlich einem

Mitarbeitergespräch in der Wirtschaft – und sprechen über die Leistungen.

Motivation fürs Mündliche

Auch für die mündlichen Noten, die in manchen Bundesländern ministeriell gefordert sind, lassen sich Lernlust fördernde Verfahren finden. Wenn die Schüler ihr Können in Form von Referaten, Berichten oder Zusammenfassungen zeigen dürfen, nimmt das gleichfalls Druck von der Seele. Auch angekündigtes Abfragen verringert die Angst. Falls Sie als Lehrer befürchten, dass sich außer dem Abgefragten keiner in der Klasse mehr vorbereitet, dann machen Sie doch ein Spiel daraus: Etablieren Sie einen Wettkampf zwischen zwei, drei oder vier Gruppen, die sich über das Schuljahr hinweg ein Wissensduell liefern: Sie als Lehrer stellen die Fragen, und jede Gruppe antwortet. Anschließend werden die Punkte addiert und der Punktestand wird übers Jahr verfolgt. Jugendliche lieben Wettbewerbe in Gruppen, weil hier der Selbstwert des Einzelnen nicht so stark infrage steht. Auf diese Weise blühen auch leistungsschwache Heranwachsende manchmal auf.

LERNLUSTKILLER 5:

SCHULE ALS SELBSTWERTBEDROHUNG

»Für Mathe bin ich einfach zu blöd – die anderen checken es eh besser!«

Da sitzen sie vor uns im Kreis auf ihren Stühlen, 18 Jungs und Mädchen im Alter zwischen zehn und 15 Jahren. Die Kinder halten Briefe in der Hand. Es sind bunte Briefumschläge: rot, gelb, blau, lila, grün. Nicht etwa Umschläge mit schwarzem Trauerrand. Und dennoch: Als die Kinder sie öffnen und zu lesen beginnen, fließen die ersten Tränen, zuerst bei den Jungs, dann bei den Mädchen. Einige der coolen Jungs reiben sich verschämt die Augen. Zwei Mädchen schieben die langen Haare als Vorhang vor ihr Gesicht. Man will für sich sein. Geschützt. Die Tränen fließen in Strömen. Kein Auge bleibt trocken. Es ist, wie es jedes Mal ist.

Wir sind vorbereitet auf diesen Moment mit einer Großpackung Taschentücher und einem Höchstmaß an Präsenz und Einfühlungsvermögen. In einer Stunde wird der Papierkorb im Seminarraum überquellen von verweinten Taschentüchern, die davon erzählen, wie tief das Herz der Kinder berührt ist von den Worten, die da vor ihnen auf dem Papier stehen. Worte, die ihnen ihre Eltern in einem Augenblick tiefster Bewegtheit geschrieben haben. Ja, es ist wie jedes Mal.

Die Eltern haben ganze Arbeit geleistet, haben alles gegeben. Viele von ihnen sind mit dem, was sie ihren Kindern geschrieben haben, selbst über ihre Grenzen gegangen. Und auch den Mamas und Papas sind vor ein paar Tagen beim Verfassen der Briefe die Augen übergelaufen. Auch da durfte ich schon Taschentücher reichen, und so manche Mutter, so mancher Vater hat sie dankbar genommen.

Was genau die Eltern ihren Kindern geschrieben haben, wissen wir nicht. Aber es muss etwas ganz anderes gewesen sein als das, was die Kinder sonst immer von ihnen hören, wie: »Hast du dein Zimmer endlich aufgeräumt? Und warum liegen die Fußballschuhe schon wieder im Flur?« – »Hast du noch immer nicht Klavier geübt? Wir zahlen doch nicht umsonst jeden Monat die Musikschule!« –»Warum schon wieder eine Fünf in Englisch? Tu endlich was! Du könntest, wenn du nur wolltest! Streng dich mal an! Sei nicht so faul!«

Nein, diese Briefe haben eine andere Qualität. Die Eltern haben niedergeschrieben, was sie an ihren Kindern lieben. Nichts weiter. Keine Kritik. Keine Ermahnung. Keine Moral. Sie bringen zum Ausdruck, dass sie stolz auf ihre Kinder sind. Sie bieten ihnen an, den »Reset«-Knopf zu drücken und einen gemeinsamen Neuanfang zu wagen. Sie selbst haben innerlich den Weg vom Kritiker zum Schatzsucher beschritten: Sie sind bereit, in ihren Kindern die verborgenen, missachteten Schätze zu suchen und ihnen ans Licht zu verhelfen. Sie wollen Unterstützer und Begleiter werden. Sie wollen anfeuern, statt niedermachen, den Kindern mehr Eigenverantwortung geben und sie weniger gängeln. Sie sind entschlossen, den Kindern ihre Träume zu lassen – egal, ob das Kind Ärztin, Lehrer, Rechtsanwältin, Fußballspieler, Musikerin, Schauspieler oder Model werden will.

Nun sitzen die Eltern mit im Boot, sind von Betroffenen zu Beteiligten geworden. Die Kinder haben ihre Rückendeckung. Der Wind der Befreiung weht durch den Seminarraum.

Mehrere Kinder ziehen sich jetzt in eine Ecke des Raumes zurück. Einer schlendert zum Fenster und schaut in die Dunkelheit, ein anderer sucht sich seinen Platz zum Alleinsein unter dem Tisch. Das Schluchzen wird lauter. Wir gehen zu den Kindern, nehmen sie in den Arm und erklären ihnen, warum sie jetzt so weinen müssen. Es sind heilige Momente, auch für uns zutiefst bewegend. Jedes Mal wieder.

Das Eis ist gebrochen. Das Eis zwischen Kindern und Eltern. Mit den Tränen fließt nun auch die Liebe wieder. »So was Schönes hab ich ja noch nie bekommen«, schluchzt mir Sandra mit verweinten Augen entgegen, ihr Kinn bebt dabei. »Können die einem das nicht mal früher sagen?«, bricht es aus Maximilian heraus. Florian ist vollkommen von der Rolle: »Ich hab gar nicht gewusst, dass mein Papa stolz auf mich ist!« Ein anderer murmelt nur monoton vor sich hin: »Mann! Mann! Mann!«

Die Kinder sind Teilnehmer des Ferien-Lern(t)räume-Seminars, darunter viele G8-Schüler. Und die Eltern sind Teilnehmer des dazugehörigen Elternkurses. Beiden ist gemeinsam, dass der Druck der Schule sie überfordert und sie nach jedem nur erdenklichen Strohhalm greifen. Die Schule beginnt, ihre Beziehungen zu zerfressen und ihrer aller Selbstvertrauen zu zerstören. Eigentlich suchten die Eltern mit ihren Kindern bei uns Lerntechniken und Lernstrategien. Die haben sie auch bekommen. Aber was viel mehr zählt, ist die Arbeit an der Basis, am Selbstwert der Kinder, der im Laufe ihrer Schulbiografie nur noch einem Windhauch gleicht. Ihnen zu vermitteln, wie wertvoll und liebenswert sie sind, in genau dem Zustand, in dem sie zu uns kommen – das ist unser heimlicher Lehrplan. Der Schmerz der Kinder ist ein heilsamer Schmerz: Liebe tut manchmal auch weh. Wir helfen den Kindern, ihre ambivalenten Gefühle zu verstehen: Weil sie sich so lange nach der Anerkennung ihrer Eltern gesehnt haben, danach, dass die Eltern stolz auf sie sind, so, wie sie wirklich sind – deshalb tun diese Liebeserklärungen nun auch weh. »Es ist ein schöner Schmerz!«, fasst die 13-jährige Sarah das Wechselbad ihrer Gefühle zusammen.

Viele Kinder haben nun das Bedürfnis, ihre Eltern anzurufen, ihnen ihr dankbares Herz auszuschütten. »Meine Mama hat am Telefon auch geweint«, erzählt ein 14-Jähriger. »Mein Papa auch!«, tönt es fast gleichzeitig von zwei anderen Kindern, als sich die Gruppe eine Stunde später in einem der Schlafräume zum Austausch trifft. Sie wollen reden. Sie wollen spüren, dass es anderen auch so geht. Welch eine bedeutsame Stunde! Die Hoffnung steht ihnen heute Abend ins Gesicht geschrieben.

Diese Szenen spielen sich immer gleich ab. Und jedes Mal bin ich wieder zutiefst berührt. Etwa 20 Prozent der teilnehmenden Kinder haben einen IQ über 130 und zugleich schlechte Noten und großen Frust in der Schule. Einige von ihnen werden das Klassenziel nicht erreichen. An diesen Abenden hätte ich gerne die Kultusminister aller Länder dabei, Schulleiter und Lehrer als unsichtbare Geister. Wer an einem solchen Abend in den Abgrund dieser Kindernöte geblickt, den Schmerz und die Verzweiflung erlebt hat, die durch die Schule ausgelöst werden, ist hinterher nicht mehr derselbe. Wer auf der einen Seite das grandiose Potenzial dieser Kinder erlebt und auf der anderen Seite im Zeugnis die Noten sieht, die sie zu Versagern stempeln, der zweifelt grundsätzlich an unserer Schulwelt.

DIE KRÄNKUNG DES SELBSTWERTS HAT SYSTEM

Wir Lehrer sind Teil dieses rigiden Systems, sozialisiert im Perfektions- und Notenwahn. Wir kennen es nicht anders, es ist für uns die Normalität. Und so führen wir fort, was uns selbst geprägt hat. Tag für Tag. Woche für Woche. Jahr für Jahr. Lehrergeneration für Lehrergeneration sind wir Opfer und Täter zugleich. Zum Beispiel, wenn wir eine Klassenarbeit herausgeben und ein Schüler zu weinen beginnt, weil er wieder mal eine

Vier oder Fünf eingefangen hat. Doch die wenigsten brechen in Tränen aus, sie fallen zahlenmäßig kaum ins Gewicht. Viel schlimmer als die Tränen dieser Einzelnen sind die unsichtbaren Tränen der vielen anderen, die wir gar nicht zu sehen bekommen, weil uns die Schüler ihre Verletzungen nicht mehr zeigen wollen. Sie leiden heimlich und still. Aber sie leiden. Mehr als wir Lehrer uns vorstellen können.

Mal angenommen, unser Schulleiter käme jede Woche in den Unterricht und würde uns Lehrern permanent vor Augen führen, was alles fehlt, was wir falsch machen, was in seinen Augen wieder nicht in Ordnung ist. Das ginge gar nicht! Und Gott sei Dank ist dieses Szenario nicht Realität. Schüler dagegen bekommen die Botschaft: »Du bist nicht perfekt, solltest es aber möglichst sein!« ununterbrochen serviert – wenn nicht verbal, dann nonverbal über die Noten. Bereits bei einer Drei denkt jeder Schüler: »Ich bin nur Mittelmaß!« Das will keiner, auch wenn Lehrer aller Generationen stets betont haben, eine Drei sei eine »gute« Note.

EIN KIND IST MEHR WERT ALS EINE ZAHL

Stellen Sie sich einmal vor, während eines romantischen Abendessens in Ihrem gemeinsamen Lieblingslokal fragen Sie Ihren Partner, Ihre Partnerin, was Sie ihm oder ihr bedeuten. Und er oder sie antwortet: »Ja, ist schon ganz okay mit dir. Passt schon! Mittelmäßig halt. Äh, befriedigend: Note Drei.« Dann schiebt er oder sie noch nach: »Aber gell, Note Drei ist eine gute Note!« – Autsch! Das tut weh! Das rammt einen Stachel in den Selbstwert! So ein Votum stellt die gesamte Beziehung infrage! »Wie? Ich bin nur Mittelmaß? Nicht mehr?!« Genau das sind die Erlebniskatastrophen, die wir unseren Kindern täglich zumuten. Und je jünger die Kinder sind, desto mehr identifizieren sie sich mit ihren Schulnoten. Sie haben nicht nur diese Noten, sondern sie *sind* diese Noten. Jede schlechte Note trifft sie bis ins Mark. Merken wir überhaupt noch, wie weit wir inzwischen weg sind von ihrer inneren Realität und was wir ihnen antun? Mit den Noten etikettieren wir sie. Aber Kinder sind keine Marmeladengläser! Um ihr Potenzial zu entfalten, brauchen sie keine Etiketten. Und längst wissen wir auch: Der Mensch wächst nur an seinen Stärken. Das lehrt uns die Hirnforschung seit Jahren – doch wir tun das Gegenteil! Mit der Notengebung untergraben wir den Selbstwert vieler Kinder und zerstören die wichtigste Grundlage für ihr Lernen: den Glauben an sich selbst. Sind wir eigentlich noch bei Trost? Eigentlich sollten wir Lehrer neben jede Note, die wir auf eine Klassenarbeit schreiben, den Satz notieren: »Du bist mehr wert als diese Zahl!« Oder, wie Kurt Singer vorschlägt, ähnlich wie auf Zigarettenpackungen den Hinweis anbringen: »Die Kultusminister warnen: Noten gefährden die Entwicklung Ihres Kindes.«[28]

Warum Schüler trotz allem oft mit einer Drei »zufrieden« sind, eine Vier kommentarlos hinnehmen und sich bei einer Fünf nicht gleich vom Hochhaus stürzen? Weil sie bereits zermürbt sind. Weil sie sich mit dem unabänderlichen Schulschicksal abgefunden haben. Weil sie sich teilweise oder ganz aufgegeben haben. Ein Partner, der bei einer »Du bist nur Mittelmaß für mich!«-Botschaft nicht hellwach aufspringt und Fragen stellt, hat bereits resigniert! Wie die Schüler. Und die Lehrer. Und die Eltern. »Ist eben so! Es kann ja nicht jeder ein Einser-Schüler sein!« So ist doch unsere Denke, oder? Doch die Resignation hat einen hohen Preis – für den Einzelnen und für die ganze Gesellschaft. Tag für Tag vergeuden wir die Potenziale unserer Kinder, und es fällt uns nicht einmal auf. Es ist ein großer Lernlustkiller, wenn wir immer nur auf das schauen, was nicht klappt. Auf die Defizite. Auf die Fehler. Denn der Mensch wächst in erster Linie an seinen Stärken.

MIT VERGLEICHEN VERLIEREN

Unser Notensystem ist auf Selektion ausgerichtet und produziert daher zwangsläufig Mittelmaß und Verlierer. Doch wenn die Referenzgröße für meine Leistung – und damit meinen Wert – die anderen sind und nicht ich selbst, muss das mein Selbstwertempfinden untergraben. Wenn der Vergleich mit anderen den Wert konstituiert, ist das fatal, denn es gibt immer einen, der schneller rechnet, spannender erzählt, brillanter schreibt oder schöner malt. Und später wird es immer einen geben, der mehr Geld hat, eine höhere Position oder einen attraktiveren Partner. Wer seine Selbstachtung auf den Vergleich mit anderen gründet, hat von vornherein verloren. Produktiv ist der Blick auf andere dann, wenn wir uns davon anregen und ermutigen lassen – als Quelle der Inspiration und Chance auf Weiterentwicklung. Menschen, die einen Weg bereits gegangen sind, der noch vor uns liegt, können uns Wegweiser und Ansporn sein. Zu sehen, was andere getan und geschafft haben, kann sehr motivierend sein – vorausgesetzt, wir können unsere Vorbilder selbst wählen. Deshalb sollte ein gesundes Schulsystem den Vergleich der Schüler mit sich selbst fördern, der ihnen die eigenen Fortschritte und Möglichkeiten bewusst macht, statt den Einzelnen an den anderen zu messen.

Wir Eltern machen es allerdings ähnlich. Auch wir vergleichen gerne: »Und welche Note hat eigentlich der Sebastian?« Oder: »Die Mama von David hat mir erzählt, dass der sich immer gleich nach dem Mittagessen an die Hausaufgaben setzt.« Absurderweise bilden wir uns ein, dass solche Vergleiche zu mehr Motivation und zu besseren Ergebnissen führen könnten. Denken Sie nur einmal, Ihre Partnerin würde Ihnen sagen: »Meine Kollegin hat mir erzählt, dass ihr Mann ihr regelmäßig Blumen schenkt, einfach so.« Motiviert Sie das als Mann? Bekommen Sie davon Lust, Blumen mitzubringen? – Oder er zu ihr: »Die Gabi schaut klasse aus. Die hat vielleicht einen Body! Frag sie doch mal, wie sie das macht!« Oh ja, wir Frauen würden natürlich sofort zum Telefonhörer greifen, die Gabi anrufen und dann an unserem Body arbeiten, nicht?« Im Grunde unseres Herzens wissen wir, dass wir mit dieser Arbeit von Vergleichen und indirekten Aufforderungen genau das Gegenteil dessen bewirken, was wir wünschen – bei Erwachsenen genauso wie bei Kindern.

Warum tun wir es dann? Weil wir uns so ohnmächtig fühlen, so bodenlos ohnmächtig, wenn die Kinder mal wieder das Lernen verweigern. Dann rutschen uns solche dummen Vergleiche heraus. Doch wir gewinnen viel mehr, wenn wir unsere Aufmerksamkeit auf das Positive richten, auf die Einzigartigkeit unseres Kindes (und unseres Partners).

POSITIVE FEHLERKULTUR

Unsere Schulen sind weniger Lern- und Lebensschulen als vielmehr Prüf- und Fehlersuchanstalten. Und hier liegt auch der Hund begraben. Die unausgesprochene Devise lautet nämlich: In der Schule musst du möglichst perfekt sein! So sitzt von der ersten Stunde bis zum Schlussläuten neben jedem Schüler ein unsichtbarer Mr. Perfect und kritisiert ohne Unterlass: »Nicht gut genug!«, »Nicht vollständig genug!«, »Falsch!«, »Fehler!«, »Punktabzug!«, »Du könntest es besser, wenn du nur wolltest!«, »Du hast's wieder nicht kapiert!« – die ganze Palette an inneren Vorwürfen, die wir alle kennen.

Genauso sitzt und steht Mr. Perfect übrigens auch neben jedem Lehrer: Er knebelt und dirigiert ihn, wenn er seinen Unterricht vorbereitet, wenn er vor der Klasse steht, wenn er die Schüler zur Mitarbeit aufruft, wenn er abfragt, wenn er korrigiert und wenn er Noten vergibt.

Das führt uns zu einigen grundsätzlichen Fragen: Wie kann man unter dem Diktat der Perfektion Begeisterung entwickeln für das, was man lernen will? Ist es möglich, unter diesen Bedingungen Hochleistungen zu erbringen? Bekommen Schüler in dieser selektionsstickigen, notenvernebelten Atmosphäre überhaupt genügend Luft, um zu forschen und zu experimentieren? Wie entwickeln sie unter diesen Bedingungen Zutrauen zu ihren Fähigkeiten? Wie kann jemand zum Pionier und Querdenker werden – jetzt und später im Berufsleben –, wenn er oder sie immer auf Anhieb das richtige Ergebnis liefern soll?

Niemals wären wichtige Erfindungen wie zum Beispiel die Glühbirne gemacht worden, wenn die Ingenieure nicht aus Fehlern hätten lernen dürfen. Von Edison wird berichtet, dass er weit über tausend gescheiterte Versuche auf seinem Lern- und Erfahrungskonto zu verzeichnen hatte, bis das Ding endlich mal leuchtete. Tausend Fehler! Tausendmal gescheitert! Tausendmal umsonst! Und dann dieses bahnbrechende Ergebnis.

Was können wir tun, damit unsere Kinder diese fundamental wichtige Selbstwirksamkeitsüberzeugung entwickeln? Als Eltern? Als Lehrer?

Notwendig wäre die radikale Neuinterpretation dessen, was als Fehler gilt, eine völlig neue Fehlerkultur und eine ganz neue Sicht auf unsere Leistungsmessung anhand der herkömmlichen Zensuren.

Welcome, Mrs. Flow!

Als Erstes gilt es, den Perfektionismus aus den Klassenzimmern zu verbannen. Neben jeden dieser grauenhaft korrekten und Defizit fokussierten Mr. Perfects muss sich eine wohlwollend-ermutigende Mrs. Flow setzen. Mrs. Flow denkt anders, fühlt anders, handelt anders als Mr. Perfect. Nämlich nicht vom Fehler her. Nein! Sie sieht die Schätze, die Stärken und Talente. Sie würdigt das halb *volle* Glas, sie sieht die Luft nach oben und erkennt, was möglich ist. Mrs. Flow winkt nicht mit dem Notenbuch, sondern begrüßt morgens ihre Schüler als kompetente Persönlichkeiten und lädt sie ein: Probiert euch aus, geht an eure Grenzen und lasst uns gemeinsam herausfinden, was in euch steckt und wozu ihr in der Lage seid. Und sie weiß: Fehler gehören zum Lernen wie der Löffel zur Suppe. Daher schreibt sie jeden Morgen mit großen Lettern an die Tafel: *Fehler sind herzlich willkommen*!

Werfen wir einen kurzen Blick ins Matheheft eines x-beliebigen Schülers: »Da ist Hopfen und Malz verloren!«, denkt Mr. Perfect mit dem Blick auf das Fehlende. »Da ist noch eine Menge Luft nach oben!«, sieht Mrs. Flow mit dem Blick auf das noch Mögliche. Mrs. Flow ahnt die Goldgrube im Kind. Sie ist zutiefst menschlich und gelassen, denn sie weiß: Fehler sind ein unverzichtbarer Teil des Lernprozesses.

Wenn Fehler positiv aufgenommen werden, dann demotivieren sie nicht, sondern fördern die Lust, weiter zu lernen, wieder Fehler zu machen, sich zu verbessern und folglich auf ein höheres Niveau zu gelangen, um dann den Kreislauf wieder von vorne zu beginnen: Lernen, Fehler machen, Verbessern, höheres Niveau – Lernen, Fehler machen, Verbessern, höheres Niveau. Auf diese Weise löst Mrs. Flow die Handbremse der Lernlust und des Lernerfolgs, die Mr. Perfect permanent zieht. Lassen Sie uns Mrs. Flow im Kollegium willkommen heißen und Mr. Perfect erst einmal in seinen wohlverdienten Ruhestand schicken. Er hat lange genug seinen Dienst getan.

Der Physiker und Pädagoge Martin Wagenschein plädiert dafür, statt Fehler zu ahnden, lieber nachzufragen, wie die falsche Antwort zustande kam: Was hast du dir dabei überlegt? Wie bist du vorgegangen? Diese Fragen helfen dem Lernenden, über seine Arbeit zu sprechen, alte Gedanken noch einmal aufzufrischen und im besten Fall selbst zu merken, wo er einen Fehler machte. Der Fehler wird damit zur Lernchance. Rückfragen statt Rotstift ist die Devise!

Selbstzweifel – bis ins Erwachsenenleben

In der Pubertät machen sich die Kinder auf die Suche nach ihrer Identität, nach ihrer Einzigartigkeit, nach dem, wer sie wirklich sind. Daher grenzen sie sich auch so sehr von uns ab. Sie wollen kein Abklatsch ihrer Eltern sein, sondern ihr Eigenes finden und ihr Ding machen. Das ist für sie eine aufregende Zeit mit vielen Hochs und Tiefs. Da sollte eines unserer wichtigsten Ziele als Eltern sein, unseren Kindern alles zu geben, damit sie sich selbst lieben können. Wer sich selbst mag, den kann so leicht nichts umhauen. Aber genau daran knabbern die Jugendlichen. Selbstzweifel quälen sie jeden Tag: Bin ich gut genug? Bin ich schön genug? Bin ich sexy genug? Bin ich intelligent genug? Kurz: Bin ich *wirklich liebenswert*? Viele von uns quält diese Frage noch im Erwachsenenalter.

Kinder kennen ihre Stärken nicht

Selbstwert ist die Grundlage allen Erfolgs. Um die Kinder zu unterstützen, ein gesundes Selbstwertgefühl zu entwickeln und sich selbst mehr zu lieben, habe ich in einem Seminar folgende Übung gemacht:

Die Kinder saßen verteilt im Raum auf gemütlichen Kissen; jedes Kind bekam ein großes Blatt mit einem Herz darauf und sollte nun bei leiser Musik dieses Herz füllen: Was magst du an dir? Was ist besonders an dir? Welche Stärken hast du? Was kannst du gut? Ich freute mich auf diese Übung, die den Kindern ihre Ressourcen aufzeigen sollte, und hatte nicht mit dem gerechnet, was dann passierte: Die meisten Kinder saßen ziemlich ratlos über ihren Blättern und hatten gerade mal zwei Punkte in ihre Herzen geschrieben. Sie wussten einfach nicht, was sie an sich selbst mögen sollten! Verblüfft gab ich ihnen Hilfestellung und weitete die Frage aus: »Wenn dir nichts einfällt, dann überlege einfach, was deine Eltern oder deine Lehrer Gutes über dich sagen. Was mögen sie an dir?« Zuerst herrschte nur Stille, fast eine Starre, dann kam Bewegung in den Raum. Ein Schüler zerknüllte voller Wut sein Blatt, warf es auf den Boden, rannte aus dem Raum und knallte die Tür hinter sich zu. Peng! Mehreren anderen Kindern standen die Tränen in den Augen: Ja, was sagen meine Eltern und Lehrer eigentlich Positives über mich? Schmerz erfasste sie, und wir hatten allerhand zu tun, die Kinder zu trösten. Doch hätten wir sie aufschreiben lassen, was sie alles nicht können, was sie an sich nicht mögen, dann hätten sie sehr viel zu schreiben gewusst.

Eines der größten Motivationsprobleme ist, dass die Kinder ihre Stärken nicht kennen. Dieses Ergebnis hat mich erschüttert und ich habe diese Übung so nie wiederholt. Aber die Erinnerung daran ist für mich ein Aufruf! Ein Aufruf an uns alle, Kindern viel mehr zu spiegeln, wie wertvoll sie sind, auch wenn sie nur eine Vier nach Hause bringen, keinen Bock haben, Lateinvokabeln zu lernen, wieder mal nicht Klavier geübt haben und ihre dreckigen Socken irgendwo liegen lassen. Trotz allem sind sie uns lieb und kostbar – und das müssen wir ihnen auch sagen. Wie oft wir unseren Kindern Negativbotschaften mitgeben, fällt uns schon gar nicht mehr auf.

Ich selbst habe mir in kritischer Zeit einmal eine Strichliste gemacht: Für jede Äußerung gegenüber meinem Sohn, die auch nur eine Spur Kritik enthielt, machte ich einen Strich, und in einer zweiten Spalte einen Strich für alles Positive. Das Verhältnis war bei Weitem nicht ausgeglichen. Doch ich hatte etwas Entscheidendes gelernt über mein Kommunikationsverhalten!

Vielleicht ist während des Lesens in Ihnen, liebe Eltern, das Bedürfnis aufgekeimt, Ihrem Kind auch einmal solch einen wertschätzenden Brief zu schreiben, wie ihn die Eltern in unseren Seminaren verfasst haben. Einen, in dem Sie all das ausdrücken, was Ihnen im Gespräch nicht so leicht über die Lippen kommt. Vielleicht wartet ja auch Ihr Kind schon lange auf so eine befreiende Botschaft. Sagen Sie ihm doch, was Sie an ihm schätzen. Legen Sie bewusst einmal den Rotstift zur Seite und setzen Sie Ihre hellste Brille auf. Versichern Sie Ihrem Kind, dass Sie immer an seiner Seite stehen und es auf Ihre Hilfe zählen kann. Die Schriftform hat dabei durchaus ihre Vorteile. Sie lässt Ihnen die Zeit, einmal Ihr Innerstes nach außen zu kehren. Sie können in Ruhe passende Worte finden und Ihren Brief zum Abschluss noch nach versteckter Kritik durchleuchten. Und Ihr Sohn oder Ihre Tochter kann ihn ganz in Ruhe lesen, immer wieder. Und genießen. Solche Briefe sind ein Schatz für die Seele und werden zu kostbaren Lebensbegleitern. Sie öffnen manchmal verschlossene Türen, gerade in Eltern-Kind-Beziehungen, die von Krisen geschüttelt sind. Der Familientherapeut Jesper Juul betont: »Was unsere Kinder in der Pubertät von uns brauchen, ab 12, 13, 14 Jahren, ist eigentlich nur das: zu wissen, auf dieser Welt gibt es einen oder zwei Menschen, die wirklich glauben, dass ich ok bin.«[29]

Vielleicht tun Sie sich mit diesem Vorschlag schwer und Sie würden mir am liebsten zurufen: »Ja, Sie reden sich leicht! Wenn Sie mal meinen Sohn kennen würden! Der schaut nur noch auf sein Handy und bekommt seinen Hintern zu nichts mehr hoch! Und meine Tochter ist nicht vom Spiegel wegzukriegen! Da kann ich beim besten Willen nichts Positives finden.« – Ja, manchmal ist es kaum auszuhalten, und da wünschen wir uns unsere Kinder wirklich anders. Wenn solche Gefühle in Ihnen hochkommen, dann gehen Sie einfach mal selbst zum nächsten Spiegel und schauen sich an. Ich tue das in solchen Augenblicken auch. Das hilft, die Dinge wieder aus dem richtigen Blickwinkel zu sehen. Wenn ich mich im Spiegel ansehe, werde ich mir bewusst: Meine Güte, ich bin doch auch nicht perfekt! Aber ich spüre mich dann, wie ich bin, mit meinen Wünschen und Träumen, mit meinen Hoffnungen und Enttäuschungen. Und manchmal erblicke ich im Spiegel etwas weiter hinten und schattenhaft die 14-jährige Jutta, die zuweilen alles andere als einfach war. Und dann sehe ich alles wieder viel heller: Aus mir ist ja auch etwas geworden!

Wenn Sie mit dem Spiegel nicht weiterkommen, dann hilft vielleicht der Härtetest um wieder Zugang zu den positiven Seiten Ihres Kindes zu bekommen: Stellen Sie sich vor (was hoffentlich nie eintreffen möge), dass Sie Ihren Sohn, Ihre Tochter verlieren. Plötzlich. Durch einen Unfall. Was hätten Sie ihm oder ihr im Rückblick noch gerne sagen wollen? Was würde Ihnen Wunderbares abgehen an Ihrem Kind? Was haben Sie trotz aller Pubertätsnot an ihm oder ihr geschätzt? Spätestens bei dieser Vorstellung wird Ihnen das Herz aufgehen. Ich bin sicher, Sie werden etwas finden!

So radikal und schmerzlich diese Übung ist: Wenn in Ihrer Beziehung zu Ihrem Kind gar nichts mehr geht, dann ist sie heilsam. Schreiben Sie Ihren Brief, auch wenn er nur ganz kurz ist. Springen Sie über Ihren Schatten! Kinder brauchen unsere ausgestreckte Hand gerade dann, wenn sie sie eigentlich gar »nicht verdient« haben! Und es wird Ihnen als Mutter oder Vater selbst guttun.

LERNLUSTKILLER 6:

FEHLENDE NÄHE ZUM LEHRER

»Meinem Lehrer geht es nur um den Stoff. Wir sind ihm egal!«

Julia mochte das Fach Englisch von Anfang an. Die ersten beiden Englischjahre machten ihr enorm Spaß. Sie hatten eine nette, kompetente Lehrerin, die gut erklären konnte. In der 7. Klasse wurde es noch besser: Mrs. Brown war »native speaker«. Die Amerikanerin war äußerst sympathisch und vermittelte ihren Schülern, dass sie gerne zu ihnen kam. Leider ging sie nach einem halben Jahr in Mutterschutz. In den nächsten fünf Jahren hatte Julia zwei Lehrerinnen, die ihren Unterricht ohne sonderliche Begeisterung abhielten. Sie machten routinemäßig ihren Job, waren aber weder mit dem Herzen bei der Sache noch bei den Schülern. Entsprechend ließ das Engagement der gesamten Klasse nach; die Schüler stöhnten, wenn Englisch auf dem Stundenplan stand. Auch Julia bereiteten die Englischstunden jetzt mehr Frust als Lust. Ihre ursprüngliche Freude an der Fremdsprache verschwand, sie lernte nur noch mit Widerwillen. Ihre Noten wurden schlechter, und sie war sehr froh, als sie Englisch endlich abwählen konnte.

AUF DEN LEHRER KOMMT ES AN

Kennen Sie das? Von sich? Von Ihrem Kind? Lieblingsfächer waren in der Schule meist eng verbunden mit positiven Erfahrungen mit dem jeweiligen Lehrer oder der Lehrerin, während wir »Hassfächer« oft mit negativen Lehrererfahrungen verknüpfen.

Weder Schulart, Unterrichtsaufbau noch Lehrmethoden sind so bedeutsam für Lernlust und Schulerfolg wie die Person des Lehrers. Auf ihn kommt es an. Dies bestätigen nicht nur zahlreiche Studien, sondern jeder von uns hat das selbst in seiner Schulzeit erlebt: Wenn der Lehrer nicht passt, ist das ganze Fach ein Problem.

In einem Internetforum fand ich diesen Hilferuf: »Hallo, ich bin in der 8. Klasse eines Gymnasiums und habe ein großes Problem mit meinem Englischlehrer. Er mag mich nicht und ruft mich die ganze Zeit auf, und wenn ich etwas nicht weiß, schaut er mich mit diesem bösen Snape-hasst-Harry-Potter-Blick an. Das ist echt nicht zum Aushalten, und ich würde das gerne ändern.«

Schüler haben oft das Gefühl, dass der Lehrer, die Lehrerin sie nicht ausstehen kann und sie auf dem Kieker hat. Das machen sie fest an Blicken und Worten, an Ermahnungen im Unterricht und Korrekturbemerkungen, an unerwarteten Aufrufen, wenn sie sich nicht melden, oder daran, dass sie nur selten im Unterricht drankommen, obwohl sie sich permanent melden. Wenn die Beziehung zum Lehrer gestört ist, ist die Lust, etwas zu lernen und zu leisten, meistens schon im Keller. Dagegen ist die Motivation groß, wenn Schüler sich angenommen fühlen und wenn der Lehrer sie als Person wahrnimmt. Dann solidarisieren sie sich mit ihm, legen sich für ihn ins Zeug und finden schnell Zugang zum Fach.

SCHULE VERHINDERT BEZIEHUNG

»Unterricht ist ein Beziehungsgeschehen«, meint der Gymnasiallehrer und Autor Michael Felten.[30] Daher ist eine gute Beziehung zum Lehrer die Grundlage für Lernmotivation und eine positive Arbeitshaltung. Eine schlechte Beziehung ist dagegen ein Hemmnis. Aber ich frage Sie: Wie soll einem Lehrer eine gute, individuelle Beziehung zu all seinen Schülern gelingen, wenn er 30 Kinder zu unterrichten hat? Wenn er nach 45 Minuten schon wieder zu den nächsten 30 Schülern hetzt? Wenn es kaum Zeit gibt, den einen oder anderen Schüler zwischen Tür und Angel zu sprechen? Wie soll er da die einzelnen Schüler richtig wahrnehmen können? Unter diesen Umständen wird selbst einem begnadeten Lehrer kaum ein echter Beziehungsaufbau gelingen. Fachlehrer haben manchmal zehn und mehr Klassen – das sind leicht mal 300 Schüler: Kein Wunder, wenn da Gesichter und Namen verwechselt werden. Doch wenn die Kinder sich nicht gesehen fühlen, wird der Unterricht für beide Seiten anstrengend. Schüler machen sich dann gerne sichtbar und bemerkbar, indem sie Unfug treiben und stören. Das wiederum versuchen Lehrer in den Griff zu bekommen, indem sie die Schüler vermehrt disziplinarisch kontrollieren und sich dabei immer weiter von ihren Schülern entfernen. Ein Teufelskreis beginnt, aus dem der Ausstieg schwer wird.

Margret Rasfeld spricht von einer »Beziehungsverhinderungskultur« im herkömmlichen Schulsystem. Eine schlechte Beziehung zum Lehrer ist ein Lernlustkiller für jeden Schüler! Und für die Lehrer ein Burnout-Faktor. Lehrer sind ja angetreten, um Kinder und Jugendliche zu fördern und ihnen zu helfen, gut ins Leben hinauszufinden. Dass sie im Unterricht anschieben, disziplinieren, ermahnen und schimpfen müssen, weil der Lehrplan erfüllt und Klassenarbeiten geschrieben werden müssen – das zermürbt und brennt aus. Es kränkt und macht auf Dauer krank, wenn Lehrer auf diese Weise abgelehnt werden und permanent Misstrauen oder Widerstand erfahren. Wenn Lehrer förderliche Beziehungen zu ihren Schülern aufbauen möchten, müssen sie auch die entsprechende Zeit dafür bekommen! Pionierschulen wie die Evangelische Schule Berlin-Zentrum ermöglichen das inzwischen ihren Lehrern.

DAS SCHWEDISCHE EXPERIMENT

2010 gab es in Schweden ein aufsehenerregendes Schulexperiment, das von einem Kamerateam begleitet wurde. Eine der leistungsmäßig schwächsten Klassen des ganzen Landes, die 9A der Johannesskolan in Malmö, erhielt sieben der besten Lehrer des Landes zugewiesen. Sie sollten dort für sechs Monate unterrichten. Unter ihnen war der Mathematiklehrer Stavros Louca, der bereits einen Namen hatte, weil er Jahr für Jahr mit seinen Schülern den nationalen Mathematikwettbewerb gewann. Vor und nach dem Experiment wurde die Klassenleistung durch nationale Vergleichstests überprüft; dabei erreichten die Schüler Spitzenpositionen: In einem halben Jahr hatte sich die 9A von einer unmotivierten Problemklasse mit deutlich unterdurchschnittlichen Leistungen zu einer Vorzeigeklasse entwickelt. Unter der Leitung von Louca belegte sie sogar den ersten Platz in Mathematik und rückte damit an die nationale Spitze. Ganz Schweden war neugierig auf sein Erfolgsgeheimnis. Seine Antwort war ebenso einfach wie anspruchsvoll: »Gewinne ihre Herzen und du kannst mit ihnen tanzen.«

Aber Herzen gewinnt man eben nicht mit dem Rotstift! Schülerherzen gewinnt man, indem man die Schüler annimmt, wie sie sind. Indem man ihnen zeigt, was alles in ihnen steckt, und indem man ihnen Großes zutraut. Auf diese Weise können Kinder und Jugendliche über sich hinauswachsen. Und dann kann man durchaus von ihnen verlangen, dass sie ihre Lernaufgaben engagiert angehen, sich reinhängen und sich in einen schweren Stoff reinbeißen.

GUTE BEZIEHUNGEN LOCKEN GLÜCKSHORMONE

Lernlust kommt von innen. Sie entsteht, wenn im »Belohnungssystem« unseres Gehirns körpereigene Glücksbotenstoffe ausgeschüttet werden. Dabei sind drei Stoffe dafür verantwortlich, dass die Lernmotivation steigt:[31] das Antrieb steigernde *Dopamin*, entspannende körpereigene *Opioide* und das »Beziehungs- und Bindungshormon« *Oxytozin*, das stressregulierend und vertrauensfördernd wirkt. Wird unser Gehirn mit diesem Dreier-Cocktail versorgt, fühlen wir uns großartig. Wir strotzen vor Tatendrang, die Lust, uns anzustrengen und zu lernen, beflügelt uns. Welche Faktoren die Lernlust begünstigen, haben wir bereits besprochen. Was muss noch passieren, damit das Gehirn uns diesen Cocktail mixt?

Ein weiterer, entscheidender Punkt kommt hier hinzu: die soziale Komponente. In einem sozialen Kontext zu lernen, in dem wir uns wohlfühlen, facht die Lernlust gewaltig an. Da sind zum einen die Mitschüler, zum anderen die Lehrer: Haben wir zu beiden eine gute Beziehung, dann werden Glückshormone ausgeschüttet. Es entsteht eine Art positiver Suchtkreislauf: Wird Lernen als beglückend erlebt, strengt sich der Schüler, die Schülerin weiter an, weil er und sie diesen Glückszustand wieder und wieder erleben will.

LEHRER IN EINER NEUEN ROLLE

Lehrer haben viele, oft undankbare Aufgaben und Rollen. Sie sind nicht nur Lehrende und Förderer der Kinder, sondern auch Defizitsucher und Fehlerfinder, Dompteure und Bändiger, Beurteiler und Selektierer. Insbesondere in weiterführenden Schulen haben sie kaum Zeit, ihre Schüler menschlich zu begleiten.

In der Evangelischen Schule Berlin-Zentrum (ESBZ) haben Lehrer eine andere Rolle. Sie sind Begleiter und Coachs. Jeder Schüler hat einen Lehrer als Tutor, der drei Jahre lang für ihn da ist. Für diese Zeit ist er oder sie ein Wegbegleiter. Den Unterschied zu einem »normalen« Lehrer beschreiben Schüler der ESBZ so: »Es ist etwas anderes, wenn jemand an deiner Seite ist, der dich wirklich begleitet. Und zu dem du eine Beziehung aufbauen kannst.« Diese Schüler betonen, dass der Tutor in vielerlei Hinsicht mehr von ihnen weiß als ihre Eltern. Wem man so viel anvertraut, dem muss man erst mal vertrauen. Und Vertrauen muss wachsen. Jeden Freitag können die Schüler mit ihrem Tutor sprechen, wenn sie wollen, oder auch einmal zwischendurch, wenn es gerade brennt. Und sie freuen sich darauf. Ihr Tutor hat nicht die Aufgabe zu ermahnen und zu disziplinieren, sondern er sieht zuerst einmal ihre Stärken: »Das ist so cool … Es ist etwas anderes, nur so vor sich hin zu lernen … oft macht der Tutor dich darauf aufmerksam, dass du schon viel geschafft hast. Und das macht dich dann stolz. (…) Könnt ihr euch vorstellen, wie schön das ist, wenn dir jemand sagt, du machst etwas richtig gut? Und dich motiviert, so weiterzumachen?«, schwärmen Alma, Jamila und Lara-Luna in ihrem Buch *Wie wir Schule machen*. Mit ihrem Tutor arbeiten sie eigene Ziele aus, sprechen über ihre Fortschritte und thematisieren Hürden, die ihnen zu schaffen machen und die überwunden werden wollen, zum Beispiel, wenn es mit dem Zeitmanagement nicht klappt.[32]

Diese »andere« Art von Lehrer-Schüler-Beziehung tut auch den Lehrern gut: Wer als Begleiter und Coach jede Woche sehen kann, wie die ihm anvertrauten Schüler – an der ESBZ sind es zwischen 13 und 15 Schüler – sich anstrengen, wie sie umsetzen, wozu er sie ermutigt hat, wer im direkten Kontakt beobachten kann, wie sie Fortschritte machen und aufblühen, und wer erfährt, wie sie ihm Vertrauen schenken, der geht mittags erfüllt nach Hause.

Auch im herkömmlichen System geben Lehrer ihr Herzblut, aber oft bekommen sie nur wenig zurück. Im Gegenteil: Immer wieder sind sie konfrontiert mit zahlreichen Schülern, die unmotiviert sind, stören, keine Lust haben, sie austricksen wollen, und nicht selten haben sie Eltern in den Sprechstunden, die ihre Tätigkeit mit Argusaugen beäugen, sie kritisieren und sich beschweren. In diesem System sind alle irgendwo Opfer.

RATGEBER JENSEITS VON ELTERN UND FREUNDEN

Zur Schulzeit gehören auch die Jahre der Pubertät. In dieser Zeit müssen sich die Kinder von ihren Eltern abnabeln und ihre eigene Identität finden. Aufgrund dieses Abnabelungsprozesses können sie Ratschläge und Tipps ihrer Eltern phasenweise nur schwer annehmen, auch wenn die Eltern noch so recht haben. Dafür wird der Austausch mit Freunden und Klassenkameraden, der Peergroup, immer wichtiger. Deren Werte zählen meist mehr als die der Eltern. Auf der einen Seite die Freunde, auf der anderen Seite die Eltern – dazwischen gibt es meist niemanden, der die Jugendlichen in dieser Selbstfindungsphase begleitet. Keinen, der ihnen hilft, die richtige Richtung zu finden, der sie unterstützt, wenn der innere Schweinehund sie vom Lernen abhält, und der sie leitet, wenn sie im Begriff sind, Mist zu bauen.

Wer einen Tutor, Mentor oder Coach an seiner Seite hat – ganz egal, wie man die Begleiter nun nennt –, kann sich da glücklich schätzen! Und für Eltern ist es beruhigend, wenn da noch ein Korrektiv ist neben dem Freundeskreis. Die 14-jährige Linda aus der ESBZ bestätigt dies: »Ich hätte mir nie vorstellen können, dass eine Lehrerin für mich zu so einer Vertrauensperson wird. Ich erzähle ihr alles: welche Jungen ich gut finde oder was in meinem Adventskalender war. Ohne sie würde mir etwas fehlen im Leben.«[33] Schüler in der »normalen« Schule haben es da schwerer. Und nicht nur sie, auch ihre Eltern.

Ich kann mich da an viele Kinderseminare erinnern, die ich zusammen mit meinem Kollegen Udo Gaedeke abhielt. Die Kinder ließen sich von uns eine Menge sagen. Nach dem Seminar erzählten sie stolz ihren Eltern, was wir ihnen für tolle Tipps gegeben hätten. Vieles davon predigten die Eltern ihren Kindern schon seit Langem, aber für sie war es, als ob sie das alles zum ersten Mal gehört hätten. Der Tipp der Eltern aus dem Munde von Fremden fällt dagegen eher auf fruchtbaren Boden. Da ist ein Coach, von dem die Kinder sich nicht distanzieren und ablösen müssen, im Vorteil.

WAS KÖNNEN WIR TUN? IMPULSE FÜR LEHRER

Tipp 1: Das Beziehungskonto füllen

Die Begegnung am Anfang der Stunde ist entscheidend für ihren Verlauf. Denn die Beziehungsebene bestimmt, was auf der Sachebene aufgenommen wird. Kommt der Lehrer in den Unterricht und seine ersten Worte sind fordernd oder negativ, ist schon der Wurm drin. Schimpft er beispielsweise, weil die Klasse so laut ist, oder fordert er die Schüler steril auf: »Nehmt eure Hausaufgaben raus!« und bespricht sie dann, werden die Schüler »gehorchen«, aber die Atmosphäre ist kalt. Kommt es dagegen am Anfang gleich zu einer Begegnung von Herz zu Herz, dann kann der Schüler das auch »nehmen«, was der Lehrer ihm gibt. Das ist der Fall, wenn der Lehrer seine Schüler wahrnimmt und ihnen zum Beispiel spiegelt: »Ihr wirkt heute müde. Hattet ihr schon eine Klassenarbeit?« Mit einer solchen Beziehungsaufnahme können wir »jene emotionale Resonanz erzeugen, die wir auch neurobiologisch brauchen, um überhaupt an die Motivationssysteme heranzukommen«[34].

Jeder Mensch führt mit jedem anderen ein »Beziehungskonto«. Meist geschieht das unbewusst, ohne dass wir wirklich darüber nachdenken. Dieses Beziehungskonto kann im positiven, im neutralen oder im negativen Bereich angesiedelt sein. Wir heben täglich vom Konto der anderen ab und wir zahlen auch wieder ein. So ist es auch zwischen Lehrern und Schülern. Abgesehen von den Einser- und Zweier-Schülern erhalten viele kritische Botschaften, deren Kern ist: Du bist nicht gut genug. Mach es besser! Und damit rutscht das Konto ins Minus.

Der amerikanische Psychologe John Gottman hat herausgefunden, dass in guten Beziehungen eine Regel befolgt wird: Jeder Kritik müssen fünf positive Aussagen folgen, damit die Beziehung wieder im neutralen Bereich ist. Ich wiederhole: im *neutralen* Bereich! Die Beziehung ist damit noch lange nicht positiv. Wundert uns da noch, dass Heranwachsende im Unterricht Ärger machen? Dass sie innerlich aussteigen, wo sie nur können? Dass sie nur noch unter Druck arbeiten? Die Amerikaner haben einen Spruch geprägt, der mich täglich begleitet und den ich uns Lehrern und Eltern gerne ins Stammbuch schreiben möchte: »Catch them being good.« Wenn wir die Lernlust der Schüler stabilisieren oder erneut schüren wollen, müssen wir sie bei all dem erwischen, was sie gut machen. Das erfordert einen Rollenwechsel: Entwickeln wir uns vom Fehlersucher zum Schatzsucher!

Impuls: Drei Schätze

Versuchen Sie als Lehrer einmal, in einer Klassenliste für jeden Ihrer Schüler drei positive Eigenschaften einzutragen. Drei Schätze! Das könnte die Leistung eines Schüler sein, seine Hilfsbereitschaft, der Tafeldienst, den er sorgfältig erledigt hat, oder auch etwas Privates: die Katze, um die er sich so rührend kümmert, oder ein Hobby. Gerade Fachlehrer werden hier merken, wie schwer das ist. Bringt man doch kaum mal den Namen und das Gesicht des Schülers zusammen, und dann soll man auch noch etwas Positives zu dieser Person finden!

Ich bin überzeugt, dass uns diese Übung wertvolle Erkenntnisse beschert. Zum einen wird uns das Ausmaß der Beziehungslosigkeit in der Schule bewusst, zum anderen müssen wir unsere Schüler ganz genau beobachten und nach Schätzen suchen, Kontakt aufnehmen, mit ihnen sprechen. Schüler, zu denen Ihnen erst einmal nichts einfällt, nehmen Sie nun verstärkt in den Fokus – und Sie werden etwas finden! Wenn die Liste voll ist, streuen Sie Ihre wertschätzenden Botschaften »unters Volk«. Vielleicht erwähnen Sie im Vorbeigehen auf dem Gang etwas Positives. Oder Sie sprechen einen Schüler direkt an. Sie können Ihre Wertschätzung auch bei einer Hausaufgabenkorrektur ins Heft schreiben, sie mit einem Daumen nach oben anzeigen oder auch mit einem freundlichen, wertschätzenden Nicken. Es gibt unendlich viele Möglichkeiten, verbale und nonverbale, um Schülern zu zeigen, wenn sie auf dem richtigen Weg sind.

Stellen Sie sich einmal vor, Ihre Schüler erhalten von Ihnen immer wieder mal so ein wertschätzendes, positives Feedback. Was denken Sie, wie gerne die Schüler dann zu Ihnen in den Unterricht kommen? Welch eine Lust auf Schule würde entstehen! Und Ihre Schüler würden sagen: »Wie gut, dass ausgerechnet er unser Lehrer oder sie unsere Lehrerin ist!« Auch Sie selbst entwickeln dann einen ganz anderen Bezug zu Ihren Schülern. Und noch etwas kann passieren: Sie können auch einen Schüler mögen, der Sie immer wieder nervt, denn nun haben Sie positive Dinge an ihm wahrgenommen, die Sie vorher gar nicht entdeckt haben. Das wirkt wie ein Puffer. Fangen Sie doch einfach mit *einer* Klasse an. Vielleicht auch nur mit einem einzigen »Schatz«. Wagen Sie dieses Experiment mit Herzblut – und falls es Ihnen wirklich nichts bringen sollte, können Sie damit ja wieder aufhören.

Tipp 2: Das tägliche »Blutvergießen« beenden

Wir Lehrer streichen in der Schule alles rot an. Wir suchen Fehler und korrigieren kraft unseres Amtes mit der Defizitbrille: Was ist falsch und was könnte besser sein?

Neulich erzählte mir die Mutter von Lena, einer Grundschülerin, dass diese ihr Heft überhaupt nicht mehr aufschlagen will, weil sowieso wieder alles rot ist und »nur Schlechtes« über sie drinsteht. Was Lena erlebt, zieht sich durch die Schule bis zum Abschlusszeugnis: negatives Feedback in Heften und Klassenarbeiten.

Wieso wundern wir uns da, wenn Schüler unsere Korrekturen nicht mehr lesen wollen? Wie würde es Ihnen ergehen? Lechzen Sie nach Kritik?

Als Lerncoach habe ich in den letzten Jahren viele korrigierte Klassenarbeiten gesehen, als Lehrerin viele Klausuren zur Zweitkorrektur erhalten. Auffällig ist: Selbst wenn die Noten gut sind, lesen sich die Rand- und Schlussbemerkungen überwiegend negativ. Es werden Fehler angestrichen und Fehlendes moniert. Kaum mal ein positives Wort! Manchmal habe ich Schlussbemerkungen von Deutschaufsätzen angesehen, ohne die Note zu kennen. Wie oft dachte ich mir: Oh, das klingt nach einer Vier oder Fünf. Oben stand aber eine Zwei!

Was Schüler brauchen, ist, dass wir wertschätzen, was sie bereits können – und dass wir das auch mit Worten zum Ausdruck bringen. Wer Lust haben soll, sich zu verbessern, muss erst mal gespiegelt bekommen, was er kann, sonst verliert er die Motivation. Das gilt für Kinder genauso wie für Erwachsene!

Wenn Schüler aber erleben, dass ihre Anstrengungen nicht gesehen werden und ihre Leistung nicht wertgeschätzt wird, dann verweigert das Belohnungssystem seine Zaubermixtur. Und vom Beziehungskonto wird ein dicker Batzen abgehoben. Daher legen innovative Schulen inzwischen großen Wert darauf, nicht so sehr die absolute Leistung zu sehen, sondern die Anstrengung und den individuellen Fortschritt eines Schülers zu honorieren. So kann ein Schüler, der aufgrund seiner Fehler in Englisch eine Drei bekäme, dennoch ein »Sehr gut« erhalten, weil er sich mit viel Mühe und Anstrengung um einen großen Schritt verbessert hat.

Wertschätzende Korrektur

Solange es dieses individuelle Bewertungssystem in den Regelschulen noch nicht gibt, könnten wir zumindest eine »wertschätzende Korrektur« einführen. Lassen Sie uns Lehrer dazu mal kurz das Hamsterrad der Korrektur verlassen und eine neue Perspektive einnehmen.

Wenn wir an die Arbeiten herangehen mit der Haltung: »Oh, jetzt ich bin gespannt, was meine Schüler alles können, was sie beherrschen, was sie alles behalten und umgesetzt haben! Ist es mir denn gelungen, ihnen alles so zu vermitteln, dass sie es behalten konnten und Zusammenhänge verstehen? Konnte ich ihnen genügend mitgeben?«, dann erhält das Korrigieren eine völlig neue Qualität. Dann passiert etwas, das wir als Lehrer nur selten erleben: Während des Korrigierens ändert sich die Beziehung zum Schüler. Aus »Die faule Socke hat wieder nicht richtig gelernt!« wird nun »Auweia, das hat er aber noch nicht verstanden, da müssen wir noch mal nachlegen.« Wir beginnen mitzufühlen und uns mitzufreuen. Denn es gibt kaum etwas Erfüllenderes, als das Leben von jungen Menschen zu begleiten und zu bereichern. Das ist ja unsere eigentliche Mission: Wir wollen bereichern und nicht rot anstreichen.

Apropos rot: Um aus der »Fehlersuchanstalt Schule« einen Ort der Potenzialentfaltung zu machen, weigern sich manche Lehrer inzwischen, beim täglichen »Blutvergießen« mitzumachen – wie die innovativen Schulleiter des staatlichen Gymnasiums im bayerischen Oettingen, Claudia Langer und Günther Schmalisch. Sie korrigieren nicht mehr mit Rotstift, weil diese Farbe für die meisten Lernenden schon so negativ besetzt ist, sondern schwarz oder blau (je nachdem, mit welcher Farbe die Schüler schreiben). Ihre Erfahrung ist, dass die Schüler sehr viel aufgeschlossener und offener ihre Fehler und die Verbesserungsvorschläge ansehen. Zudem markieren sie nicht nur die Fehler, sondern betonen, was gelungen ist. Wieso schreiben wir unter das Deutschdiktat nicht: »Du hast 37 Wörter richtig. Prima!« Daneben kann man ja immer noch die Zahl der Fehler anmerken, mit dem Hinweis, dass das sicher auch bald klappt. Und wo steht eigentlich in der Schulordnung, dass wir nur die Fehler anstreichen dürfen? Und dass wir es nur mit Rotstift tun dürfen? In der bayerischen Schulordnung zum Beispiel suchen Sie danach vergeblich.

Ein Smiley für halb Erwachsene

Wie sehr Schüler nach Anerkennung hungern, erlebte ich bei Schülern einer Fachschule. Bei der Korrektur einer Klausur erlaubte ich mir einmal den Spaß und stempelte am Rand der Arbeiten an vielen Stellen ein Smiley oder einen hochgehobenen Daumen – Kinderstempel, wie sie Grundschullehrer manchmal verwenden. Sie glauben nicht, in wie viele lächelnde Schülergesichter ich blickte, als ich die Klausur herausgab. Und als ich mich für diese Kinderei entschuldigen wollte, kam massiver Protest von allen Seiten: Das wollten sie unbedingt wieder haben! Unbedingt! Fachschüler! Im Alter zwischen 17 und 21 Jahren!

Bleiben die Bedürfnisse nach Wertschätzung und Anerkennung ihrer Person und ihrer Anstrengung ungestillt, entsteht ein emotionales »Loch«, und die Jugendlichen machen sich auf den Weg, es anderweitig zu stopfen. Denn sie wollen an die Glücksbotenstoffe gelangen! In der Regel werden sie schnell fündig: vor allem im Internet und in Social Media wird ihre Sehnsucht gestillt. Da erleben sie, jemand zu sein. Das tut ihnen gut, denn in der Schule sind sie oft »No-Names«. Auf Facebook und WhatsApp bekommen sie zumindest anerkennende Reaktionen. Nachmittags werden dann die Glückshormone ausgeschüttet, die vormittags in der Schule fehlen. Wenn wir die Smartphone-Kommunikation eindämmen wollen, dann sollten wir uns moralische Appelle sparen und lieber beginnen, den Schülern das emotionale »Futter« zu geben, das sie brauchen.

Eltern und Lehrer müssen am gleichen Strang ziehen

Eine Deutschlehrerin erzählte mir vor Kurzem folgendes Erlebnis: Ein schwacher Schüler erhielt im Deutschaufsatz die Note Vier. Um ihm dennoch seine vorhandenen Stärken vor Augen zu führen und ihn zu ermutigen, schrieb sie viele positive Bemerkungen an den Rand: »schöne Formulierung«, »interessanter Gedanke«, »treffender Ausdruck«, »gut auf den Punkt gebracht« usw. Es dauerte nicht lange, da kamen die Eltern des Jungen in ihre Sprechstunde. Aber statt die wertschätzende Korrektur zu würdigen, beschwerten sie sich, dass eine Arbeit, die so viel Lob aufwies, niemals eine Vier sein könne. Glauben Sie, dass diese Lehrerin es noch einmal wagen wird, einem Kind auf diese Weise Mut zu machen?

Dass Eltern hier erst mal verwirrt sind und die Note nicht verstehen können, ist nachvollziehbar. Manche Eltern fackeln allerdings nicht lange, gehen sofort zur Schulaufsicht oder kommen gleich mit dem Anwalt, um durchzusetzen, was sie für ihre Rechte halten. Ich kann hier nur rufen: Stop! Machen Sie nichts kaputt! Daher mein Appell an Sie, liebe Eltern: Arbeiten Sie bitte *mit* den Lehrern Ihrer Kinder zusammen und nicht gegen sie. Und fragen Sie erst einmal nach. Und Sie, liebe wertschätzende Lehrer, machen Sie bitte genau so weiter: Bestärken Sie bei Ihren Schülern, was an Schätzen vorhanden ist, indem Sie ihnen zuallererst aufzeigen, was sie bereits alles können. Die Schüler werden nach Ihren Korrekturhinweisen lechzen und sie von vorne bis hinten lesen! Und damit es keine Missverständnisse gibt: Sprechen Sie an den Elternabenden über Ihren Ansatz und gewinnen Sie die Eltern für Ihr Konzept. Schreiben Sie weiterhin, auch wenn Sie eine schlechte Note vergeben müssen, alles Positive, das Sie entdecken, in Ihre Korrektur. Dann können sich auch die Eltern darüber freuen, statt sofort einen Anwalt aufzusuchen.

Warum tun Sie sich in Ihrem Fachbereich nicht mit Ihren Kollegen zusammen und führen gemeinsam dieses »Konzept der wertschätzenden Korrektur« ein? Werben Sie bei den Kollegen um Zustimmung, denn letztlich wird es nur gehen, wenn Sie auch im Kollegium den Weg miteinander beschreiten.

Solche Veränderungen in der Schule werden nicht »von oben« angeordnet, der Wandel kommt von unten, von der Basis. Und einer muss damit beginnen, auch wenn es ein unorthodoxer Weg ist.

Tipp 3: Spiegeln, was in den Schülern steckt

Das Oak-School-Experiment

Wie sehr der Glaube an das Potenzial eines Schülers seine Leistungsbereitschaft beeinflusst, zeigten schon 1965 die beiden Wissenschaftler Robert Rosenthal und Lenore Jacobson, die ein aufsehenerregendes Experiment an einer amerikanischen Schule machten. Die beiden Psychologen führten mit den Schülern einen fingierten Intelligenztest durch. Anschließend nannten sie den Lehrern die Namen der Schüler, die aufgrund des herausragenden Testergebnisses in nächster Zeit eine phänomenale Entwicklung vollziehen würden. Das war alles frei erfunden. Dennoch stiegen nach einigen Wochen die Leistungen der angeblich besonders intelligenten Schüler stark an.

Was war passiert? Obwohl die Schüler davon nichts wussten und sie nicht intelligenter waren als die anderen auch, wurden ihre Leistungen signifikant besser. Die Lehrer trauten ihnen aufgrund der Testergebnisse offensichtlich mehr zu, nahmen sie positiver wahr und spiegelten ihnen das verbal wie nonverbal. Sie interpretierten ihre Antworten positiv und waren ihnen gegenüber wertschätzend und wohlwollend. Und die Schüler spürten, dass die Lehrer an sie glaubten.[35, 36]

Kinder und Jugendliche haben ein enormes Potenzial. Sie leben aber nur einen Bruchteil davon aus. Sie könnten so viel mehr, als wir ihnen zugestehen und zutrauen! Ihre Fähigkeiten und Möglichkeiten leiten sie aus dem ab, was wir ihnen spiegeln. Jedes Kind möchte in den Augen seines Lehrers und seiner Eltern lesen können, was alles in ihm steckt. Wenn wir hinsehen, welche Stärken die Kinder haben und wo noch Luft nach oben ist, verleiht ihnen das Flügel. Als Lehrer und als Eltern können wir den Kindern die Türen zu ihren Potenzialen weit öffnen – oder sie zuschlagen. Je nachdem, was wir ihnen spiegeln, werden sie aufblühen – oder verdorren: Glauben wir an sie oder nicht? Keine noch so minutiös durchgestylte Unterrichtsplanung kann aufholen, was wir hier eventuell verpassen!

Tipp 4: Erfolg initiieren

Wenn wir unseren Kindern die Lernlust erhalten wollen, dann müssen wir Bedingungen schaffen, unter denen sie Erfolg haben. Das ist für die Lernmotivation entscheidend. Das, was sie anpacken, muss ihnen regelmäßig glücken. Wir Lehrer müssen uns ins Gelingen unserer Schüler verlieben und ihren Erfolg zu unserer Chefsache machen. Dazu gehört, sie zu ermutigen.

In Ermutigung steckt das Wort »Mut«. Und Mut ist eine Lebenskraft – sie mobilisiert neue Kräfte. Ermutigung ist daher das Gegenteil von Kritisieren und etwas anderes als Verwöhnen: Sie hilft der Zögerlichkeit und der Faulheit auf die Sprünge, umarmt die Angst vor Misserfolg und vor Neuem. Ermutigung ist viel mehr als Lob, das nur den vergangenen Erfolg bestätigt. Ermutigung richtet sich auf die Zukunft. Lösen wir unseren Blick daher von der rückwärtsgewandten Fehlersuche und fragen wir: Was kannst du schon? Was wird dein nächster Lernschritt sein?

Wer ermutigt, möchte die Heranwachsenden in ihre Kraft führen. Dann werden aus verzagten Kindern mutige, die sich etwas zutrauen, die fröhlicher und aktiver und mit mehr Leichtigkeit ihre Aufgaben anpacken.

Probieren Sie es aus und richten Sie einmal für begrenzte drei Wochen Ihren Fokus nur auf den Erfolg Ihrer Schüler – immer nur auf das Gelingen. Diese Methode ist eine Weiterführung der Schatzsuche. Fördern und ermutigen Sie Ihre Schüler so, dass sie erfolgreich werden. Nach drei Wochen ziehen Sie Bilanz – und beenden den Versuch oder machen weiter. Wie fühlte sich das für Sie selbst an? Ungewohnt und anstrengend? Lohnend? Wie waren die Schülerreaktionen? Erstaunt? Ablehnend, weil sie es nicht einordnen konnten (»Wieso schleimt der sich jetzt bei uns so ein?«)? Natürlich werden sich die Schüler wundern und sich fragen, woher der plötzliche Wandel kommt und was er bedeutet. Der Versuch ist diese Reaktion aber in jedem Falle wert!

Schülersprechstunde

Seit Langem frage ich mich, warum wir eigentlich nur Elternsprechstunden einrichten. Auch dort sprechen wir wieder *über* die Heranwachsenden, nicht *mit* ihnen. Dabei sind sie doch die Hauptpersonen! Warum richten wir nicht regelmäßig Schülersprechstunden ein? In einer Klasse mit 24 Schülern müsste sich ein Lehrer zwei volle Stunden reservieren. Die Regel: Jeder

Schüler hat fünf Minuten Gesprächszeit. In diesen fünf Minuten gibt es keine Kritik. Alles Negative hat Hausverbot. Wir erzählen dem Schüler nur, was wir alles an Positivem an ihm oder um ihn herum wahrnehmen. Wir reden darüber, was wir ihm zutrauen. Was alles in ihm steckt. Punkt. Nichts weiter. Keine Ermahnung, weil er die Hausaufgaben immer so schlampig macht. Keine Kritik, weil er sich so selten meldet. Kein Hinweis, dass er manchmal im Unterricht fast einschläft. Nein, nichts von alledem. Nur Positives. Eine reine Ermutigungsdusche. Um mit John Gottman zu sprechen: Unsere Schüler haben einen Ausgleich verdient. Ausgleich für all die Kritik, die sie einstecken müssen, Ausgleich für viele niederdrückende Botschaften.

Ich weiß, diese zwei Stunden vorzubereiten, macht eine Menge Arbeit. Der Lohn, der winkt, ist dafür umso schöner: Die Störungen im Unterricht werden drastisch zurückgehen. Die Schüler werden Sie umringen, denn: *Mut tut gut*!

Tipp 5: Zugehörigkeit verstärken

Eines Tages stieß ich im Internet auf folgende Geschichte der Franziskanerschwester Helen D. Mrosla, die mich nicht mehr losließ:

Der Zettel

Eines Tages bat eine Lehrerin ihre Schüler, die Namen aller anderen Schüler in der Klasse auf ein Blatt Papier zu schreiben und ein wenig Platz neben den Namen zu lassen. Dann sagte sie zu den Schülern, sie sollten überlegen, was das Netteste ist, dass sie über jeden ihrer Klassenkameraden sagen können und das sollten sie neben die Namen schreiben. Es dauerte die ganze Stunde, bis jeder fertig war, und bevor sie den Klassenraum verließen, gaben sie ihre Blätter der Lehrerin. Am Wochenende schrieb die Lehrerin jeden Schülernamen auf ein Blatt Papier und daneben die Liste der netten Bemerkungen, die ihre Mitschüler über den

Einzelnen aufgeschrieben hatten. Am Montag gab sie jedem Schüler seine oder ihre Liste. Schon nach kurzer Zeit lächelten alle. »Wirklich?«, hörte man flüstern. »Ich wusste gar nicht, dass ich irgendjemandem was bedeute!« und »Ich wusste nicht, dass mich andere so mögen«, waren die Kommentare. (…)

Einige Jahre später war einer der Schüler in Vietnam gefallen und die Lehrerin ging zum Begräbnis dieses Schülers. Die Kirche war überfüllt mit vielen Freunden. Einer nach dem anderen, der den jungen Mann geliebt oder gekannt hatte, ging am Sarg vorbei und erwies ihm die letzte Ehre. Die Lehrerin ging als Letzte und betete vor dem Sarg. Als sie dort stand, sagte einer der Soldaten, die den Sarg trugen, zu ihr: »Waren Sie Marks Mathelehrerin?« Sie nickte. Dann sagte er: »Mark hat sehr oft von Ihnen gesprochen.«

Nach dem Begräbnis waren die meisten von Marks früheren Schulfreunden versammelt. Marks Eltern waren auch da und sie warteten offenbar sehnsüchtig darauf, mit der Lehrerin zu sprechen. »Wir wollen Ihnen etwas zeigen«, sagte der Vater und zog eine Geldbörse aus seiner Tasche. »Das wurde gefunden, als Mark verunglückt ist. Wir dachten, Sie würden es erkennen.« Aus der Geldbörse zog er ein stark abgenutztes Blatt, das offensichtlich zusammengeklebt, viele Male gefaltet und auseinandergefaltet worden war. Die Lehrerin wusste ohne hinzusehen, dass dies eines der Blätter war, auf denen die netten Dinge standen, die seine Klassenkameraden über Mark geschrieben hatten.« Wir möchten Ihnen so sehr dafür danken, dass Sie das gemacht haben«, sagte Marks Mutter. »Wie Sie sehen können, hat Mark das sehr geschätzt.«

Alle früheren Schüler versammelten sich um die Lehrerin. Charlie lächelte und sagte: »Ich habe meine Liste auch noch. Sie ist in der obersten Schublade in meinem Schreibtisch«. (…) »Ich habe meine auch noch«, sagte Monika. »Sie ist in meinem Tagebuch.« Dann griff Irene, eine andere Mitschülerin, in ihren Ta-

schenkalender und zeigte ihre abgegriffene und ausgefranste Liste den anderen. »Ich trage sie immer bei mir«, sagte sie und meinte dann: »Ich glaube, wir haben alle die Listen aufbewahrt.«[37]

Zwei große Grundbedürfnisse des Menschen sind Beziehung und Zugehörigkeit auf der einen und Entwicklung und Entfaltung auf der anderen Seite. Jedes Kind möchte sich der Klassengemeinschaft zugehörig fühlen und sich anerkannt und geschätzt wissen. Wird es dagegen ausgegrenzt, blockiert dies erfolgreiches Lernen. Der Schmerz des Ausgeschlossenseins ist wie ein Loch, in dem eine Menge Energie und Konzentration verschwindet. Noch bevor Schüler also geistig etwas aufnehmen sollen, müssen wir dafür sorgen, dass diese Löcher gestopft werden, vergleichbar einer körperlichen Wunde, die blutet. Sie muss erst versorgt werden, bevor der Mensch sich wieder an seine Arbeit machen kann. Wenn das nicht sorgsam geschieht und das Pflaster immer wieder abgeht, muss die Arbeit immer wieder unterbrochen werden.

Auch beim Lernen ist das so. Wenn das Kind emotional nicht satt ist und sich nicht sicher fühlt, verfügt es nicht frei über seine Energie und Kreativität – die Grundlagen seiner Leistungsfähigkeit. Stattdessen sorgt es sich um seine Bedeutung, seinen Wert, sein Angenommensein und Anerkanntsein durch den Lehrer und die Klassenkameraden. Die Konkurrenzsituation und der permanente Druck an unseren Schulen führen dazu, dass Kinder missgünstig werden und sich über Fehler und Macken anderer lustig machen, bis hin zu Ausgrenzung und Mobbing. Eine Ursache dafür ist unser stark selektierendes Schulsystem. Kann man den Schaden begrenzen? Wie kann sich dennoch eine wunderbare Klassengemeinschaft entwickeln?

Die wunderbare Aktion der Franziskanerschwester Helen D. Mrosla kann gerade Schüler, die am Rande stehen, in die Klassengemeinschaft integrieren. Praktisch können Sie das zum Beispiel so umsetzen:

Geben Sie jedem Schüler Ihrer Klasse eine Klassenliste mit allen Namen und viel Platz dazwischen. Jeder Schüler muss nun über jeden seiner Mitschüler etwas Liebenswertes schreiben. Für die nächsten zwei bis drei Wochen gehen die Schüler dann bewusst mit einer positiven Suchbrille herum und nehmen auch die Mitschüler wahr, die bisher nicht in ihrem Wahrnehmungsfokus waren bzw. die sie nicht so gerne mögen. Diese Listen sammeln Sie nach Abgabefrist ein und legen für jeden Schüler einen großen Bogen dickes Tonpapier an. Schreiben Sie den Namen kunstvoll in die Mitte und kleben Sie die einzelnen Aussagen der Mitschüler auf dieses Blatt. Ab der 5. Klasse können Sie die Klebeaktion auch von den Schülern selbst durchführen und gestalten lassen. Nur darf natürlich keiner sein eigenes Blatt bearbeiten.

In einer eigenen Feierstunde darf dann jeder Schüler mal auf den »Wertschätzungsthron«. Dort wird ihm feierlich dieser »Ich-mag-an-dir-Bogen« übergeben; bei jüngeren Kindern kann auch der Lehrer vorlesen. Die Kinder blühen dabei auf, und selbst Schüler, die eher am Rande stehen, werden stärker integriert. Sie fühlen sich gestärkt und trauen sich, wieder auf andere zuzugehen. Ich selbst habe das bereits häufig ausprobiert und kann nur sagen: Die Klasse ist hinterher nicht mehr dieselbe!

LERNLUSTKILLER 7:

ABSTRAKTE LERNMETHODEN OHNE LANGZEITWIRKUNG

»Wozu denn lernen? Das vergess ich doch sowieso gleich wieder!«

Wenn ich ein Regal aus dem Möbelmarkt zusammenbauen und an der Wand befestigen möchte, benötige ich mehr Werkzeug als nur einen Hammer. Am besten habe ich gleich einen ganzen Werkzeugkasten, aus dem ich auswählen kann, was ich gerade brauche: Bohrmaschine, Schraubenzieher, Schraubenschlüssel, Akku-Schrauber, Inbusschlüssel, Wasserwaage, Winkel, Hobel. Das ist uns allen sonnenklar. Wenn es um das Lernen geht, fehlt uns diese Logik. Wir geben den Schülern Aufgaben, wie »Lernt Seite 14 bis 18 im Geografie-Buch!«. Aber wir sagen ihnen nicht, *wie* sie das tun sollten. Es fehlt ihnen ein umfangreicher mentaler Werkzeugkasten. Und wenn sie es nicht schaffen, den Lernstoff nachhaltig in ihrem Oberstübchen zu verankern, denken sie meist, sie seien dumm oder hätten ein schlechtes Gedächtnis. Doch häufig liegt es keineswegs an mangelnder Begabung, sondern einfach daran, dass ihnen beim Lernen die notwendigen Strategien und Techniken fehlen.

Schlüpfen Sie wieder kurz in die Mokassins der Kinder: Hätten Sie Spaß an einer Arbeit, wenn Sie gar nicht recht wüssten, wie Sie sie anpacken sollen? Wenn Sie einfach rumprobieren? Wenn Ihre Versuche manchmal gelingen, oft aber auch nicht, wenn Ihr Chef Ihnen dann in der monatlichen Bewertung die

Noten 3, 4 und 5 gibt, obwohl Sie viele Stunden daran getüftelt und sich abgemüht haben? Macht das Lust auf mehr? Nein, sicher nicht.

Wenn wir also möchten, dass unsere Kinder nachmittags gerne lernen, dann müssen wir ihnen erst einmal einen Werkzeugkoffer mit funktionierenden Tools auf den Schreibtisch stellen. Darin dürfen sie dann wühlen und sich je nach Aufgabe das passende Lernwerkzeug heraussuchen. Je größer die Auswahl, desto mehr Lockerheit und Entspannung kommen ins Lernen: Denn wenn sich die Kinder einem reichhaltigen Werkzeugkoffer frei bedienen können, bekommen sie auch keine Panik, wenn eine Aufgabe vor ihnen liegt, deren Lösung nicht gleich ins Auge springt. Das Gewusst-wie ist also hochgradig motivierend.

Dieses *Wie* des Lernens haben wir in den Schulen jahrzehntelang sträflich vernachlässigt. Wir haben einfach vorausgesetzt, dass die Schüler wissen, wie Lernen geht. Der Irrtum endet bei vielen im Lernfrust. Inzwischen hat sich so manches an den Schulen getan. Kurse für das »Lernen lernen« werden angeboten, wenn auch von unterschiedlicher Intensität und Qualität. Das Problem dabei: Methodenkompetenz erlernen Kinder in isolierten »Lernen lernen«-Seminaren nur ansatzweise. Noch wichtiger wäre es, dass sie im Unterricht eingeübt wird, genau da, wo der Stoff auch vermittelt wird und behalten werden soll. Voraussetzung dafür ist natürlich, dass Lehrer die diversen Lernmethoden, Strategien und Tools auch kennen. Und dass sie dafür ausgebildet sind, diese zu vermitteln. Hier sind die Universitäten und Lehrerbildungsanstalten gefragt. Viele Schüler haben bisher nur eine Technik wirklich drauf: das »Bulimie-Lernen«, bei dem sie kurzfristig Wissen in sich hineinstopfen und es dann auf Kommando wieder ausspucken.

MEIN BIOLOGIE-ABITUR – DER SCHRECKEN EINES JEDEN BULIMIE-LERNERS

Ich erinnere mich noch an jedes Einzelne von ihnen, als wäre es gestern gewesen: meine fünf grünen Biologie-Bücher – Genetik, Stoffwechselphysiologie, Ökologie, Evolution und Verhaltensbiologie. *Fünf* Bücher und *drei* vollgestopfte Leitz-Ordner. Das war der Stoff fürs Abitur – allein in Biologie! Für meine Begriffe der reinste Wahnsinn.

Ich war damals Minimalistin – wie viele meiner Mitschüler – und tat immer nur das Nötigste, und auch das meist nur auf den letzten Drücker. Eine klassische Bulimie-Lernerin! Als Nachteule begann ich oft erst gegen 22 Uhr, etwas für die Schule zu tun. Ich hatte ein cooles Kurzzeitgedächtnis, und was da wirklich nicht mehr reinging, musste notfalls auf einen Spickzettel. Dann nahte das Abitur. Biologie-Leistungskurs war damals das lernintensivste Abiturfach überhaupt. Gepackt von einer unerwarteten Welle von Ehrgeiz begann ich schon im Dezember für die Prüfung im April zu lernen. Ich startete mit Genetik. Das Lernen machte auch echt Spaß. Aber es war einfach alles zu viel für eine 18-Jährige mit genügend außerschulischen Interessen. So beschloss ich, sehr ökonomisch vorzugehen und ein ganzes Buch – die Stoffwechselphysiologie – einfach wegzulassen. Ich kalkulierte Aufwand gegen Ertrag und leistete mir dieses Risiko. Die anderen Teilfächer wollte ich dagegen gut draufhaben.

Ich kam gut voran mit dem Lernen, und am Abend vor dem Biologie-Abitur war ich ruhig und zuversichtlich. Bis mir der Gedanke kam, ich könnte sicherheitshalber noch einmal einen Blick in die Genetik werfen, die ich ja schon vor längerer Zeit gelernt hatte. Die Genetik war mein Erfolgsgarant, mit ihr konnte ich maximal punkten! Sie beherrschte ich rauf und runter – dachte ich! Und ich begann zu wiederholen. Sicher ist sicher!

Dann also Kapitel 1: Äh, wie war das noch mal mit den Autopolyploiden? Und mit der Proteinbiosynthese-Translation? Den Homozygoten mit zwei mutierten Allelen? Und mit der Synthese der phagenspezifischen Enzyme bei der Brown'schen Molekularbewegung?! Hilfe!!! Das konnte doch nicht wahr sein: Ich wusste es nicht mehr! Verzweifelt suchte ich mein Hirn ab nach all den Fakten, die ich ihm mühevoll eingetrichtert hatte. Aber ich fand nur noch unzusammenhängende Bruchstücke. Nichts, womit man ein Bio-Leistungskurs-Abi bestehen könnte. Mein »Best of Learning« war ausgelöscht! Ausradiert! Mir schlug das Herz bis zum Hals. In ein paar Stunden würden die Abituraufgaben vor mir liegen – und ich wusste von dem, was ich am besten gelernt hatte, so gut wie nichts mehr! Ich stand am Abgrund meiner Gymnasialkarriere. Genau genommen bereits mit den Zehen über dem Abgrund. Eine gewaltige Angstwelle erfasste mich. Adrenalin überschwemmte meinen Körper. Aus den anfänglichen Tränen wurde ein Weinkrampf. Pure Verzweiflung! Panik! Fluchtgedanken!

Ich würde mit Pauken und Trompeten durchrasseln! Ich sah vor mir, wie morgen alle eifrig zu schreiben begannen, während mein Blatt leer blieb. Und es war nicht einmal ein Albtraum, aus dem ich schweißgebadet erwachen könnte: Es war real, und ich war die Hauptdarstellerin in diesem Horrorszenario. Es war der Worst Case meines bisherigen Schullebens! Und es gab niemanden, der mich da raushauen konnte. Außer ich selbst. Das war mir schnell klar. Ich begann mich an den letzten verbliebenen Strohhalm zu klammern: mein Kurzzeitgedächtnis. Um zu retten, was zu retten war, installierte ich wie in Trance ein Notprogramm in meinem Kopf: Wie viele Stunden bleiben mir noch bis zur Prüfung? Elf. Also noch einmal die altbewährte Nummer: Stoff so schnell wie möglich reinziehen, Seite für Seite. Mit jeder Stunde wurde ich zuversichtlicher und tatsächlich hatte ich es bis zum Morgen weitgehend geschafft: Mein Hirn war einigermaßen upgedatet. Das Adrenalin hielt mich wach. Übermüdet, aber konzentriert genug, schrieb ich mein Bio-Abitur. Ich habe alles überlebt, und es wurde sogar gut. Aber ich hatte mir dieses Happy End teuer erkauft. Solch ein Szenario wollte ich nie mehr erleben.

Hätte ich damals schon gewusst, welche Gehirn-Regeln man beim Lernen nicht missachten darf, dann hätte ich dieses Lerndrama nicht durchleiden müssen. Und dann wüsste ich wahrscheinlich auch heute noch, wie dieser blöde Zitronensäurezyklus funktioniert!

Im Folgenden möchte ich Ihnen zwei Stolpersteine aufzeigen, mit denen wir Kinder beim Lernen behindern, und gleichzeitig Tipps damit verbinden. Erstens: Wir lassen sie zu abstrakt lernen. Und zweitens: Wir lassen sie zu wenig typgerecht lernen.

MERK-WÜRDIGE BILDER STATT ABSTRAKTES LERNEN

Unser Schulsystem ist in der Regel auf das theoretisch-analytische Lernen ausgerichtet. Wenn der Schulstoff allerdings sehr abstrakt ist und wir ihn nicht aus konkreten Sachverhalten herleiten durften, bekommen wir ihn nur schwer in den Kopf. Das Wundermittel dagegen: Lernen in Bildern. Mnemo- bzw. Gedächtnistechniken arbeiten mit solchen bildhaften Vorstellungen. Das Lernen fällt dann leicht, denn unser Gehirn liebt Bilder, genauso wie Kinder Pommes lieben! Bilder wirken im Kopf so gut wie ein Zwei-Komponenten-Kleber.

Ich möchte Ihnen das an einem Beispiel kurz demonstrieren. Dazu schnell wieder in die Mokassins der Kinder geschlüpft! Stellen Sie sich vor, Sie säßen in der Schule und müssten sich Artikel 3 des Grundgesetzes einprägen.

Grundgesetz, Artikel 3, Absatz 1 und 3

(1) Alle Menschen sind vor dem Gesetz gleich.

(3) Niemand darf wegen seines Geschlechtes, seiner Abstammung, seiner Rasse, seiner Sprache, seiner Heimat und Herkunft, seines Glaubens, seiner religiösen oder politischen Anschauungen benachteiligt oder bevorzugt werden. Niemand darf wegen seiner Behinderung benachteiligt werden.

So einen Stoff lässt normalerweise kein Sozialkundelehrer auswendig lernen. Aber zumindest die Inhalte müssen die Jugendlichen kennen.

Wie stellen Sie es nun an, dass Sie sich Artikel 3 schnell und vor allem nachhaltig merken können – so gut, dass Sie zumindest die Stichpunkte auch noch in ein paar Monaten wissen, ohne sie mehr als ein- bis zweimal zu wiederholen?

Bevor ich Ihnen die Antwort gebe, schauen wir uns zuerst an, welche drei Voraussetzungen gegeben sein müssen, damit unser Gedächtnis gut funktionieren kann.

Regale im Gehirn

Stellen wir uns einmal einen Kleiderschrank ohne Regalböden vor, in den wir unsere ganze Kleidung hineinstapeln: Hosen, Blusen, Hemden, Jacken, Unterwäsche, Socken. Alles sorgfältig aufeinander. Es sieht auch ordentlich aus – bis wir irgendwann die kurze schwarze Hose suchen: Wir schauen, graben und wühlen uns durch. Wenn wir sie endlich gefunden haben, haben wir ein großes Durcheinander angerichtet. Die Suche nach dem passenden roten T-Shirt gestaltet sich dann schwierig und dauert ewig. So geht es Schülern oft beim Lernen: Sie lernen sorgfältig und stapeln den Lernstoff beim Lernen nach und nach in ihren Gehirnschrank. Wenn sie dann bei der Klassenarbeit den gelernten Stoff suchen, gerät alles durcheinander, und es entsteht Hektik, weil sie es nicht gleich finden.

Wenn ich dagegen in meinen Kleiderschrank Regale baue und die Klamotten in Hosen, Pullis, T-Shirts usw. sortiere, dann finde ich die kurze schwarze Hose und das rote T-Shirt auf Anhieb wieder. Was für den Kleiderschrank gilt, gilt auch für unser Gehirn: Es braucht Regale, oder besser: ein Ordnungssystem.

Die Loci-Technik – ein Beispiel für ein geniales Regalsystem

Eine Möglichkeit, Ordnung im Gehirn zu schaffen, bieten uns die Mnemotechniken. Im Folgenden stelle ich Ihnen die Loci-Technik vor, auch als Routentechnik bekannt. Informationen werden dabei an verschiedenen Orten abgelegt, die wir uns bildlich vorstellen. Dafür können wir zum Beispiel unseren Körper nehmen, an dem wir nun zehn solcher »Regale« installieren, in die wir hinterher Informationen ablegen. Wir beginnen bei den Füßen. Sie sind unser erstes »Regal«, Nummer 2 sind die Knie, Nummer 3 die Oberschenkel. Dann folgen Po (4), Nabel (5), Brust (6), Hals (7), Schultern (8), Arme (9) und Hände (10).

Gehen Sie diese Orte einfach mal durch. Sie bilden eine Route durch unseren Körper, die an den Füßen beginnt und an den Händen endet. Diese Routenpunkte sind unsere Merkbasis. Am einfachsten verinnerlichen Sie sie, indem Sie mit Ihren Händen alle Routenpunkte nacheinander berühren. Machen Sie das zwei-, dreimal, dann haben Sie es intus – auf Ihrer Körperroute und damit im Kopf!

Jetzt haben Sie in Ihrem »Gehirnschrank« ein Ordnungssystem mit zehn »Regalen«. An dieser Körperroute können Sie sich in Zukunft entlanghangeln. Wir werden das nachher anhand des Beispiels »Grundgesetz« ausprobieren. Doch zunächst zum zweiten und dritten Faktor für gehirngerechtes Lernen:

Bilder statt Abstrakta

Die meisten Schüler nehmen einen Lehrbuchtext, lesen ihn und sagen ihn laut oder leise vor sich her, um ihn sich zu merken.

Aber das mag unser Gehirn gar nicht. Viel lieber ist ihm, wenn wir aus einem abstrakten Begriff ein Bild kreieren. Dabei dürfen wir uns den Begriff so bildhaft vorstellen, dass wir praktisch ein Foto vor uns sehen. Das ist gar nicht schwer. Welches Bild fällt Ihnen zum Beispiel zu *Liebe* ein? Ein Herz? Was ist Ihr Bild für *Frieden*? Eine Friedenstaube? Oder eine weiße Flagge? Wie würden Sie *Leichtigkeit, Reichtum, Glauben* und *Hoffnung* bildlich darstellen? Jeder von uns hat da seine eigenen Lieblingsbilder.

Entertain me!

Unser Gehirn hasst Langeweile. Alles, was gewöhnlich und normal ist, speichert es nur ungern ab. Wir müssen uns das vorstellen wie beim Fernsehen: Kommt ein Film, den Sie längst kennen und der Ihnen nichts Neues mehr bietet, schlafen Sie vor dem Fernseher ein. Unser Gehirn sagt: »Langweile mich nicht! Entertain me!« Es will also nicht irgendwelche Bilder, sondern sie müssen spannend, emotional, gefühlvoll, gruselig, fantasievoll, außergewöhnlich, andersartig, unerwartet, sensationell, spektakulär, übertrieben, actiongeladen usw. sein. All das, was anders ist als normal, macht Informationen merk-würdig. Dieses Besondere wirkt wie Kleber für unser Gehirn.

Kehren wir zu unserem Beispiel aus dem Sozialkundeunterricht zurück: Artikel 3 des Grundgesetzes.

Wir wandern als Erstes in Gedanken unsere Körperroute entlang und legen an jedem Körperteil einen der Schlüsselbegriffe aus dem Grundgesetz Art. 3 ab: »gleich, Geschlecht, Abstammung, Rasse, Sprache, Heimat, Herkunft, Glaube, religiöse und politische Anschauung, benachteiligt, bevorzugt, Behinderung.«

Unser erster Routenpunkt sind die Füße. Und die erste Information: »Alle Menschen sind vor dem Gesetz gleich.« Ein Symbol für »gleich« ist das Ist-Gleich-Zeichen. Wir verbinden nun unsere gleichen Füße mit diesem Zeichen.

»Niemand darf wegen seines Geschlechtes, seiner Abstammung …«. Beim Geschlecht geht es um Mann und Frau. Nehmen Sie in Gedanken je ein Bild von sich und Ihrem/r Partner/in und pinnen Sie beide Bilder mit einer Pinnwandnadel direkt in das Knie. Autsch! Das tut richtig weg! Genau! Und weil dieses Bild so ungewöhnlich und absurd und schmerzhaft ist, werden Sie es nicht vergessen!

Nun kommt die »Abstammung«. Ihre Oberschenkel sind ein Baum*stamm*, und aus Ihren Hosentaschen wachsen die Äste. Sehen Sie sie? Und fühlen Sie, wie Ihre Beine zu Baumstämmen werden? Berühren Sie Ihre Beine und spüren Sie die Baumstämme!

Auf diese Weise können Sie sich auch alle anderen Begriffe merken.

Wenn Sie diese Bilder einmal eingespeichert haben, vergessen Sie sie so schnell nicht wieder. Und genau so können Sie sich viele andere Informationen merken, die Sie sonst nur schwer in ihr Hirn bekämen – ob es nun die Kennzeichen des Lebens in Biologie sind, die Bundespräsidenten oder andere Aufzählungen, bei denen wir so leicht den einen oder anderen Punkt vergessen. Natürlich dauert das ein bisschen, bis man die Technik beherrscht. Aber sie macht Kindern sehr viel Spaß, weil sie ihre Kreativität ausleben können und sich lauter absurde Sachen einfallen lassen dürfen. Hier müssen sie einmal nicht ernst sein. Und das Ergebnis ist unglaublich. Es braucht nur sehr wenig Wiederholungen – manchmal gar keine –, und das Wissen ist nachhaltig verankert.

Mit Mnemotechniken geben Sie den Kindern Werkzeuge an die Hand, die das Lernen leichter, wirkungsvoller und vergnüglicher machen. Sie sollten daher selbstverständlicher Bestandteil im Unterricht werden. Aber auch zu Hause spielen sie eine große Rolle bei den Hausaufgaben – und auch als Erwachsene profitieren Sie davon.

TYPGERECHT LERNEN

Jedes Gehirn ist anders und hat unterschiedliche Vorlieben beim Lernen. Menschen können aber nur dann mit maximalem Erfolg lernen, wenn sie es auf genau die Weise tun, die ihrem Gehirn am besten entspricht. Bereits hier beginnt das Problem in der Schule: Den unterschiedlichen Lernpräferenzen oder Lerntypen stehen oft nur wenige Lernformen im Unterricht gegenüber. In der Praxis bestehen ganze Vormittage oft nur aus Frontalunterricht, hier und da mal unterbrochen von einer Einzel- oder Gruppenarbeit oder einem Film. Dass hier Leistung und Lernlust eingebremst werden, liegt auf der Hand. Solange wir die unterschiedlichen Lernbedürfnisse der Kinder nicht wirklich als Lernnotwendigkeiten ernst nehmen und eine entsprechende Lernumgebung schaffen, stehen wir ihrer Potenzialentfaltung quer im Weg.

Lassen Sie uns einen Blick auf die unterschiedlichen Lernpräferenzen der Kinder werfen: Es gibt Schüler, die gerne und gut lernen, indem sie die Informationen hören – sie haben eine auditive Vorliebe. Andere müssen sehen, was sie lernen – sie sind visuell orientiert. Wieder anderen ist es wichtig, dass sie den Lernstoff mit den Händen begreifen und dass sie sich beim Lernen bewegen können – sie haben eine kinästhetische Lernpräferenz. Bei ihnen sitzt das Gehirn quasi in den Muskeln.

Wir haben oft einen Lieblingssinn, den wir bevorzugen. Obwohl diese unterschiedlichen Lernbedürfnisse Motivation und Lernerfolg maßgeblich beeinflussen, finden sie in den weiterführenden Schulen wenig Beachtung. Unterricht ist nach wie vor schwerpunktmäßig auf das Zuhören ausgerichtet. Zu sehen gibt es außer ein paar Bildern vorwiegend Texte bzw. Zahlen. Etwas anfassen, ausprobieren und selbst tun oder sich beim Lernen bewegen, dürfen Kinder fast nur in der Grundschule.

Schauen wir uns die einzelnen Wahrnehmungskanäle genauer an und verbinden wir damit effektive Lernstrategien.

Der *auditive Wahrnehmungskanal* wird bedient, wenn Kinder zuhören. Besonders gut gelingt dies, wenn der Lernstoff mit Geschichten illustriert bzw. wenn er in hörbare Bilder umgewandelt wird. So können auditiv orientierte Lernende besonders gut Hörbücher aufnehmen. Zum auditiven Lernen gehört auch das Sprechen: Auditiv geprägte Kinder merken sich Inhalte besonders gut, wenn sie sie anderen erzählen – in der Gruppe, zu Hause den Eltern, einfach nur ihrer Katze oder wenn sie zum Beispiel Vokabeln laut sprechen und sie hörend verankern. Denn viele auditive Kinder lernen und denken über das Sprechen. Das sind Kinder, die sich in der Schule melden und dann die Antwort nicht sofort parat haben, sondern sie erst beim Sprechen entwickeln. Sie denken während des Redens. Solange Eltern und Lehrer um diese Art des Lernens nicht wissen, ordnen sie auditiv orientierte Kinder leicht als weniger intelligent ein.

Der *visuelle Wahrnehmungskanal* wird bedient, wenn Kinder im Unterricht über Filme, Fotos oder Bilder lernen können. Oder wenn Lehrer mit bunten Schaubildern und Symbolen arbeiten. Zu Hause können sich die Kinder Mind-Maps machen. Auch gut für visuell Orientierte: Arbeitsblätter mit Leuchtstiften markieren, ihre Hefte bunt und übersichtlich anlegen, Zeichnungen machen. Kinder, die eine Vorliebe für das visuelle Lernen haben, können in einer Klassenarbeit zum Beispiel genau wiedergeben, dass die richtige Antwort im Buch auf Seite 47 links oben steht.

Außerdem gibt es die wunderbaren Kinder, die Eltern und Lehrer manchmal in den Wahnsinn treiben, weil sie sich nicht still halten können. Sie müssen alles anfassen, um es zu begreifen, und pflegen ihre Kontakte auch noch während des Unterrichts quer über das Klassenzimmer hinweg: Das sind die Kinder mit *kinästhetisch orientiertem Wahrnehmungskanal*. Sie haben es in der Schule am schwersten, denn: Was können sie da schon anfassen? Wann können sie schon herumlaufen und sich frei bewegen? Im Frontalunterricht wird ihnen ihr wichtigster Lernkanal gekappt. Damit sind Lernschwierigkeiten quasi vorprogrammiert.

Wenn Sie einen Kinästheten zu Hause haben, der beim Lernen nicht still sitzen kann, sollten Sie als Eltern umso mehr für Ausgleich sorgen: Lassen Sie ihn beim Vokabellernen und beim Einmaleins-Abfragen um den Tisch laufen, auf den Stuhl steigen oder damit hin- und herkippeln. Rauben Sie ihm nicht seine beste Lernstrategie! Wenn die Kinder erfahren, dass es weder unerlaubt noch unerwünscht ist, wenn sie während des Lernens herumgehen oder mit einem Ball trippeln, dann fällt ihnen oft ein Stein vom Herzen. Denn bisher sind sie ermahnt worden, wenn sie so gelernt haben, wie sie es am besten können.

Viele Lern- und Motivationsprobleme haben ihre Ursache darin, dass Kinder sehr einseitig lernen und dass der visuelle und der kinästhetische Wahrnehmungskanal meist viel zu kurz kommen. Wünschenswert wäre daher, dass in allen Schulen multisensorisch gelernt wird, also mit allen Sinnen. Ganzheitlich eben. Denn der Lernstoff wird umso leichter aufgenommen und wieder abgerufen, wenn er möglichst vielfältig erfahren und abgespeichert wurde. Wir können uns das vorstellen wie ein Wäschestück auf der Leine: Hängt der Pulli nur an einer Wäscheklammer, liegt er beim nächsten Windstoß am Boden. Wird er dagegen mit mehreren Klammern befestigt, passiert auch dann nichts, wenn eine Klammer ausfällt.

So dürfen wir Kinder ermutigen, ihre Lernpräferenzen auszunutzen und ihren ganz eigenen Lernweg zu finden. Gerade in Stresssituationen ist dies eine leichte Art des Lernens. Gleichzeitig ist es von Vorteil, wenn die Kinder immer mehr dahin geführt werden, multisensorisch zu lernen. Je mehr sie das tun, desto mehr spurt sich diese Art zu lernen im Gehirn ein – mit allen Vorteilen, die es mit sich bringt.

TOP OF THE WEEK – LERNERFAHRUNGEN TEILEN

Um den eigenen Lernweg zu finden, braucht es Inspiration: Was gibt es überhaupt alles an Möglichkeiten?

»Top of the week« nennt der Schulleiter Andreas Müller eine sehr schöne Methode, bei der Schüler ihr Lernstrategie-Repertoire beständig erweitern können: Einmal pro Woche stellen sie in ihrer Klasse ihre persönliche »Erkenntnis der Woche« vor: eine Sache, mit der sie einen Schritt weitergekommen sind, oder eine Anforderung, die sie erfolgreich bewältigt haben. Dabei geht es nicht nur um das Was, sondern auch um das Wie, also den Weg dahin: wie sie vorgegangen sind, welche Lerntechnik sie angewendet haben, welche Probleme aufgetreten sind und wie sie sie bewältigt haben. All das ist wichtig: Sie zeigen den anderen, was funktioniert hat und was nicht. So coachen und ermutigen sich die Schüler gegenseitig, indem sie demonstrieren: So kann es gehen! Lernen klappt! Gleichzeitig erleben sie sich als kompetent. Und ihre Lernlustkurve geht nach oben.

LERNLUSTKILLER 8:

UNZUREICHENDE HIRNNAHRUNG

»Ich kann mich einfach nicht konzentrieren!«

Haben Sie sich schon einmal über Ihren Rechner geärgert, weil es so lange gedauert hat, ehe Sie endlich die nächste Aktion starten konnten? Oder wenn Sie sich ein neues Programm oder Spiel gekauft haben und es war einfach nicht zum Laufen zu bekommen, weil es die Kapazität Ihres Rechners überstieg? Jeder von uns, der schon mehr als einen Computer besessen hat, kennt den Unterschied zwischen einem langsamen, leistungsschwachen und einem schnelleren, leistungsstärkeren Modell. Sobald Sie einmal auf mehr »Rechner-PS« umgestiegen sind, wollen Sie nie wieder mit dem langsameren Modell arbeiten, denn damit macht es einfach keinen Spaß mehr.

Lassen Sie uns das Gehirn einmal mit der Hardware eines Rechners vergleichen, auf dem die Software – in unserem Fall die Lernprozesse – laufen: Gute Leistungen des Gehirns sind möglich, wenn seine Hardware gut ist. Höchstleistungen dagegen gibt es nur dann, wenn die Hardware exzellent ist und wenn der Besitzer damit auch richtig umgeht. Bei unserem Rechner ist uns das sonnenklar; beim Gehirn dagegen machen wir es uns selten bewusst.

Schon bei der Geburt besitzt das Gehirn eines Kindes eine bestimmte Grundstruktur, die zum einen genetisch festgelegt ist, zum anderen durch die ersten »Umwelt«-Erfahrungen im Mutterleib ausgeprägt wurde. Am genetischen Bauplan können wir nicht viel ändern, doch im Gegensatz zum Computer ist unser Gehirn kein starres Gebilde, sondern flexibel und formbar. Wir sprechen daher von der Neuroplastizität des Gehirns. Je nachdem, wie wir es gebrauchen, verändert und entwickelt sich unser Hirn zum Besseren oder zum Schlechteren. Es liegt an uns, positiven Einfluss auf diese Hardware Gehirn auszuüben – etwa, indem wir den Kindern eine anregende Lernumgebung und begeisternde Lernmöglichkeiten bereitstellen. Daneben gibt es allerdings noch eine ganze Reihe weiterer Wirkfaktoren, die wir vor lauter pädagogischer Förderung oft gar nicht im Blick haben. Zu diesen unbeachteten Faktoren gehören die Nährstoffe, die wir unserem Gehirn zur Verfügung stellen, damit es eine anständige Hardware ausbilden kann und die Stoffwechselprozesse im Gehirn gut laufen. Ist das Baumaterial eines Rechners minderwertig, gibt es schon bald einen Reklamationsfall und wir beschweren uns beim Händler über die Mängel. Beim Lernen heißen diese Reklamationen »Lernschwierigkeiten«. Konkret: Lernunlust, Konzentrationsmangel, Merkschwierigkeiten, Schlafstörungen, Schulangst usw.

OHNE RICHTIGEN TREIBSTOFF KOMMT MAN NICHT VOM FLECK

Zum 18. Geburtstag bekam ich von meinen Eltern mein erstes Auto geschenkt. Es war ein süßer, kleiner, gebrauchter VW Polo in Silber. Was war ich stolz auf ihn! Mein Vater erklärte mir alles und wies mich darauf hin, dass ich demnächst mal tanken müsse. Und er sagte mir auch, was zu tanken sei. Irgendwann fuhr ich dann zur Tankstelle – und hatte ein Problem: Drei Säulen vor mir und die Frage: Welche nimmst du jetzt? Die rechte, die linke oder die mittlere? Ich hatte keinen blassen Schimmer!

Meine Eltern konnte ich nicht fragen, sie waren nicht erreichbar. Und den Tankwart zurate ziehen? – Nein! Über mein Auto entscheide ich selbst! Kann doch nicht so schwer sein! Eines wusste ich immerhin noch: Benzin war es nicht, was ich tanken sollte. Blieben noch Super und Diesel. Ich fand: Diesel klingt gut. Um die Geschichte abzukürzen: Diesel habe ich getankt – Super wärs gewesen! Mein Auto tuckerte dann noch eine Weile keuchend vor sich hin, und als ich zu Hause in den Hof fuhr, gab es seinen Geist auf. Es gab keinen Mucks mehr von sich.

Wie für das Auto gilt auch für unser Gehirn die Frage: Welchen Treibstoff brauchen wir, damit der Motor im Kopf läuft? Oder anders gefragt: Welche Nährstoffe müssen wir tanken, damit unser Gehirn maximal funktionstüchtig ist und nicht nur keuchend vor sich hintuckert?

Jeder Autofahrer weiß: Ein Motor, der auf Superbenzin ausgelegt ist, läuft eben nur gut, wenn Super getankt wird, ein Benziner braucht Benzin und ein Dieselmotor schluckt einzig Diesel. Aber ich wusste es in diesem Moment nicht besser. Und genau diese Schwierigkeit liegt vielen Lern- und Motivationsproblemen zugrunde: Wir versorgen das Gehirn mit dem falschen Treibstoff – weil wir es nicht besser wissen.

Immer wieder werde ich nach Lerntricks und effektiven Lernmethoden gefragt. Das sind sicherlich wichtige Fragen. Aber was nützen uns die raffiniertesten Lerntechniken, wenn im Gehirn die physiologischen Voraussetzungen dafür fehlen? Da können wir die Kinder büffeln und pauken lassen, solange wir wollen, da können wir schimpfen, Druck ausüben und Hausarrest verhängen – wir ruinieren dabei nur unsere Nerven!

VON NICHTS KOMMT NICHTS

Lange Zeit wurde die Frage, inwieweit sich unsere Ernährung auf die Leistungsfähigkeit unseres Gehirns auswirkt, von der Wissenschaft vernachlässigt. Man sah keine Notwendigkeit, Kinder mit Lern- und Motivationsproblemen auf ihre Ernährung hin zu untersuchen. Vielmehr ging man selbstverständlich davon aus, dass eine Grundversorgung ausreichte, damit das Gehirn einwandfrei funktioniert. Und solange der Mangel nicht offensichtlich war, wurde man nicht tätig. Dies änderte sich erst vor wenigen Jahren, als die ersten wissenschaftlichen Studien herausfanden, dass sich durch ein Plus an bestimmten Nährstoffen die Leistungsfähigkeit des Gehirns verändert. Der Hirnforscher Martin Korte beantwortet die Frage »Kann man Klugheit essen?« mit einem eindeutigen »Ja«. Eine gehirngerechte Ernährung trägt dazu bei, dass sich das Gehirn optimal entwickelt und die physiologischen Vorgänge wie am Schnürchen klappen.

Während sich ein extremer Nährstoffmangel durch sichtbare Symptome klar und deutlich zeigt, bleibt ein marginaler Nährstoffmangel meist unerkannt. Kein Wunder, ist doch der Zusammenhang zwischen Ernährung und Lernerfolg bei Eltern und Lehrern immer noch viel zu wenig bekannt – so wie die körperlichen Aspekte des Lernens in unserer Bildungslandschaft überhaupt noch nicht genügend beachtet werden. Wenn ein Kind Lern- oder Motivationsprobleme hat, denkt kaum jemand an eine Mangelversorgung. In den meisten Fällen gehen wir daher erst einmal davon aus, dass es am Willen der Kinder liegt (»Der könnte doch, wenn er wollte!«). Oder Eltern äußern die Vermutung, dass es eben an Intelligenz mangle (»Sie ist halt einfach nicht so begabt wie ihr Bruder.«). In vielen Fällen ist das ein fataler Irrtum, der den Kindern aus Unwissenheit die Entfaltung ihres Potenzials verwehrt!

Betrachten wir unser Gehirn einmal näher, um die Wichtigkeit einer optimalen »Gehirnernährung« zu verstehen:

SO FUNKTIONIERT UNSER GEHIRN

Unser Gehirn besteht aus 100 Milliarden Nervenzellen, den sogenannten Neuronen. So ein Neuron ähnelt einem Baum, der viele verzweigte Äste besitzt, die Dendriten und die Axone, die wir uns wie Kabel vorstellen können. Wenn wir etwas lernen, nehmen wir Information über unsere Sinnesorgane auf: das, was uns der Lehrer über das Römische Reich erzählt, über das Ohr – die Tafelanschrift oder den Text im Buch über das Auge. Die Informationen rasen nun mithilfe schwacher Stromimpulse durch die Kabel unseres Gehirns, von einer Nervenzelle zur nächsten. Diese »Kabel« sind sozusagen unsere Datenautobahnen. Wann war noch mal der Dreißigjährige Krieg? Und wie heißt gleich wieder die Hauptstadt von Nigeria? Dabei muss der elektrische Impuls ein Hindernis bewältigen: Von einer Nervenzelle zur nächsten gibt es einen winzigen Spalt, die Synapse. Diese Lücke bis zur nächsten Nervenzelle müssen unsere Daten überwinden, sonst klappt es mit dem Lernen nicht. Sobald ein elektrischer Impuls an der Grenze der Nervenzelle ankommt, werden dort kleine Bläschen mit einem Botenstoff, dem sogenannten Neurotransmitter, freigesetzt. Diese transportieren nun die Daten zur nächsten Nervenzelle. Dann erst kann die Information weiterfließen, das heißt, das Kind kann etwas Neues lernen oder etwa Gelerntes abrufen.

Jedes Neuron kann mit bis zu 15 000 weiteren Neuronen verbunden sein, sodass unser Gehirn in Wirklichkeit ein ganzes Netz aus Nervenzellen ist, die miteinander in Kontakt stehen. Je mehr dieser Verbindungen wir haben, desto leichter fällt das Lernen, das Denken, Merken und Erinnern. Wird eine Information immer wieder durch dieses Netz geschickt, verstärken sich die neuronalen Netze bzw. die Synapsen, und die Informationen können schneller fließen. Die Neuronen »kennen« sich bereits und die Kommunikation zwischen ihnen geht schneller. Wir können uns das vorstellen wie einen Weg durch hohes Gras: Je öfter wir ihn gehen, desto ausgetretener und breiter wird der Pfad nach einiger Zeit und umso leichter kommen wir hindurch.

DAS BRAUCHT DAS GEHIRN, UM GUT ZU LERNEN

Damit die Daten möglichst rasch und ungehindert durch unser Gehirn fließen können (sie tun das mit einer sagenhaften Geschwindigkeit von 500 km/h!), müssen im Gehirn mehrere Bedingungen erfüllt sein:

1. Die »Kabel« (Axone) müssen gut »isoliert« sein, damit sie eine hohe Leitgeschwindigkeit haben; nur so können die Informationen auch schnell vorankommen. Diese Isolierung erfolgt durch eine dichte Schicht, die sogenannte Myelinschicht, die aus hochwertigen Fetten besteht. Führen wir diese dem Gehirn in ausreichendem Maße zu, können wir die Denkgeschwindigkeit enorm erhöhen. Nehmen wir dagegen die falschen Fette auf, stören wir die Weiterleitung der elektrischen Impulse und blockieren den Lernprozess. Dann sitzen die Kinder in der Klassenarbeit und tun sich schwer, sich an bestimmte Formeln oder Vokabeln zu erinnern.

2. Damit die Informationen fließen können, müssen zudem genügend Transmitterstoffe vom Körper gebildet werden. Dafür sind hochwertige Eiweiße nötig, die ebenfalls mit der Nahrung aufgenommen werden.

3. Die Synapsen müssen schnell und zuverlässig arbeiten, das heißt, die Nachricht, die von der »Sendestation« der einen Gehirnzelle losgeschickt wird, muss von der »Empfängerstation« (= Rezeptor) der zweiten Gehirnzelle rasch aufgenommen werden. Dafür müssen die Nervenzellen flexibel und genügend durchlässig sein.

Sind diese drei Bedingungen erfüllt, wird das Gehirn extrem leistungsfähig. Wir können das vergleichen mit unserem leistungsstarken Computer. Das Arbeiten mit ihm macht Spaß, Programme funktionieren reibungslos, Funktionen können schnell aufgerufen werden, und wir surfen im Internet ohne Wartezeit. Wie bei einem blitzgescheiten Gehirn eben. Doch wenn das Gehirn nicht optimal ernährt wird, ist das Lernen mühsam. Es dauert, bis Daten abgerufen und gespeichert werden und – analog zum Rechner – gibt es manchmal unerwartete Abstürze. Da kann einem die Lust am Lernen rasch vergehen.

Wie wir den Rechner regelmäßig warten, so müssen wir auch für die »Hardware« unseres Gehirns sorgen. Sie kann nur so gut sein wie die Nährstoffe, die wir ihr täglich zuführen. Für den Bau von Neurotransmittern benötigen wir Aminosäuren. Auch die Sende- und Empfängerstationen der Synapsen (Rezeptoren) müssen sich immer wieder neu aufbauen; sie bestehen aus vielen essenziellen Fettsäuren, aus Phospholipiden und aus Aminosäuren. Und für die Isolierung der Nervenzellen, die Myelinschicht, benötigt das Gehirn Omega-3-Fettsäuren. Bereits bei einem minimalen Nährstoffmangel kann das Gehirn nicht optimal arbeiten. Wir leiden dann nicht gleich unter einer Demenz, aber die Prozesse im Gehirn gehen dann langsamer vonstatten. Wenn ein Neurotransmitter fehlt, kann ein elektrischer Impuls nicht fließen. Dann nützt es auch nicht viel, wenn Ihr Kind stundenlang angestrengt übt. Oder wenn Sie es ermahnen, sich doch endlich zu konzentrieren. So wie bei Florian: Seine Mutter übte mit ihm tagelang eine Nachschrift, bis er sie beherrschte. Im Test hatte er – bei identischer Aufgabe – dennoch 17 Fehler. Auch Lust- und Antriebslosigkeit beim Lernen können mit einem unerkannten Mangel an Vitalstoffen zusammenhängen.

MÖGLICHE URSACHEN FÜR NÄHRSTOFFMANGEL IM GEHIRN

Wenn Sie sich fragen, ob bei Ihrem Kind womöglich ein versteckter Nährstoffmangel vorliegt, kann Ihnen diese kleine Checkliste helfen, dem Problem auf die Spur zu kommen:

Fertignahrung aus Zeitmangel

Wenn beide Eltern voll berufstätig sind, machen industriell verarbeitete Lebensmittel oft einen erheblichen Teil der Ernährung aus, weil die Eltern unter der Woche oft nicht genug Zeit haben, frisch zu kochen.

»Ich hasse Gemüse! Ich nehme lieber Pommes!«

In den letzten Jahren war ich im Rahmen unserer »Lern(t)räume-Ferienseminare« oft mit Kindern und Jugendlichen in Jugendherbergen. Dabei achteten wir bei der Auswahl der Seminarorte immer besonders auf eine gesunde Küche. So gab es fast immer ein großes Salatbuffet und viel Obst. Dreimal dürfen Sie raten, was die Kinder in dieser Woche so gut wie *nicht* gegessen haben. – Genau: Obst und Salat. Was dagegen der Renner war: Reis, Nudeln, Pommes, Klöße, Fleisch, Brötchen und Wurst. Die Vitamine ließ man links liegen. Kein einziges Kind kam auf die von Gesundheitsexperten empfohlenen fünf Portionen Obst und Gemüse am Tag. Viele Eltern bestätigten uns dann später, dass das zu Hause ähnlich abläuft. Da kann das Hirn auf Dauer nur Alarm schlagen!

Obst und Gemüse – richtige Vitaminbomben?

Unsere Böden sind durch intensiven Ackerbau oft ausgelaugt. Sie liefern uns Nahrungsmittel, in denen nur noch wenige Vitalstoffe vorhanden sind, dafür aber umso mehr Schwermetalle aus Pestiziden, die dem Gehirn enorm zu schaffen machen. Zudem kommen Obst und Gemüse oft aus Übersee und haben einen langen Transportweg hinter sich. Es wird noch unreif geerntet, wodurch die immens wertvollen sekundären Pflanzenstoffe verloren gehen. So kommt es zu großen Vitalstoff-Verlusten auf dem langen Weg vom Feld in den Magen.

Vitalstoffräuber Stress

Kinder, die die Schule immer wieder als überfordernd erleben, die ihr Lernpensum kaum schaffen oder zum Beispiel unter Schulängsten leiden, haben in der Regel einen stark erhöhten Verbrauch an Vitalstoffen. Wenn wir mit unserem Auto dauerhaft bergauf fahren, ist der Spritverbrauch verständlicherweise höher. Und wenn dann der Motor streikt, können wir entweder für Treibstoff sorgen oder aussteigen und anschieben – sprich: Druck machen. Das kostet uns Eltern aber enorme eigene Energien – und bringt das Auto trotzdem nicht richtig in Fahrt.

WIE ERNÄHRT SICH UNSER GEHIRN AM LIEBSTEN?

Kohlehydrate – Kraftstoff für das Gehirn

Etwa ein Viertel aller Kinder geht ohne Frühstück zur Schule. Das Problem dabei: Unser Gehirn ist ein Energiefresser. Es macht nur zwei Prozent unseres Körpergewichts aus, verbraucht aber fast ein Viertel der gesamten Energie. Diese holt es sich aus den Kohlehydraten in Form von Glukose (Zucker). Dabei muss man wissen, dass die Nervenzellen im Unterschied zu normalen Körperzellen keine Glukose speichern können. Sie verlangen permanent nach Nachschub. Ohne Frühstück fehlt aber der Nachschub und das Gehirn ist nicht leistungsfähig. Es arbeitet also auf Sparflamme: Die Kinder sind müde, können sich nicht richtig konzentrieren und im Unterricht nicht gut aufpassen.

Wenn auch Ihr Kind zu den Frühstücksverweigerern gehört: Geben Sie ihm eine Box mit »Kleinteilen« mit. Das können Erdbeeren, Apfelstücke, Mandarinenspalten, Trauben, Karottenscheiben und Nüsse sein oder auch belegte Mini-Häppchen aus Vollkornbrot. Etwas, was sich Ihr Kind im Lauf des Morgens mal so nebenbei – im Bus, vor dem Unterricht oder zwischen den Stunden – schnell mal in den Mund schieben kann. Das hilft dem Gehirn, und so kann man Kinder auch langsam an ein kleines Frühstück heranführen. Wie und wo sie es zu sich nehmen, spielt dabei nur eine untergeordnete Rolle. Hauptsache, das Gehirn leidet keinen Kohlehydrat-Hunger.

Das zweite Problem heißt: falsche Kohlehydrate. Kinder haben in der Schule oft ein Pausenbrot dabei, das auf das Gehirn wirkt wie eine Schlaftablette: Brötchen aus Weißmehl, süße Müsliriegel, manchmal auch Limonade. Oder sie kaufen sich am Kiosk eine warme Leberkässemmel. Der in all diesen Produkten enthaltene Einfachzucker lässt den Blutzuckerspiegel schnell nach oben schießen. Das alarmiert augenblicklich die Bauchspeicheldrüse, die sofort mit einem Schwall an Insulin antwortet, der den Zuckerüberschuss sehr schnell in die Körperzellen schleust und auch in die Nervenzellen. So ist das Gehirn erst einmal prima versorgt und kann wieder arbeiten. Schon nach wenigen Minuten fällt der Blutzuckerspiegel allerdings wieder rapide ab, und mit der Energie des Kindes geht es ebenfalls steil bergab: Es wird müde und kann sich nicht mehr auf die Ausführungen des Lehrers oder die Aufgaben im Heft konzentrieren. Wenn sich das Gehirn aus dem Blut Nachschub an Glukose holen will, findet es dort nichts mehr. Es gerät in einen Notstand, fährt auf Sparflamme und kann nicht mehr voll arbeiten.

Lehrer können diesen Weißmehl-Effekt oft einige Zeit nach der Pause beobachten. Dasselbe Phänomen erleben Eltern, wenn das Kind zum Mittagessen einen Teller Spaghetti mit Tomatensoße oder Schweinebraten mit Knödeln isst: Es fällt anschließend ins »Suppenkoma«, statt Energie und Lust für die Hausaufgaben zu haben.

Was also ist die Lösung? Unser Gehirn braucht Energie, wir benötigen jedoch eine Form von Zucker, die langsam, dafür aber stetig ins Blut tröpfelt. Dies sind langkettige Kohlehydrate, Mehrfachzucker mit einer geringen sogenannten glykämischen Last. Im Gegensatz zu Einfachzuckern wie Weißmehlprodukten oder Süßigkeiten müssen sie im Darm erst einmal aufgespalten werden. Das dauert. So gelangen sie nicht alle auf einmal, sondern tröpfchenweise ins Blut. Solche »glücklichen« Kohlehydrate wie zum Beispiel Vollkornbrot, Vollkornnudeln, Vollkornreis und Obst lassen den Blutzuckerspiegel langsam ansteigen. Die Gehirnzellen haben für längere Zeit Nachschub und können ohne Auf und Ab effektiv und kontinuierlich arbeiten.

Natürlich spricht nichts dagegen, wenn Sie Ihrem Kind zum Mittagessen sein Lieblingsnudelgericht kochen. Aber bitte erwarten Sie dann nicht, dass es anschließend Hochleistung bringt. Lassen Sie es dann einfach zwei Stunden Pause machen. Und erinnern Sie sich bitte daran, was Sie selbst nach einem kohlehydratreichen Mittagessen am liebsten tun würden: Sie sehnen sich nach einem Mittagsschläfchen. Um zu vermeiden, dass Ihr Energie-Level stark absinkt, trinken Sie dann einen Espresso oder einen Kaffee. Stimmt's? Und was geben Sie Ihrem Kind, um sich zu pushen? Nichts? – Na, sehen Sie!

Um genügend Lernpower zu erhalten, brauchen wir neben langkettigen Kohlehydraten vor allem Eiweiß. Dann ist das Hirn blitzschnell wieder auf Draht. Tappen Sie dabei nicht in die Traubenzuckerfalle! Traubenzucker gibt Ihrem Kind sehr schnell Energie, die aber nach wenigen Minuten noch tiefer in den Keller saust als schon zuvor. Nur am Schluss einer Prüfung, wenn sich das Kind nicht mehr konzentrieren kann, kann Traubenzucker auch einmal als Notlösung eingesetzt werden.

Eiweiß – der Baustoff für die Botenstoffe

Eiweiß besteht aus einzelnen Bausteinen, den Aminosäuren. Sie sind für ein leistungsfähiges Gehirn unentbehrlich, denn aus ihnen werden (zusammen mit ungesättigten Fettsäuren, Vitaminen und Mineralstoffen) die Neurotransmitter gebildet. Einige Botenstoffe sind »Lernexperten« und spielen daher am Schreibtisch eine Hauptrolle:

Adrenalin und Noradrenalin – die Wachmacher

Sie ermöglichen Höchstleistungen und helfen dem Kind durchzuhalten. Die beiden Wachmacher erhöhen zudem die Reaktionsgeschwindigkeit und schärfen die Aufmerksamkeit.

Dopamin – der Motivationsexperte

Dopamin ist ein Muntermacher und Kreativitätsmeister und macht zufrieden. Ist er beim Lernen in großer Konzentration vorhanden, werden wir regelrecht »süchtig« danach: Dann macht Lernen Spaß, und wir verlangen nach mehr.

Serotonin – der Glücksbringer

Serotonin verbessert die Stimmung Ihres Kindes und sorgt dafür, dass es sich wohlfühlt und glücklich ist. Zugleich wirkt es beruhigend, es führt daher zu entspannter Stimmung beim Lernen und wirkt Prüfungsängsten entgegen. Es hilft dem Kind beim Ein- und Durchschlafen. Zudem steigert es die Konzentration, Merk- und Denkfähigkeit.

Acetylcholin – der Gedächtnisspezialist

Acetylcholin schärft das Gedächtnis Ihres Kindes, das heißt, es hilft ihm, sich Lernstoff einzuprägen oder ihn wieder abzurufen. Es erhöht die Konzentration und Wachheit.

Nur einen Teil der Botenstoffe kann unser Körper selbst herstellen. Soll er genug davon erzeugen können, müssen wir die Bausteine dafür (Aminosäuren) in ausreichend großer Menge über die Nahrung aufnehmen. Top-Protein-Lieferanten für eine optimale Gehirnernährung sind in folgenden Lebensmitteln zu finden:

> *Fisch und Fleisch:*
  Huhn, Lachs, Kabeljau
> *Milch und Milchprodukte:*
  Eier, Joghurt, Hüttenkäse
> *Getreide und Hülsenfrüchte:*
  Tofu, Quinoa, Erbsen, Bohnen, Linsen, Kichererbsen, Mais, Vollkornreis
> *Nüsse und Samen:*
  Sonnenblumenkerne, Cashewnüsse, Mandeln, Kürbiskerne
> *Gemüse:*
  Brokkoli, Spinat

Achten Sie darauf, dass sowohl das Pausenbrot Ihres Kindes als auch das Mittagessen wertvolle Eiweiße enthalten. Allerdings wird es sich in der Klassenarbeit allein deshalb nicht gleich an die Lateinvokabeln erinnern können. Eiweiße bestehen aus Aminosäureketten. Damit sie durch die Darmschleimhaut und später ins Gehirn gelangen können, müssen sie im Darm erst einmal zerschnitten werden. Sind sie sehr lang, dauert auch der Weg ins Gehirn lange. In Hochleistungssituationen wie Tests ist es daher ratsam, zu kurzkettigen Eiweißen zu greifen. Mit den richtigen

Eiweißen wird ein Blackout unwahrscheinlicher. Geben Sie Ihrem Kind zum Beispiel auch ein Quarkdessert mit Obst oder einen Milch- oder Sojashake mit Banane, Himbeeren oder Ananas. Das gibt »Brain-Power«, denn diese Aminosäuren kommen innerhalb kurzer Zeit im Gehirn an.

Fettsäuren – die Hülle für die Nervenzellen

Unser Gehirn besteht zur Hälfte aus Fett. Bausteine aller Fette sind die Fettsäuren, die es als Baumaterial für die Zellmembran und als »Schmiermittel« benötig. Doch Fett ist nicht gleich Fett. Es gibt Fette, die das Lernen hemmen, und Fette, die das Lernen leichter machen.

Fette, die unser Hirn liebt und die ein leichtes Lernen ermöglichen, sind ungesättigte Fettsäuren. Sie sind für den Aufbau der Nervenmembranen zuständig, machen sie durchlässiger und flexibler. Was uns häufig fehlt, sind vor allem die mehrfach ungesättigten Omega-3-Fettsäuren. Sie verbessern den Sauerstoffaustausch und den Nährstofftransport zwischen den Nervenzellen. Mehrere wissenschaftliche Studien haben gezeigt, dass die Weiterleitung der Informationen von Nervenzelle zu Nervenzelle durch eine regelmäßige Gabe von Omega-3-Fettsäuren bei Schülern wesentlich schneller erfolgt und das Konzentrieren und Lernen dann viel leichter fallen. Omega-3-Fettsäuren sind in großen Mengen in Algen enthalten und werden über die Nahrungskette von den Fischen aufgenommen. Besonders in Kaltwasserfischen wie Makrele, Lachs und Hering finden wir sie. Aber auch in Raps-, Walnuss- und Leinöl.

Daneben gibt es Fette, die das Lernen hemmen und verlangsamen, ja regelrecht blockieren. Dies sind vor allem Transfettsäuren. Sie entstehen, wenn ungesättigte Fettsäuren (Öle) bei zu hohen Temperaturen erhitzt werden. Sie sind aber auch in gehärteten Fetten zu finden (Margarine, Frittierfette). Transfettsäuren werden direkt ins Gehirn transportiert, nehmen dort den

Platz der gesunden und lernfördernden Omega-3-Fettsäuren ein und behindern damit die Informationsverarbeitung. Transfettsäuren finden sich leider in vielen Lieblingsspeisen von Kindern: in Burgern, frittierten und panierten Speisen, zum Beispiel im Wiener Schnitzel oder in Pommes, in frittierten Meeresfrüchten, Schmalz, fetter Wurst, Croissants, Donuts, Krapfen, Chips usw. All diese ungünstigen Fette zu vermeiden oder zumindest zu verringern, erhöht den Lernerfolg.

Vitamine – die fleißigen Helfer

Im Grunde sind alle Vitamine und Mineralstoffe in irgendeiner Form an der Gehirnfunktion beteiligt. Insbesondere die B-Vitamine (B1, B2, B3, B5, B6, B12 sowie Folsäure und Biotin) wirken wie »Zündkerzen fürs Gehirn«[38], denn sie sind an der Synthese der Neurotransmitter und Fettsäuren entscheidend beteiligt. Hat der Körper zum Beispiel zu wenig B1 (Thiamin), klagen wir über Schlafstörungen und ein schlechtes Gedächtnis. Fehlt ihm B5, so kann der Gedächtnisbote Acetylcholin nicht hergestellt werden und unser Gedächtnis streikt. Bei einem Mangel an B9 (Folsäure) funktioniert die Sauerstoffversorgung im Gehirn nicht mehr richtig und das Kind kann sich nicht konzentrieren und fühlt sich müde statt leistungsfähig. Die sogenannten Nervenvitamine sind besonders in Fleisch, Vollkorngetreide und Brauereihefe (es gibt sie als Bierhefeflocken zu kaufen), aber auch in grünem Blattgemüse wie Feldsalat, Endiviensalat oder Spinat sowie in Bohnen, Bananen, Weizenkeimen und Eiern enthalten. Da die B-Vitamine wasserlöslich sind, sind sie nicht sehr haltbar. Bei geringer Aufnahme kann es innerhalb von nur wenigen Wochen zu einem Vitaminmangel kommen.

Mineralstoffe und Spurenelemente

Damit der Hirnstoffwechsel reibungslos funktioniert, brauchen wir Mineralstoffe und Spurenelemente. Für das Gehirn spielen vor allem die Mineralstoffe Magnesium und Eisen sowie die Spurenelemente Jod und Zink eine Rolle.

Eisen, Zink und Magnesium sind an der Bildung von Neurotransmittern beteiligt. Sind sie in zu geringen Konzentrationen vorhanden, schränkt dies unsere geistigen Fähigkeiten ein. Jod ist wichtig für das Wachstum und die Reifung des Gehirns.

Magnesium erhalten die Kinder, wenn wir ihnen Vollkornbrot, Milchprodukte, Kartoffeln, Hülsenfrüchte, Nüsse, Beeren und Bananen geben. Eisen ist in rotem Fleisch, in Hirse und Hülsenfrüchten reichlich enthalten. Jod nehmen wir über Meeresfische auf und Zink steckt in Milch, Eiern Hülsenfrüchten, Haferflocken und Rindfleisch.

Lernerfolg ist also nicht nur eine Sache der Gedächtnistechniken, der Übung und Wiederholung, sondern auch ein biochemisches Phänomen. Erst wenn genügend und die richtigen Nährstoffe (mehrkettige Kohlehydrate, Aminosäuren und ungesättigte Fettsäuren) sowie Hilfsstoffe (Vitamine und Mineralien) vorhanden sind, können Nervenimpulse schnell und reibungslos weitergeleitet werden. Nur dann kann man gut und leicht lernen. Brainfood ist nicht nur legales Gehirndoping, sondern die Grundlage allen Lernens. Der Keller des Lernhauses ist bei vielen Kindern wackelig und instabil. Dass darauf kein stabiles und großes Haus gebaut werden kann, steht außer Frage. Fangen wir mir der Lernlust also in der Baugrube an!

Fazit:
Was nicht in die Wurzel geht, geht nicht in die Krone.
(Friedrich Georg Jünger)

UND WENN MEIN KIND KEIN GEMÜSE MAG?

Was aber, wenn mein Kind keine Lust hat auf Vollkornnudeln, Gemüselasagne und Tofuschnitzel? Das Problem kenne ich! Es gibt ein paar Tricks, wie man geschickt damit umgehen kann. Dabei gilt: Stellen Sie auf keinen Fall von jetzt auf gleich die komplette Ernährung um. Ihr Kind wird vermutlich streiken, und Sie machen mehr kaputt als gut. Ungünstige Essgewohnheiten sind nicht von heute auf morgen zu ändern. Es dauert, bis das Geschmacksempfinden sich verändert. Beginnen Sie Schritt für Schritt. Jedes Stück Gemüse, das Sie Ihrem Kind schmackhaft machen (oder unterjubeln?), ist ein kleiner Sieg auf dem Weg der Lernlust!

Einige Brainfood-Impulse

> Wenn Ihr Kind keinen Vollkornreis oder keine Vollkornnudeln mag, kommen Sie schon einen kleinen Schritt vorwärts, indem Sie Vollkorn- und Weißmehlnudeln bzw. weißen Reis und Vollkornreis mischen.

> Wenn Sie Nudeln aus Weißmehl und geschälten Reis auftischen, dann servieren Sie als Vorspeise einen Salat. Die Ballaststoffe stellen sich den Kohlehydraten geradezu in den Weg und lassen sie nicht so schnell in die Blutbahn. Auch Eiweiß (zum Beispiel Tofu oder mageres Fleisch) verzögert den Weg der Glukose ins Blut und verhindert einen schnellen Blutzuckeranstieg sowie hinterher den rapiden Abfall des Blutzuckerspiegels. Dann hält sich auch die zwangsläufige Müdigkeit nach dem Essen in Grenzen.

> Richten Sie tagsüber einen schönen Teller mit Obst und Gemüse in kleinen, mundgerechten Häppchen her. Bieten Sie die Speisen aber am besten nicht offensiv an, sondern platzieren Sie sie mitten auf dem Tisch. Oder stellen Sie den Teller auf den Schreibtisch Ihres Kindes. Das hat genügend Aufforderungscharakter und die Kinder greifen damit leichter danach. Das Obst macht satt und der Griff zu Süßigkeiten ist dann nicht mehr ganz so häufig.

> Essen während des Fernsehens ist grundsätzlich nicht zu empfehlen, weil dadurch beides aneinandergekoppelt wird und wir jedes Mal, wenn wir den Fernseher anmachen, sofort ans Essen denken bzw. vieles einfach in uns hineinstopfen. Nicht umsonst hat sich der Begriff »Couch-Potato« entwickelt. Aber bevor sich die Kinder Süßigkeiten und Chips holen, stellen Sie lieber einen Teller mit gesunden kleinen Snacks auf den Wohnzimmertisch. Und fordern Sie auch jetzt nicht zum Essen auf! Warten Sie einfach ab, was passiert! Und wenn die Kinder dann fragen: »Ist das für mich?«, antworten Sie bitte nicht: »Ja, das ist ganz gesund und hat ganz viele Vitamine.« Nein! Sagen Sie einfach: »Nö, das ist eigentlich für mich, aber wenn du auch was willst, geb ich dir ein Stück ab. Aber nicht so viel!« Verknappung der Güter – das wirkt! Und erfahrungsgemäß tolerieren Kinder während eines spannenden Films, den sie nicht unterbrechen möchten, manchmal Essen, das sonst für sie unter die Kategorie »Ungenießbar!« fällt. Ich hab's getestet: Es wirkt!

> Viele Kinder verweigern Gemüse, sowohl roh als auch gekocht. Verstecken Sie das Gemüse einfach in pürierten Suppen. Wenn Sie dann noch eine kleine Menge an Suppennudeln oder Reis dazugeben, kann das schon mal zu einem Lieblingsgericht werden.

> Experimentieren Sie auch mit selbst gepressten Fruchtsäften, Smoothies und Obstshakes, zum Beispiel Banane oder Himbeeren mit Kuhmilch, Sojamilch, Mandelmilch oder Hafermilch vermischt – wird gerne angenommen!

> Machen Sie Ihrem Kind einen Lernturbo vor den Hausaufgaben, zum Beispiel einen Früchtejoghurt.

> Verbieten Sie Ihrem Kind nicht die Süßigkeiten! Das macht es nur heiß darauf, und es holt sich dann seine Ration bei Freunden und Nachbarn. Kompensieren Sie den großen Süßigkeitenhunger lieber mit Obst und süßen Fruchtdrinks. Sie können zum Beispiel mit Stevia süßen. (Es gibt inzwischen viele Stevia-Produkte, die nicht mehr bitter und dennoch biologisch sind.)

> Führen Sie mit Ihrem Kind *keine* moralische Diskussionen über McDonalds und Co.! Vermutlich sind Sie Ihrem Kind argumentativ weit überlegen. Und vielleicht haben Sie am Schluss sogar das Gefühl, Sie hätten den Kampf gewonnen – aber ich möchte fast die Hand ins Feuer legen: Die Schlacht haben Sie erst einmal verloren: McDonald's arbeitet nämlich mit dem Prinzip *Lust* statt mit *Moral*. Und wenn *Lust* und

Moral sich duellieren, verliert meist die Moral. Verbieten Sie Fast Food daher nicht ganz, aber bieten Sie schmackhafte und gesunde Alternativen. Lassen Sie Ihr Kind dabei möglichst mitentscheiden. Und denken Sie dran: Jede Cocktailtomate und jedes Radieschen, das Ihr Kind probiert, ist ein kleiner Sieg!

BRAINFOOD AUS DER APOTHEKE?

Und wenn Ihr Kind dennoch zu wenig Brainfood abbekommt? Für diesen Fall hat die Pharmaindustrie bereits eine Lösung in der Tasche: Pillen. In der Tat gibt es heute eine Reihe von Medikamenten, die bei Lernproblemen helfen sollen. In Amerika ist es inzwischen gang und gäbe, dass Schüler und Studenten durch Medikamente zu besseren Lern- und Arbeitsergebnissen gepusht werden. Auch in Deutschland ist der Trend zum sogenannten Neuro-Enhancement eingezogen: Gehirndoping durch Medikamente. Immer öfter greifen auch deutsche Manager, Studenten und Eltern, deren Kinder sich beim Lernen schwertun, zu diesen Mitteln. Inzwischen werden diese auch auf dem Uni-Campus und auf Schulhöfen zu hohen Preisen gehandelt. Und die konsumierenden Schüler werden immer jünger. Der Grund dafür ist im Leistungs-, Konkurrenz- und Selektionsdruck zu suchen. Und Eltern möchten ihren Kindern helfen, mithalten zu können. So ist der Griff zur Tablette eine naheliegende Lösung. Aber wer sein Gehirn mit Medikamenten pusht, muss auch die Packungsbeilage lesen.

Nehmen wir zum Beispiel Ritalin, das sich zunehmender Beliebtheit erfreut. Es enthält den Wirkstoff Methylphenidat, der bei ADHS-Kindern als Therapeutikum eingesetzt wird.

Methylphenidat ist aber eigentlich ein Aufputschmittel, ein Wachmacher. Es bewirkt die Freisetzung von Dopamin und sorgt dafür, dass dieser Neurotransmitter nicht so schnell wieder von der Nervenzelle aufgenommen wird. Dadurch erhöht sich zum Beispiel die Aufmerksamkeit. Und natürlich geht das Lernen damit leichter. Ein anderes Lern-Medikament ist Donepezil, das eigentlich bei Alzheimer verschrieben wird. Donepezil ist allerdings ein Acetylcholinesterase-Hemmer. Das heißt, es sorgt dafür, dass der Botenstoff Acetylcholin nur langsam abgebaut wird. Somit steht er den Nervenzellen länger zur Verfügung und steigert die Konzentration und Gedächtnisleistung.

Diese Entwicklung ist mehr als bedenklich. Experten sagen voraus, dass wir in den nächsten Jahren eine »neurokognitive Revolution« ungeahnten Ausmaßes erleben werden. Dadurch wird der Druck auf alle weiter zunehmen. Der Preis, den die betroffenen Kinder zahlen, ist immens hoch. Stellen Sie sich doch einmal einen Jugendlichen vor, der sich mit Lernmedikamenten zu Höchstleistungen pusht. Welch tolles Gefühl, wenn der Körper plötzlich den Lernturbo einlegt und man einen Text viel besser versteht und schneller denkt als vorher! Wenn man nicht um Mitternacht über seinen Büchern einschläft, sondern dank Pillen noch einmal zu Höchstleistungen auffährt und durchmacht bis in die Morgenstunden! Aber das hat Auswirkungen auf das Umfeld: »Meine Güte, sind die anderen aus der Arbeitsgruppe ›Lahme Enten‹? Die checken doch gar nichts! Wie lange brauchen die eigentlich für die Hausaufgaben?« Irgendwann wird das auch laut geäußert. Werden Ritalin und Co. als Lernbeschleuniger und nicht als ADHS-Therapeutikum eingesetzt, machen sie einsam.

Und mal ehrlich: Glauben Sie, dass ein Jugendlicher, der einmal diese geistigen Höhenflüge bei sich erlebt hat, noch einmal auf sein mickriges Lernniveau von vorher zurück will? Nein! Da ist der Keim für eine psychische Abhängigkeit bereits gelegt: Mit der Pille erlebt man genau das, worauf man früher neidisch geblickt hat: Lernerfolg!

Die Steigerung der Dosis ist daher wahrscheinlicher als der Ausstieg. Und der kann sehr heftig sein und im schlimmsten Fall mehrere Monate Klinikaufenthalt kosten, um eine psychische Abhängigkeit zu bewältigen. Daher möchte ich vor Neuro-Lernmedikamenten dringend abraten, denn es gibt gesündere, langfristig bessere Alternativen!

NAHRUNGSOPTIMIERUNG IST LEISTUNGSOPTIMIERUNG

Sollte Ihr Kind nicht auf eine optimale Nährstoffversorgung kommen und Lernprobleme haben, ist vielmehr die Ergänzung der Nahrung mit Vitaminen und Omega-3-Fettsäuren eine echte Alternative. Aber bitte laufen Sie nicht gleich in die nächste Apotheke oder gar in den Discounter um die Ecke! Informieren Sie sich vorher sehr sorgfältig, bevor Sie zugreifen. Es gibt viele synthetische Vitaminprodukte auf dem Markt, die Sie am besten gleich ins Klo kippen, denn sie sind so gut wie wirkungslos. Dies gilt auch für viele Multivitaminsäfte, auch wenn sie lecker schmecken. Die Vitamine kommen in den Zellen oft nicht an. Im Gegenteil, manchmal schaden sie dem Körper mehr, als sie ihm helfen, insbesondere wenn sie als Einzelvitamine eingenommen werden. Vitamine und Mineralien kommen in der Natur immer nur im Verbund vor. Jede Karotte, jeder Apfel enthält nicht nur Vitamin C, sondern noch viele andere Vitamine und Mineralien. Sie beeinflussen sich gegenseitig und entfalten so ihre Wirkung.

Mein Tipp: Achten Sie auf orthomolekular hergestellte Produkte mit einer hohen Bioverfügbarkeit, das heißt auf solche, die Obst und Gemüse pur enthalten. Denn die beste Einnahmeform ist immer noch diejenige, die die Natur möglichst wenig verändert. Aus Obst und Gemüse werden zum Beispiel hochwertige Säfte hergestellt, die in einem besonderen nährstoffschonenden Verfahren produziert werden. Genauso empfehle ich Obst und Gemüse, das getrocknet und zerkleinert und in Kapseln abgefüllt wird. Hier gibt es inzwischen hochwertige Produkte, mit denen man die Nährstofflücken der Kinder optimal auffüllen kann.

Was Sie allerdings noch wissen müssen: Zellen, die es gewohnt sind, lange zu darben, verändern sich. Wie bei Muskeln, die nicht gebraucht werden, bilden sich hier auch die Rezeptoren zurück, die die chemischen Botenstoffe aufnehmen und für die Reizweiterleitung sorgen. Meist dauert es ein Vierteljahr, bis sich die Rezeptoren wieder so weit erholt haben, dass sie optimal funktionieren. Haben Sie also Geduld und geben Sie dem Körper ein bisschen Zeit!

Die Wirkung hochwertiger Nahrungsergänzungsmittel auf den Lernerfolg ist mittlerweile in zahlreichen Studien bestätigt. Teilweise ergaben sich in der Evaluierung um 15 Punkte erhöhte IQ-Werte, nachdem die Kinder mehrere Monate lang Nahrungsergänzungsmittel eingenommen hatten, während sich in der Vergleichsgruppe, die lediglich Placebos bekam, keine Leistungssteigerung feststellen ließ. Das bedeutet, dass Kinder in der Förderschule reif für eine normale Grundschule waren. Kinder aus der Hauptschule hatten die Möglichkeit, in die Realschule aufzusteigen.

WASSER – MEHR ALS NUR DURSTLÖSCHER

Dass der Mensch aus ca. 60 bis 80 Prozent Wasser besteht, ist hinlänglich bekannt. Aber wussten Sie auch, dass in 24 Stunden rund 1400 Liter Wasser durch unser Gehirn fließen? Also etwa zehn Badewannen voller Wasser? Diese Menge ist auch nötig, denn die meisten Vorgänge im Gehirn sind flüssige Prozesse. Das heißt: Nicht nur eine optimale Versorgung mit Nährstoffen, sondern auch ausreichend Flüssigkeit ist für das Lernen unentbehrlich. Schulkinder sollten am Tag auf zwei Liter Flüssigkeit kommen. Die meisten von ihnen sind jedoch weit davon entfernt. Ich habe Kinder erlebt, die auf dem Heimweg von der Schule ihre Trinkflasche ausgeleert haben, um zu Hause keinen Ärger zu bekommen.

Was geschieht im Gehirn, wenn Menschen zu wenig Flüssigkeit zu sich nehmen? Viele Jahre arbeitete ich als Dozentin an einem Klinikum. Dort erlebte ich immer wieder Patienten, vor allem ältere Menschen, die dehydriert waren, also zu wenig getrunken hatten. Sie waren plötzlich verwirrt und desorientiert, litten aber nicht an Demenz. Sie wussten nicht mehr, wie sie hießen, wo sie sich befanden und warum sie im Krankenhaus waren.

Wenn wir dieses klinische Beispiel auf den normalen Alltag und das Lernen übertragen, ergibt sich folgende Schlussfolgerung: Wenn ein Mensch zu wenig Flüssigkeit erhält, dann ist sein Blut verdickt, das heißt, die Fließgeschwindigkeit des Blutes ist verringert. Dies wiederum bedeutet, dass nicht mehr so viel Nährstoffe und Sauerstoff ins Gehirn transportiert werden können. Vor allem die kleinen Kapillaren bleiben unterversorgt. Wir sind dann zwar nicht gleich desorientiert, aber die Prozesse im Gehirn gehen nicht optimal vonstatten. Das Denken und Lernen ist erheblich erschwert. Kinder, die zu wenig trinken, sind nachweislich nicht mehr so flexibel im Denken und können sich schlechter konzentrieren.

Achten Sie also darauf, dass die Kinder genügend trinken. Vor allem Wasser. Dies gilt sowohl für die Eltern daheim als auch für die Lehrer in der Schule. Immer wieder berichten mir Schüler, dass Lehrer ihnen verweigern, im Unterricht zu trinken. Es ist verständlich, dass kein Lehrer es mag, wenn die Hälfte der Kinder ständig an ihrer Trinkflasche nuckelt. Aber klar ist auch: Mit einem Flüssigkeitsdefizit im Gehirn kann kein Kind gut lernen! Manche Lehrer haben daher regelmäßige kleine Trinkpausen von einer halben Minute eingeführt, in der die Kinder sogar trinken *sollen*. Wenn das in der Schule Ihres Kindes nicht der Fall ist, können Sie eine Diskussion dazu anregen. Und in manchen Schulen gibt es sogar kostenlose Trinkwasserbrunnen.

Völlig ungeeignet für das Lernen sind übrigens Süßgetränke wie Limonade oder Cola. Sie beeinflussen den Blutzuckerspiegel und wirken damit kontraproduktiv. Stellen Sie Ihrem Kind lieber ein großes Glas Wasser direkt an den Schreibtisch. Das verführt zum Trinken.

Fazit:
Für die Hirnernährung spielt es keine Rolle, ob Sie zu den Fleischessern gehören, Vegetarier sind oder Veganer, ob Sie ein Fan der Vollwertküche sind, Rohkostler oder Ayurveda bevorzugen. Ich gebe Ihnen in diesem Buch auch keine klare Empfehlung – außer einer: Bevor Sie Ihr Kind wegen seiner schlechten Leistungen oder seiner mangelnden Motivation schimpfen, klären Sie bitte, ob es ausreichend mit all den Nährstoffen versorgt ist, die sein Körper und sein Gehirn brauchen, um gesund zu sein und problemlos lernen zu können. Mit einer hochwertigen Ernährung geben Sie Ihren Kindern einen Zaubertrank für Lernerfolg und Lernlust in die Hand!

LERNLUSTKILLER 9:

ZU WENIG PAUSEN, ZU WENIG BEWEGUNG, ZU WENIG SCHLAF

»Kann ich mal Pause machen? Ich kann nicht mehr sitzen!«

Neben einem unzureichenden Brainfood gibt es noch weitere Faktoren, die den »Rechner« im Kopf davon abhalten, reibungslos zu arbeiten:

> Wir lassen die Kinder zu lange am Stück arbeiten.
> Wir unterschätzen die Macht des Schlafes.
> Wir lassen sie zu lange still sitzen.

In diesen drei Punkten strapazieren wir die Köpfe unserer Kinder so stark, dass sie trotz hervorragender Hardware streiken. Beseitigen wir diese Lernhürden, steigen Lernlust und Lernerfolg.

SIND PAUSEN ZEITVERLUST?

Pausen zu Hause – ein Kampf

Ihre Tochter – nennen wir sie Lisa, sie geht in die 4. Klasse der Grundschule – sitzt seit einer Stunde am Esszimmertisch über den Hausaufgaben. Da kommt ein lang gezogenes »Mamaaaa?«. Dieses »Mama«, bei dem die Stimme am Wortende nach oben geht und Sie bereits wissen, dass Ihr Kind etwas von Ihnen will, wozu Sie vermutlich nicht bereit sind. »Mama, kann ich mal Pause machen und rausgehen?«, fragt Lisa. »Was? Pause? Nein!«, antworten Sie. »Du gehst erst raus, wenn du deine Hausaufgaben komplett fertig hast! Vorher nicht!« Und dann sitzt Lisa murrend da, starrt Löcher in die Luft, kaut an ihrem Bleistift und träumt vor sich hin. Die restlichen Hausaufgaben gehen nur im Schneckentempo voran, begleitet von mal leisem, mal lauterem Gemurmel, wie blöd Sie sind. Und die Schule natürlich auch. Aber irgendwann sind alle Mathe-Aufgaben gerechnet und ist auch die letzte Zeile des Gedichts gelernt. Inzwischen ist es draußen dunkel und Sie denken: Wie gut, dass ich sie nicht zum Spielen rausgelassen habe, sonst säßen wir um Mitternacht immer noch da.

Kennen Sie solche Szenen? Wenn ja, dann sind Sie Opfer einer Milchmädchenrechnung: Eins plus Eins ist in diesem Fall nämlich nicht gleich zwei. Sie haben einen entscheidenden Faktor übersehen: die Bedürfnisse des Gehirns beim Lernen. Damit es Inhalte optimal aufnehmen, abspeichern, erinnern, kombinieren und schlussfolgern kann, fordert es in regelmäßigen Abständen: »P-a-u-s-e!« – Es braucht Entspannung! Sind wir geizig mit Pausen, verweigert es sich. Und da lässt es auch nicht mit sich diskutieren. Zur Pause gibt es keine Alternative. Kein Wunder, wenn ohne Pause die Konzentration in den Keller rauscht und das Kind zum Spielen nach draußen drängt. Ohne Pause arbeitet es vollkommen gegen die Natur des Gehirns. Das Gehirn signalisiert das vehement, indem es die Zusammenarbeit verweigert. Lisas »Kann nicht mehr!« ist lediglich ein Echo des »Kann nicht mehr!« des Gehirns. Ohne Pause ist der Lernfrust hier schon vorprogrammiert, obwohl Lisa mit Elan begonnen hat. Und was steht am Ende, nachdem die Hausaufgaben endlich geschafft sind? Eben nicht das hoch befriedigende Gefühl, das sich einstellt, wenn man etwas geschafft hat. Stattdessen bleibt ein schaler Nachgeschmack, der sich Tag für Tag verfestigt: Gerade noch ...! Schule ist doof. Lernen ist blöd.

Unser Gehirn kann sein Leistungsoptimum nur erreichen, wenn wir ihm Pausen gönnen. Zwei Dinge sind dabei entscheidend: Es braucht *genügend* Pausen. Und es braucht die Pausen *zum richtigen Zeitpunkt.*

Schauen wir uns die Situation noch einmal genauer an: Lisa sitzt anfangs noch motiviert und konzentriert bei den Hausaufgaben. Vermutlich will auch sie sie schnell hinter sich bringen. Nach 20 bis 30 Minuten beginnt ihre Konzentration aber abzufallen, das Arbeiten wird schwieriger und mühsamer. Und nach weiteren 30 Minuten ist die Konzentration vollständig im Keller. Hier fragt Lisa zum ersten Mal: »Kann ich rausgehen?« Sie verneinen. Nun frage ich Sie: Wie soll ein Mensch noch weiter lernen können, wenn die Konzentration gegen null geht? Bitte schlüpfen Sie wieder in Ihre Kinderschuhe von damals und spüren Sie den Unterschied. Was machen Sie als Mutter oder Vater normalerweise, wenn Sie ein Leistungstief haben? Wenn das Arbeiten ins Stocken gerät und Sie müde werden? Sie holen sich einen Kaffee. Richtig? Anschließend können Sie gut weiterarbeiten. Ihr Kind hat diese Möglichkeit nicht. Wie ginge es Ihnen ohne dieses Aufputschmittel? Würden Sie dann genauso in den Seilen hängen wie Lisa? Ihr Kind braucht statt Kaffee eine Schaffenspause, am besten mit Bewegung.

Nun höre ich Sie schon einwenden: »Ja, aber wenn ich meinem Kind eine Pause gönne und es rausgeht, dann bekomme ich es nur noch mit Druck und unter Androhung von Strafen wieder rein!« Richtig. Und ich kann Lisa gut verstehen. Mir würde es genauso gehen. Endlich dem doofen Lernen entflohen! Da kommt doch keiner freiwillig und schon gar nicht mit Lust zurück! Doch schuld daran ist nicht die Pause an sich, sondern einzig der Zeitpunkt der Pause – und der lässt sich regulieren.

Denn meist läuft es so ab: Kind kann nicht mehr. Will Pause machen. Eltern verweigern. Soll das Kind doch noch ein bisschen weitermachen – was dann an Hausaufgaben geschafft ist, ist geschafft!

Sie erlauben also die Pause erst zu einem Zeitpunkt, an dem Lisas Energie schon ganz unten ist. Hirntechnisch ist das mehr als ungünstig, denn das Kind geht dann mit einem sehr schlechten Gefühl in seine Pause. Körperlich wie mental. Ist die Pause vorbei, knüpft es an diese schlechten Gefühle wieder an: Es war soooo anstrengend vorher am Schreibtisch! Null Bock! Und so gibt es, bis das Lernen weitergehen kann, ein Gezeter und Gezerre, auf das jede Mutter, jeder Vater gerne verzichten würde: Zuerst muss das Kind einmal etwas essen (dauert laaange) und etwas trinken (ist verständlich). Dann der Weg auf die Toilette (muss eben sein), diese ganze weite Reise hin und zurück, die kann dauern (erstaunlich, was es auf dem Rückweg alles zu sehen und zu entdecken gibt). Und wenn Sie dann noch eine Katze haben, die plötzlich Hunger hat und heute ausgerechnet von Ihrem Kind versorgt werden will, dann haben Sie mein ehrliches Mitgefühl! Ich kenne das …

Was also wäre die Lösung? Ganz einfach: dann Pause zu machen, wenn die Energie gerade erst zu fallen beginnt, also auf einem noch relativ hohen Konzentrationsniveau. Das Kind unterbricht in diesem Fall die Hausaufgaben mit einem guten Gefühl. Wenn die Konzentration dagegen bereits die Kellertreppe hinunterpurzelt, ist es schon zu spät.

Nach wie vielen Minuten eine Pause ratsam ist, kann man nicht verallgemeinern. Es hängt vom Kind, von der Tagesform und von seinem Biorhythmus ab. Kindern und Jugendlichen hilft es, ausdauernd und konzentriert zu bleiben, wenn ein Timer auf kleine Zeitspannen eingestellt wird. Diese können dann vorsichtig nach und nach ausgeweitet werden. Wichtiger dabei ist allerdings, mehr auf das Kind zu schauen als auf die Uhr.

Während es heute lange durchhält, ist dies morgen nicht möglich. Das ist ganz normal, so geht es uns Erwachsenen auch.

Pausen in der Schule

Schlüpfen Sie schnell nochmals in Ihre Kinderschuhe: Erinnern Sie sich an eine Situation, als Sie im Unterricht nicht mehr aufmerksam zuhören konnten? Als Sie sehnlichst auf den Gong warteten? Oder waren Sie als Erwachsener schon einmal bei einem Abendvortrag, bei dem Sie immer müder wurden? Wo Ihre Konzentration einfach nicht mehr reichte, um den Ausführungen des Referenten zu folgen? Ja? Dann herzlich willkommen in den Mokassins Ihrer Kinder!

Das Thema Pause hat in der Schule die gleiche Relevanz und Brisanz wie zu Hause: Unser Schulsystem sieht viel zu wenig Pausen vor! Dabei hieße die Formel: Mehr Pausen = mehr Leistung. Vorausgesetzt, dass sich die Kinder in dieser freien Zeit nicht mit schlechten Kohlehydraten, Cola und Süßigkeiten vollstopfen.

Häufigere Pausen helfen beim Lernen, wogegen zu wenig Pausen nicht nur die Lernlust vertreiben, sondern auch die Leistung mindern. Dies zeigte auch ein aufschlussreiches Experiment mit Grundschülern, die schwierige Rechenaufgaben zu lösen hatten. Die Klasse wurde in zwei Gruppen geteilt. Während die eine Gruppe an den Aufgaben weiterarbeitete, durfte die andere Hälfte das Arbeiten nach einer halben Stunde unterbrechen und in einen Nebenraum gehen zum Toben. Nach einer halben Stunde holte man sie wieder herein und ließ sie weiterarbeiten. Wie schnitt die Pausengruppe im Vergleich zur Arbeitsgruppe ab, die ja eine halbe Stunde länger Zeit zum Arbeiten hatte? Die Kinder aus der Tobe-Gruppe kamen nicht nur gut gelaunt aus der Pause zurück, sie waren mit den Mathematik-Aufgaben auch schneller fertig als die Arbeitsgruppe. Sie hatten den Zeitverlust, den die Pause gekostet hatte, nicht nur aufgeholt, sondern waren am

Schluss sogar erfolgreicher. Zum Pauseneffekt kam hier auch noch die positive Auswirkung der Bewegung hinzu, die anschließend noch näher ausgeführt wird, denn die Pause war eine »bewegte Pause«.

Was aber nützt es, wenn man in der Schule häufigere Pausen organisiert, wenn die Kinder sie jedoch nicht dann machen können, wenn sie sie gerade bräuchten? Eine echte Lösung gibt es dafür meines Erachtens in unserem herkömmlichen Schulsystem nicht. Eine Notlösung besteht darin, dass Lehrer sehr engmaschig immer wieder kleine Pausen dazwischenschieben. Ideal ist das nicht, aber es ist ein erster Schritt. Hirngerecht arbeiten dagegen Schulen, die das Konzept des selbstverantwortlichen Lernens vertreten. Hier kann sich jeder Schüler für ein paar Minuten eine Auszeit gönnen, wenn er sie braucht, um wieder neue Kraft zu schöpfen.

KÖNNEN WIR IM SCHLAF LERNEN?

Omas Lernempfehlung – aktueller denn je!

Vielleicht kennen auch Sie diesen Rat noch, den mir meine Oma immer gegeben hat, wenn mir beim Lernen der Kopf rauchte: »Leg dir das Buch unters Kopfkissen, dann kannst du es morgen!« Als Kind habe ich das tatsächlich für möglich gehalten. Als Jugendliche habe ich darüber gelacht. Meine Oma meinte es halt gut! Erst seit wir von den Neurowissenschaften mehr über die Funktionsweise des Gehirns erfahren haben, habe ich diesen Satz wieder ausgegraben. Aber was ist tatsächlich dran an diesem Spruch? Kann man tatsächlich im Schlaf lernen? Oder ist es doch bloß ein Mythos?

Die Antwort der Gehirnforschung ist eindeutig: Ja, man kann! Allerdings nicht automatisch, indem wir nachts auf unseren Büchern schlafen. Entscheidend ist die Tatsache, dass wir uns vor dem Schlafengehen noch mit dem Lernstoff beschäftigen. Warum? Weil unser Gehirn auch dann nicht schläft, wenn wir schon selig in unserem Bettchen schlummern und von der Welt nichts mehr mitbekommen. Gerade dann ist unser Gehirn hochgradig aktiv, besonders in der Tiefschlafphase. Genau in diesen »Offline-Phasen« des Gehirns hat es am meisten Ruhe, um zu arbeiten. Dann laufen vielfältige Stoffwechselprozesse im Gehirn ab, die für das Verstehen und Erinnern extrem wichtig sind.

Angenommen, ein Kind lernt vor dem Schlafengehen seine Lateinvokabeln. Untersucht man es anschließend im Scanner (Magnetresonanztomograph), kann man sehen, dass genau die Gehirnareale aktiv sind, die gerade vorher noch beim Lernen der Vokabeln beteiligt waren. Im Tiefschlaf zeigen sich also dieselben Netzwerkaktivitäten im Gehirn wie während des Lernens am Tage. Das heißt, das Gehirn arbeitet am Lernstoff weiter, ohne dass uns das bewusst ist. Eine bedeutende Rolle spielt dabei der Hippocampus – zu Deutsch »Seepferdchen«. Er dient als Kurzzeitgedächtnis bzw. mittelfristiger Speicher und merkt sich vor allem Einzelheiten. Von ihm aus gibt es enge Verbindungen zur Großhirnrinde (Cortex), also zum Langzeitspeicher. Im Schlaf werden Hippocampus und Cortex synchronisiert, das heißt Gedächtnisinhalte werden vom kleinen und flüchtigen Speicher Hippocampus in den Langzeitspeicher Cortex übertragen. Anders ausgedrückt: Es werden Informationen von einem Areal in ein anderes umgespeichert. Damit werden Lerninhalte langfristig – nachhaltig – verankert. Dies geschieht vor allem im Tiefschlaf.

Nachtschicht im Gehirn

Wir Erwachsenen kennen alle diese Situationen: Wenn wir eine schwierige Entscheidung zu treffen haben, sagen wir manchmal: »Das muss ich erst noch mal überschlafen.« Dann stehen wir am anderen Morgen auf und – schwups – haben wir die Lösung (oder sind ihr zumindest näher). Oder man übt ein Klavierstück und bleibt immer wieder an der gleichen verflixten Stelle hängen. Am nächsten Morgen dagegen klappt es erstaunlicherweise wie am Schnürchen.

Wie ist dieses Phänomen zu erklären? Der Grund dafür ist, dass das Gehirn nachts eben nicht schläft, sondern hellwach ist: Die Lerninhalte werden nachts weiterbearbeitet: Das Gehirn sortiert und strukturiert, komprimiert oder dekomprimiert. Es stellt neue Verknüpfungen mit anderen Gehirnarealen her, vergleichbar mit einem Spinnennetz, das weitergewebt und stabilisiert wird. So erfolgt eine Konsolidierung, also eine Festigung des Gelernten. Der Stoff wird besser verstanden und behalten. Darüber hinaus ermöglicht uns die nächtliche Arbeit des Gehirns, ein Problem aus einer neuen Perspektive zu sehen. Wenn das der Fall ist, sind wir einen großen Schritt weiter.

Kein Hirngespinst: Im Schlaf lernen

Derartige Erfahrungen wurden inzwischen durch viele wissenschaftliche Experimente bestätigt. Dabei stießen die Forscher auf erstaunliche Effekte, um die man als Eltern wissen sollte. Der amerikanische Forscher Robert Stickgold von der Harvard-Universität zum Beispiel ließ seine Versuchspersonen in einem regelmäßigen Strichmuster auf einem Bildschirm Unregelmäßigkeiten entdecken. Es wird niemanden erstaunen, dass die Probanden, die den ganzen Tag üben durften, zunehmend schneller wurden. Was am Tag darauf passierte, überraschte dagegen sehr: Nachdem die Teilnehmer eine Nacht geschlafen hatten, stieg ihre Leistung am nächsten Morgen sprunghaft an. Das Gehirn hatte nachts weiter geübt. Dieser Übungseffekt konnte auch noch Tage nach dem Versuch nachgewiesen werden. Hinderte man dagegen die Probanden in der ersten Nacht am Schlafen, so blieb der Lerneffekt aus. Unwiderruflich. Auch wenn die Versuchspersonen den Schlaf in der zweiten Nacht nachholten.

Viele ähnliche Studien kommen ebenfalls zu dem Ergebnis, dass der Schlaf das Erinnerungsvermögen stärkt.

Wenn man um diese »Zaubertechnik« des Gehirns weiß und sie bewusst einsetzt, dann stellen sich Erfolge sehr viel leichter ein. Das Lernen verliert seine mühsame Komponente.

Genug Schlaf sichert Lernerfolg

Gerade Jugendliche gehen oft erst gegen Mitternacht ins Bett, weil das Schlafhormon Melatonin erst später am Tag gebildet wird. Dadurch bekommen sie weniger Schlaf. Doch viele Studien belegen, dass sich Schlafmangel wie Gift auf die Lernfähigkeit auswirkt. Insbesondere dann, wenn große Lernmengen anstehen, sollten Jugendliche auf genügend Schlaf achten. Denn die nächste Nacht entscheidet, ob wir die Lateinvokabeln im Kopf behalten oder nicht.

Nachmittags lernen statt nächtliches Last-Minute-Pauken

Äußerst ungünstig ist es, die Nacht durchzubüffeln, wie das viele Jugendliche tun. Dieses Last-Minute-Lernen führt zwar dazu, dass der Stoff unmittelbar danach noch abgerufen werden kann, aber schon nach wenigen Tagen das Gelernte einfach weg ist! Da der Schlaf fehlt, können die Lerninhalte, die im Hippocampus abgelegt wurden, nicht mit dem Cortex verknüpft werden, der für die längerfristige Speicherung zuständig ist. Der Stoff, der für die Klassenarbeit gepaukt wurde, steht dann – wie bei mir vor dem Biologie-Abitur – vor der großen Prüfung nicht mehr zur Verfügung. Der Schüler fängt wieder von vorne an zu lernen. Welch ein Zeit- und Energieverlust! Nächtliches Pauken bringt also nur kurzfristige Erfolge. Viel leichter und wirkungsvoller ist es, wenn der Stoff am Nachmittag gelernt und vor dem Schlafengehen noch einmal wiederholt wird. Dieses einfache Prinzip ist ein oft unterschätztes Erfolgsrezept. Mit entsprechendem Zeitmanagement kann sich jeder das Lernen deutlich erleichtern – und gewinnt auch Spaß daran, weil man den Effekt sofort spürt.

Medienverzicht vor Prüfungen

Wer den ganzen Tag für eine Klassenarbeit gelernt hat und dann abends noch einen aufregenden Film ansieht, riskiert seinen Lernerfolg: Die visuellen und emotionalen Eindrücke des Gesehenen überlagern das Gelernte. Der Konsolidierungseffekt findet nicht statt. Daher ist es ratsam, vor einer Prüfung lieber eine Sendung aufzunehmen und sie am nächsten Tag anzusehen. Sonst verpatzt einem das Fernsehen die Note.

MACHT BEWEGUNG SCHLAU?

Wenn wir unser Gehirn fragen würden: Wie ist es dir lieber zu lernen? Möchtest du schön ordentlich am Schreibtisch sitzen oder dich beim Lernen bewegen? – Was denken Sie, würde es wohl antworten?

In den letzten Jahren wurden zahlreiche wissenschaftliche Studien durchgeführt, die den Einfluss von körperlicher Aktivität auf die mentale Fitness untersucht haben. Allesamt bestätigten sie die immense Wirkung von Bewegung auf die geistige Leistungsfähigkeit des Menschen. Bewegung ist somit eine erfolgreiche Lernstrategie, die den Bedürfnissen des Gehirns entspricht und daher das Lernen enorm erleichtert – was automatisch auch die Lernlust steigert. Diesem nachweisbaren Einfluss von Bewegung auf unsere geistige Leistung wird sowohl in Klassen- als auch in Kinderzimmern immer noch zu wenig Rechnung getragen. Wir nehmen den Kindern damit die Chance, leichter und effektiver zu lernen.

Also: Ja, Bewegung macht schlau!

Erhöhte Sauerstoffzufuhr fördert den Lernerfolg

Das Gehirn braucht neben den notwendigen Nährstoffen vor allem Sauerstoff in ausreichendem Maße. Durch die Bewegung wird nicht nur die Muskulatur, sondern auch das Gehirn stärker durchblutet und damit besser mit Sauerstoff versorgt.

Wildor Hollmann, der ehemalige Rektor der Deutschen Sporthochschule, führte ein Experiment mit zwei Studentengruppen durch. Den Studenten wurden unsinnige Silben zugerufen wie »mo, fro, tra«, die sie sich einprägen sollten. Eine Gruppe lernte konventionell, die andere radelte während des Lernens auf Hometrainern. Was war das Ergebnis? Während sich die Studenten mit der herkömmlichen Lernmethode kaum Silben merken konnten, schnitt die Sportgruppe deutlich besser ab. Hollmann erklärte dies mit der besseren Sauerstoff- und Nährstoffzufuhr des Gehirns durch die körperliche Aktivität.

Körperliche Bewegung wirkt jedoch nicht nur *während* des Lernprozesses, sondern auch, wenn *vor* dem Lernen Bewegung in einem mittleren Maß stattgefunden hat. Bereits bei einem gemütlichen Spaziergang erreichen wir eine um 20 Prozent höhere Sauerstoffversorgung im Gehirn, die auch danach noch anhält. Für das Lernen bedeutet dies, dass Kinder, die sich ausreichend bewegen durften, anschließend aufmerksamer sind, sich besser konzentrieren können, eine erhöhte Merkfähigkeit an den Tag legen und geistig flexibler sind.

Zu diesem Ergebnis kommt auch eine Untersuchung bei Schulkindern. Sie wurden in drei Gruppen eingeteilt: Der eine Teil der Kinder lernte am Tisch, die zweite Gruppe machte vor dem Lernen Gymnastik und setzte sich dann erst zum Lernen an den Schreibtisch. Und das letzte Drittel ging während des Lernens auf und ab. Alle drei Gruppen schrieben unmittelbar nach dem Lernen einen Test. Das Ergebnis: Die Gruppe, die am schlechtesten abschnitt, war die Schreibtischgruppe. Die besten Leistungen hatten die Schüler, die sich beim Lernen bewegen durften.

Was passiert bei Bewegung im Gehirn?

Bewegung fördert die Bildung neuer Verknüpfungen

Die körperliche Bewegung regt die Produktion sogenannter Neurotrophine (Nervenwachstumsfaktoren) an, die das Wachstum von Nervenzellen unterstützen: Die Anzahl neuronaler Verbindungen nimmt zu. Neuronale Netzwerke werden erhalten und entstehen neu.

Bewegung führt zur vermehrten Bildung von Neurotransmittern

Bewegung kann die gesamte Gehirnchemie verändern, ohne dass man auch nur eine einzige Pille einnimmt. Denn sie kurbelt die Transmitterproduktion an. Jogger berichten dann von einer Art körpereigenen Rauschzustand. Dieses Hochgefühl spielt auch für die Motivation beim Lernen eine große Rolle.

Bewegung fördert die Neubildung von Gehirnzellen

Bis vor einigen Jahren glaubte man, dass sich Gehirnzellen nicht neu bilden können. Inzwischen ist diese Theorie widerlegt. Heute wissen wir, dass in einem bestimmten Bereich des Gehirns neue Nervenzellen entstehen können. Diese Neubildung geschieht in jener Region, in der Faktenwissen ins Langzeitgedächtnis überführt wird, im Hippocampus. Dazu können wir durch körperliche Aktivität selbst beitragen. Sie begünstigt das Wachstum dieser Nervenzellen.

Bewegung verringert Stresshormone

Gerade für Kinder, die unter Stress in Form von Zeitdruck und Versagensängsten leiden, ist regelmäßige Bewegung unerlässlich: Bewegung baut Stress ab und hilft, einen Blackout zu verhindern – die unglückliche Situation, wenn das Kind in der Klassenarbeit vor lauter Nervosität keinen klaren Gedanken fassen kann. Auf dem Nachhauseweg wird dann durch die Bewegung überschüssiges Adrenalin abgebaut. Und plötzlich fällt dem Kind die Lösung wieder ein, weil die Informationen zwischen den Nervenzellen wieder fließen können.

Folgerungen für die Praxis: Mehr Bewegung = mehr Erfolg = mehr Lernlust

»Gedanken wollen – wie Kinder und Hunde –, dass man mit ihnen im Freien spazieren geht«, wusste schon der Dichter Christian Morgenstern. Bewegung macht schlau und erhöht die Lernlust! Wenn wir als Eltern, Lehrer oder Erzieher dazu beitragen wollen, dass Kinder gerne und erfolgreich lernen, müssen wir diese Erkenntnisse der Gehirnforschung auch tatsächlich umsetzen.

Mehr Bewegung in die Schule

Sportmediziner und Kinderärzte kritisieren die stiefmütterliche Behandlung des Sportunterrichts in der Schule. »Mit der *Einschulung* erfolgt auch eine *Einstuhlung* und die Entwicklung geht vom *Spielkind* zum *Sitzkind*«, so bringen es Stefan Voll und Sabine Buuck auf den Punkt.[39] Bewegung muss in den Schulen grundsätzlich mehr Raum erhalten. Insbesondere Jungen, die deutlich mehr Muskelmasse besitzen als Mädchen, haben ein großes Bewegungsbedürfnis! Das heißt: Sportunterricht intensivieren statt reduzieren. Einige Schulen haben inzwischen die »bewegte Pause« eingeführt, die den Kindern vielfältige Anreize bietet, sich zu bewegen. Hüpfseile, Tischtennis oder Federballspiele sorgen nicht nur für Spaß, sondern auch für besseres Lernen. Am meisten profitiert der Kopf übrigens von Bewegungsarten, die uns besondere Geschicklichkeit abverlangen: Jonglieren und Balancieren.[40] Einige Schulen öffnen in der Pause die Turnhalle jeweils für eine Klasse. Wenn das in Ihrer Schule noch nicht der Fall ist, könnten Sie das als Elternbeirat oder Förderverein anregen.

Selbst kurze Bewegungssequenzen von nur zehn Minuten können nachweislich die Konzentration von 13- bis 16-jährigen Schülern steigern. Wir müssen also solche kurzen Bewegungssequenzen als Teil des Stundenplans in den Schulalltag integrieren!

Ich höre schon Ihren Einspruch: »Aber dann geht wieder so viel Zeit vom Unterricht verloren!« Da haben Sie recht! Aber wir gewinnen dabei etwas sehr Wichtiges, nämlich eine gesteigerte Konzentration und Aufnahmefähigkeit für das, was anschließend gelernt wird. In einer Ganztagesschule mit rhythmisiertem Unterricht, in dem sich Unterricht und freie Zeit abwechseln – und damit Phasen der Anspannung und Entspannung –, ist es natürlich viel leichter, diese Bewegungssequenzen zu integrieren.

Bewegungsfreiheit als Konzept

Viel effektiver jedoch ist es, den Unterricht so zu strukturieren, dass sich die Kinder bewegen können, wenn es der Körper fordert. Das ist zum Beispiel am Albrecht-Ernst-Gymnasium im bayerischen Oettingen der Fall. Dort gibt es offene Lernlandschaften: Die Klassenzimmer einer Jahrgangsstufe haben offene Türen und einen gemeinsamen Raum in der Mitte. Die Kinder können während der Freiarbeit herumgehen, sich auf den Boden setzen und wieder aufstehen, vor einem Flipchart stehen, sitzen oder knien, auf ihren Hockern sitzen oder kippeln usw. Insbesondere bei Schülern mit einem hohen kinästhetischen Anteil, also Kinder mit einem großen Bewegungsdrang, wirkt sich das förderlich aus. Denn sie müssen sich während des Lernens bewegen, um ihr Potenzial ausschöpfen zu können. Ihnen tut es gut, wenn sie beim Vokabellernen mit dem Skateboard fahren oder um den Tisch laufen können. Was aber bekommen sie von uns sonst zu hören? »Jetzt setz dich doch endlich mal auf deine vier Buchstaben und halt dich still!« Meist ist uns gar nicht bewusst, dass wir diesen Kindern ihren wichtigsten Lernkanal kappen und ihnen damit die Lust am Lernen gründlich verderben: Muss ein Kinästhet in der Schule sechs oder mehr Stunden ruhig sitzen, ist das ein persönliches Desaster für das Aufnehmen, Abspeichern und Abrufen von Lerninhalten. Das macht keinen Spaß!

Noch etwas beobachtete die Schulleitung des Oettinger Gymnasiums: Die Jugendlichen veränderten ihr Verhalten, seit sie sich während des Unterrichts bewegen können. Nun stürmen die Schüler nicht mehr wie die Wilden brüllend und lärmend aus dem Klassenzimmer und zur Schultür hinaus, sobald der Unterricht zu Ende ist, weil ihr Bewegungsdrang bereits während des Unterrichts gestillt wurde.

Bewegtes Lernen statt Stubenhocken

Unsere Kinder und Jugendlichen, und übrigens auch wir Erwachsenen, sitzen heute insgesamt viel zu viel – und viel zu ruhig: nicht nur in der Schule, vor allem auch daheim vor dem Computer, dem Fernseher und im Auto. Dies hat Folgen für die geistige Leistungsfähigkeit.

Häufig verstärken Eltern diese Bewegungsarmut noch. Gehören Sie auch zu den Eltern, die darauf bestehen, dass die Kinder erst die Hausaufgaben machen müssen, bevor sie rausgehen dürfen? Für das Schülergehirn ist dies kontraproduktiv. Lassen Sie Ihre Kinder ruhig erst mal nach draußen. Statt »Ab zu den Hausaufgaben!« wäre die gehirngerechtere Alternative: »Ab an die frische Luft zum Toben und Bewegen!« Manche Eltern verhängen auch bei schlechten Noten Hausarrest. Da wird dann das Fußballtraining gestrichen, das Judo und das Skateboard-Fahren. Alles dies geht lerntechnisch nach hinten los.

Statt während des Lernens immer wieder zu sagen: »Halt dich mal still! Hör endlich mit dem Kippeln auf!«, denken Sie einfach an die positive Bedeutung dieser Unruhe. Geben Sie gerade bewegungshungrigen Kindern die Möglichkeit, ihre Vokabeln auf dem Heimtrainer zu lernen oder dabei um den Tisch zu rennen. Die Mutter einer Grundschülerin hat mir von der Idee berichtet, dass sie Lernkärtchen im Treppenhaus deponiert hatte und ihr Kind permanent rauf- und runterlaufen durfte. Dadurch ging das Lernen viel schneller und die Mutter musste sehr viel weniger Druck ausüben. Auch Kaugummi-Kauen ist eine Form der Bewegung.

LERNLUSTKILLER 10:

FREMDBESTIMMUNG BEIM LERNEN

»Haltet euch raus! Das sind meine Hausaufgaben!«

Frau Müller sitzt mir in der Praxis gegenüber. Es geht um ihre Tochter Kathi, 9. Klasse Gymnasium, die – wie sie sagt – »stinkfaul« ist und jedes Jahr erneut versetzungsgefährdet. Die Mutter sorgt sich, dass Kathi die Klasse wiederholen muss, denn sie möchte, dass ihre Tochter Abitur macht. Aber Kathi hat »null Bock« auf Schule, obwohl sie, wie die Mutter meint, intelligent genug wäre. Sie macht in der Schule nur das Nötigste und schreibt ihre Hausaufgaben meist von einer Schulfreundin ab. Immer wieder kommen Mitteilungen von Lehrern, dass Kathi ihre Hausaufgaben nicht mache und Frau Müller sich doch darum kümmern möge. Dann erinnert sie ihre Tochter an Hausaufgaben und Material und fleht sie an, zu lernen. Und wenn alles nichts fruchtet und Kathi schlechte Noten nach Hause bringt, drohen Hausarrest und Handy-Entzug. So gibt es täglich Streit. Inzwischen hat die Mutter die Verbindung zu Kathi fast völlig verloren. Beide sprechen nur noch das Nötigste miteinander. Oft klagt Kathi auch über Übelkeit oder Bauchschmerzen und bleibt dann von der Schule zu Hause. Frau Müller ist mit ihren Nerven am Ende und weiß weder ein noch aus.

MIT DRUCK ZUM ERFOLG?

Wenn ich nur darf, wenn ich soll,
aber nie kann, wenn ich will,
dann kann ich auch nicht,
wenn ich muss.
Wenn ich aber darf, wenn ich will,
dann mag ich auch, wenn ich soll,
und dann kann ich auch,
wenn ich muss.
Denn die, die können sollen,
müssen auch wollen dürfen.
(Verfasser unbekannt)

Alle Eltern wollen, dass ihre Kinder selbstmotiviert und eigenverantwortlich lernen. Aber diese Verantwortung für ihr Lernen übernehmen viele Kinder nicht (zahlreiche Gründe, warum sie sich so winden und sträuben, habe ich schon erläutert). Und so sind Eltern auch in weiterführenden Schulen noch lange damit beschäftigt, ihre Kinder mit Druck zum Lernen zu bewegen. Ist es bei Ihnen auch so?

Was wir Eltern dabei sehr häufig vergessen: In der Pädagogik gilt ebenso wie in der Physik das Gesetz von Actio und Reactio: Druck erzeugt Gegendruck. Wenn wir die Kinder unter Druck setzen, um sie zum Lernen zu zwingen, antworten diese mit Gegendruck und wehren sich. Solange Frau Müller Kathi täglich Druck macht, sperrt sich die Tochter umso mehr. Noch dazu ist sie gerade in der Pubertät und im Begriff, ihre eigene Identität zu finden. So geht sie in den Widerstand, der verschiedene Formen annehmen kann: Rebellion (Faulheit oder Kampf), psychosomatische Erkrankungen (zum Beispiel Bauch- oder Kopfschmerzen ohne organische Ursachen) oder Ausweichen (Lügen, Tricksen).

Eine wichtige Voraussetzung für selbstmotiviertes Lernen ist, dass Kinder Entscheidungsspielraum haben, was, wann, wie lange, wo und wie sie lernen. Natürlich sieht die Balance zwischen Führen und Freiraum unterschiedlich aus, je nachdem, ob das Kind acht oder 14 Jahre alt ist. Besonders in der Zeit der Pubertät suchen die Jugendlichen Erfahrung mit sich selbst. Unter dem Druck, der heute in unseren Schulen herrscht, vergessen sie vor lauter lernen *müssen*, lernen zu *wollen*. Deshalb sollten wir auf uns wirken lassen, was uns das Gedicht sagt: »Wenn ich darf, wenn ich will, dann mag ich auch, wenn ich soll.«

Wenn wir Heranwachsende in die Autonomie führen wollen, dann ist das vergleichbar mit dem Autofahren junger Menschen. Am Anfang steuern wir als Eltern das Auto und das Kind sitzt daneben. Irgendwann darf dann der Jugendliche zunehmend ans Steuer und wir sitzen noch begleitend und beratend auf dem Beifahrersitz. Und dann kommt die oft so schwierige Zeit für uns Eltern, die Kinder loszulassen, auszusteigen und das Kind ganz allein und autonom das Auto lenken zu lassen. Bei Grundschulkindern ist eine moderate Form von Nachdruck noch durchaus angemessen: Etwa, wenn wir ihnen helfen, eine geeignete Lerngewohnheit oder ein Lernritual zu entwickeln, indem wir zum Beispiel vorgeben, bis wann die Hausaufgaben in der Regel erledigt sein sollen, damit das Kind nicht nachts noch damit beschäftigt ist. Aber auch bei Jugendlichen sind klare Verabredungen durchaus hilfreich, selbst wenn es sie nach der Schule gleich wieder an ihre Smartphones zieht und sie sich davon nicht mehr lösen können. Zum Beispiel: »Du kannst nach jedem erledigten Fach fünf Minuten ans Handy« – oder auch erst, wenn die Hausaufgaben ganz fertig sind. Da darf jede Familie ihre eigenen Regeln entwickeln. Insgesamt gilt: Das Einzige, was letztlich weiterhilft, ist die Heranwachsenden mit ins Boot zu holen. Und das gelingt nur, wenn wir uns dafür interessieren, was ihnen selbst wichtig und bedeutsam ist.

Dass viele Kinder keine Lust haben zu lernen und sich verweigern, deutet vor allem darauf hin, dass die Art und Weise, wie wir sie beschulen, nicht stimmt. Unsere Schule ist konzeptionell so angelegt, dass sie die Kinder eher in die Nichtverantwortlichkeit führt als in die Selbstverantwortung. Im Wort »Selbstverantwortung« stecken die Worte »selbst« und »Antwort«. Kinder und Jugendliche lehnen ihre Selbstverantwortung dann ab, wenn sie kaum etwas haben, worauf sie selbst eine Antwort geben können. Selbstverantwortung erfordert Wahlmöglichkeiten, zwischen denen die Kinder sich entscheiden können. Wenn ihnen alles vorgeschrieben wird – was, wann, wie lange, wo und wie sie lernen sollen – bleibt ihnen höchstens die Entscheidung: Lerne ich oder lerne ich nicht? Wie soll da Selbstverantwortung wachsen? Die Kinder sind ja gar nicht gefragt und können daher auch nicht selbst »antworten« auf die Frage: Willst du oder willst du nicht?

Eine Ausnahme bilden die Wahlfächer: Chor, Big Band, Schulorchester, Theater, Technik-AG, Film-AG, Chinesisch, Italienisch, Spanisch usw. Was für tolle Leistungen werden da erbracht! Freiwillig! In den Augen der meisten Schüler ist das aber gar nicht Schule, sondern eben Spaß und Freizeit. Nichts zum »Lernen«. Und doch lernen sie hier oft wesentlich effektiver und nachhaltiger als im regulären Unterricht. Merken wir, wie verquer das ist? Jugendliche wollen ihr eigener Lernchef sein. Insbesondere in der Pubertät wirft Selbstbestimmung den Lernturbo an, Fremdbestimmung dagegen killt die Motivation.

Wie sehr Fremdbestimmung bei Jugendlichen die Lernlust hemmt und den Lernerfolg blockiert, habe ich selbst wiederholt erlebt. Wenn ich ein offenes Lernseminar für Jugendliche anbot, waren diese interessiert, begeistert, nahmen alles auf und setzten die Impulse für sich rasch um. Bot ich haargenau das gleiche Seminar als Projektunterricht im Schulkontext an, waren die Reaktionen viel zögerlicher. Manche Schüler zeigten nur wenig

Eigeninitiative, und ich sah mich plötzlich in der Not, von außen motivieren zu müssen. Wo lag der Unterschied? Waren die Schüler so unterschiedlich? Nein! Im ersten Fall hatten sich die Jugendlichen selbst für das Seminar entschieden. Im zweiten Fall war es verordneter Unterricht. Ihrem Feedback zufolge war es ein toller Vormittag – aber ich hatte ihnen etwas gegeben, wonach sie gar nicht verlangt hatten. Sie mussten ihren eigenen Raum schützen, wollten nicht von mir bestimmt und »befüllt« werden. Einzig der Grad der Selbstbestimmung war für sie entscheidend!

DIE RICHTIGE SCHULE FÜR IHR KIND

Manchmal hat die Demotivation andere Ursachen: Oft stelle ich fest, dass Kinder auf einer Schule sind, die gar nicht zu ihnen passt. Dann ist der Frust vorprogrammiert – für die Kinder und die Eltern. Und manchmal auch für die Lehrer.

In Beratungsgesprächen frage ich Eltern jedes Mal, ob ihr Kind freiwillig auf seiner derzeitigen Schule ist. Und wieviel Nachhilfe es brauchte, um den Wechsel auf die weiterführende Schule zu schaffen. Wie oft bringen Eltern ihre Viertklässler ins Lerncoaching mit dem Ziel, sie möglichst schnell aufs Gymnasium zu hieven! Ihr Wunsch – meist nur zwischen den Zeilen vermittelt – lautet: »Machen Sie, dass mein Kind innerhalb von ein paar Stunden so motiviert und konzentriert lernt, damit es den Übertritt auf das Gymnasium schafft!« Der Druck, den das selektierende Schulsystem auf Eltern und Kinder ausübt, lastet auf einmal auf meinen Schultern. Und er wiegt schwer. Sehr schwer. Ich kann das Ansinnen der Eltern nur allzu gut verstehen. Möchten wir doch unseren Kindern alle den besten Weg in die Zukunft ebnen. Wir meinen es doch nur gut, wenn wir unser Kind antreiben!

Doch oft schießen wir dabei weit über das Ziel hinaus. Wir schauen nur auf die Zukunft und sehen das Kind viel zu wenig im Hier und Jetzt. Bei der Entscheidung, auf welche Schule ein Kind gehen soll, hilft oft folgende Frage: Möchten wir, dass unser Kind im großen, stürmischen Meer ein kleiner, ängstlicher Fisch ist, der permanent in der Furcht lebt, von Haifischen gefressen zu werden? Oder ist es uns lieber, wenn es in einem überschaubaren, ruhigen See aufwächst, in dem es keine Angst haben muss und wo es sich zu einem großen, starken, selbstbewussten Fisch entwickeln kann?

Es gibt Kinder, für die ist das Gymnasium schlicht der falsche Ort. Nicht, weil sie nicht intelligent genug wären, sondern weil sie etwas langsamere Lerner sind – früher nannte man sie »Spätzünder« – und die enge Taktung des Gymnasiums es ihnen nicht ermöglicht, ihr volles Potenzial zu entfalten. Solchen Kindern raubt das Gymnasium dann leicht den Glauben an sich selbst. Das Kriterium für die Schulwahl ist also nicht: In welcher Schule schafft mein Kind es gerade noch? Sondern: Welche Schule befähigt mein Kind, eine hohe psychische Stabilität zu erlangen und sein maximales Ziel zu erreichen? Und da kann der Weg auch mal über die Haupt- bzw. Mittelschule, Realschule und über Fach- und Aufbauschulen bis hin zum Abitur und dem Medizinstudium führen. Solche Lernbiografien werden immer häufiger. Erst vor Kurzem begegnete ich auf einer Veranstaltung einem solchen Menschen. Als ich ihn fragte, was er denn beruflich so mache, sagte er: »Ich bin Schreiner … und gerade mache ich meinen Doktor.« Auf meine erstaunte Nachfrage erklärte er mir, dass er auf der Hauptschule war, sich dann aber entwickelt und später Betriebswirtschaft studiert hätte.

Es gibt immer viele Wege – lassen Sie uns als Eltern da ruhig mit etwas weniger Sorge in die Zukunft unserer Kinder blicken! Eines müssen wir allerdings im Auge behalten: Solange die Kinder nicht sagen können: »Ja, das ist *mein* Weg! Diese Schule ist *mein* Ding!«, solange sie sich also nicht damit identifizieren, werden wir sie immer schieben und zerren müssen. Die Frage, wessen Weg es eigentlich ist, den das Kind gerade geht, ist also von elementarer Bedeutung. Sie muss geklärt werden, bevor wir das Wort »Selbstverantwortung« überhaupt in den Mund nehmen.

DIE TRÄUME DER ELTERN

Eltern sind oft innerlich nicht frei bei der Schulentscheidung, denn sie fühlen sich selbst leicht als Versager, wenn ihr Kind es nicht auf die Realschule oder das Gymnasium schafft. Oft wehren sich Kinder auch deshalb gegen ihre Lernverantwortung, weil sie spüren, dass es gar nicht wirklich um sie geht, sondern dass sie die Träume ihrer Eltern erfüllen sollen, die diese selbst nicht leben konnten oder wollten. Aber das können Kinder nicht! Niemals! Der chinesische Therapeut Yin Pu ermahnt uns daher: »Lege nicht den Traum, den du dir selbst nicht erfüllen konntest, auf die schwachen Schultern deines Kindes!«

Nur in den seltensten Fällen decken sich die Wünsche der Eltern mit denen der Kinder. Und wir tun unseren Kindern nichts Gutes, wenn sie später Arzt sind, Rechtsanwalt oder Architekt, und damit Mama und Papa glücklich machen, selber dabei aber unglücklich sind. Das kann nicht unser Ziel sein! Wenn Sie also Ihrem Kind eine wirklich tragfähige Grundlage für seine – ich wiederhole: seine! – Zukunft bereiten wollen, achten Sie auf folgende drei Grundsätze:

1. Bauen Sie nicht Ihr Glück auf dem Erfolg Ihrer Kinder auf, sondern leben Sie Ihr eigenes Leben. Sie können Ihrem Kind kaum etwas Besseres tun, als Ihre eigenen Träume zu verwirklichen – welcher Art auch immer sie sind. Halten Sie es dabei mit Erich Kästner: »Es ist nie zu spät für eine glückliche

Kindheit!« und fragen Sie sich, was Sie selbst noch gerne leben, erleben und erlernen möchten. Es ist ein riesiger Schatz und eine enorme Inspiration, die Sie Ihrem Kind mitgeben, wenn Sie selbst ein erfülltes, zufriedenes Leben führen.

2. Werden Sie sich als Eltern bewusst: Was soll unser Kind später wirklich können? Welche Eigenschaften soll es entwickelt haben, wenn es das Elternhaus verlässt? Was sind unsere Herzensziele für unsere Tochter/unseren Sohn? Was ist im Leben *wirklich* wichtig? Gute Noten? Ja, schon. Sie sind das Eintrittsticket für eine gute Ausbildungsstelle oder ein Studium. Aber da gibt es noch viel mehr, was das Leben erfüllt und glücklich macht! In welche Richtung soll es gehen? Stellen Sie sich Ihr Kind vor, wenn es 25 oder 35 Jahre alt ist, und überlegen Sie, was dann für Sie als Eltern zählen würde.

3. Helfen Sie Ihrem Kind herauszufinden, wo es wirklich in seinem Element sein kann wie der Fisch im Wasser und der Vogel in der Luft. In der Regel sind wir nur gut in dem, was uns wirklich Freude macht. Für den Erfolg spielen Noten eine untergeordnete Rolle, eigene Ziele dafür umso mehr.

GIPFELBLICKE INITIIEREN

Vor ein paar Jahren habe ich mich entschlossen, etwas Neues auszuprobieren: Skitouren gehen. Ich konnte es mir nicht recht vorstellen, wie es sein würde, mit einer Art Fell unter den Skiern, die vor dem Abrutschen schützen sollen, bergauf zu wandern. Wer macht so etwas freiwillig? Ich muss gestehen, ich gehörte nicht dazu. Der Skilift war mir bedeutend lieber. Ich tat es meinem Mann und meiner Gesundheit zuliebe.

Wir starten also eines Morgens bei strahlendem Sonnenschein. Der Weg führte uns durch den Wald. Obwohl ich konditionell im Nachteil war, ging es doch besser, als ich erwartet hatte. Ich rutschte nicht ab wie mit den Abfahrtskiern – alles war recht entspannt. Zumindest die erste halbe Stunde. Dann forderte die Steigung allmählich ihren Tribut. Ich begann zu schwitzen, zu schnaufen, und das tolle Gefühl von vorher verschwand. Mit jedem Schritt wurde es mühsamer, und ich begann mich zu quälen. Irgendwann stellte ich meinem Mann dann die Frage, die normalerweise nur Kinder stellen, wenn sie hinten im Auto sitzen und man in Urlaub fährt: »Wie weit ist es noch?« Seine erbauliche Antwort: »So ungefähr ein Viertel haben wir schon geschafft.« Ein Viertel? Ein Viertel?? Der kleine Rest Motivation brach augenblicklich in mir zusammen: Das schaffe ich nie! Und dann sagte mein Mann einen Satz, der meiner Motivation wieder auf die Beine half: »Du, in 15 Minuten gibt es eine Abzweigung, da könntest du abfahren.« Ja, 15 Minuten, das schaffe ich gerade noch!

Tapfer stapfte ich weiter den Berg hoch. Schritt für Schritt. Und schon war sie da, die Abzweigung. »Hier kannst du jetzt runterfahren – es gäbe allerdings in 15 Minuten noch mal eine Abzweigung«, bot mein Mann an. Ja, dachte ich, es ist gerade so gut gelaufen, diese 15 Minuten schaffe ich auch noch. Und dann, dann werde ich abfahren. Das Spiel wiederholte sich noch zweimal, dann kamen wir nach einer Viertelstunde aus dem Wald heraus, ich war bereit zur Abfahrt, da zeigte mir mein Mann den Gipfel: »Schau!« Ich sah die Hütte und die Fahne am Gipfel. Wow! So weit hatte ich es schon geschafft! Mein Entschluss, abzufahren, war augenblicklich hinfällig. Ich hatte das Ziel gesehen! Jetzt aufzugeben kam nicht infrage. »Ich will da rauf!«, schrie es in mir – entgegen aller Müdigkeit und Anstrengung. Die Fahne auf dem Gipfel wirkte wie ein Magnet. Und natürlich kam ich auch oben an – glücklich.

Haben wir das Ziel nicht klar vor Augen, geben wir leicht

auf, sobald die Kräfte nachlassen. Das war meine Situation am Berg – und genau das ist die Situation vieler Kinder in der Schule. Nur die wenigsten haben eigene Ziele vor Augen: Den meisten fehlt beim Lernen dieser Gipfelblick. Sie setzen sich morgens in ihre Schulbank und tun halt, was getan werden muss. Sie dösen vor sich hin, spielen mit ihrem Handy unter der Bank oder lassen sich berieseln.

Statt zu fordern: »Jetzt lern endlich!«, können wir uns mit unseren Kindern mal auf die Couch setzen, mit ihnen träumen und herumspinnen – und mit ihnen einen Blick auf den nächsten Gipfel werfen: »Sag mal, was würdest du gerne später machen, wenn dir alle Möglichkeiten offenstünden? Wo zieht es dich hin? Was ist deine Sehnsucht? Wo könnte da ein Gipfel sein, den du erklimmen willst?« Visionen bringen Richtung in unser Leben. Sie machen einen Menschen lebendig und stark.

Manche Jugendlichen haben bereits ihre Gipfelblicke. Sie wissen: Ich will Grundschullehrerin werden, die Firma vom Papa übernehmen oder Ingenieur werden. Vielleicht antwortet Ihre Tochter auch, sie würde nach dem Abitur gerne ein Jahr nach Australien gehen und dort als Bedienung arbeiten oder Model werden. Und Ihr Sohn möchte nach der Realschule nicht, wie Sie denken, sein Fachabitur machen, sondern eine Bildhauerlehre. Oder er will Fußballprofi oder Musiker werden und eine Band gründen.

Was wissen Sie von den Träumen Ihres Kindes? Und wenn Sie diesen Gipfelblick unrealistisch und brotlos finden? Da dürfen Sie natürlich schlucken, aber reden Sie Ihrem Kind sein Ziel nicht aus! Machen Sie es ihm nicht madig! Einem Kind ein selbst gewähltes Ziel zu nehmen bedeutet, ihm den Motivationshahn abzudrehen. Träume tragen die Kinder weiter von einem Ziel zum nächsten. Hermann Scherer sagt dazu in seinem Buch *Glückskinder*, wir müssten unsere Kinder eigentlich zu »Luftschlossarchitekten« ausbilden.[41]

Als Lehrer reden wir permanent über Lernziele, die im Lehrplan verankert sind, aber nicht über die Ziele der Kinder. Und als Eltern sprechen wir viel zu oft über die Vorstellungen, die *wir* für unsere Kinder haben, aber nicht über *ihre* Träume. Kein Wunder, dass sich die Heranwachsenden da querstellen. Wenn wir die Kinder ihre eigenen kleinen oder großen Gipfel entdecken lassen, dann haben sie auch plötzlich einen Grund, sich anzustrengen und durchzuhalten, besonders wenn der Weg mühsam wird. Der Blick auf den Gipfel bringt Kinder in Bewegung und führt sie in die Eigenverantwortung. Er zieht sie weiter wie ein Magnet: »Ich will da rauf!«

LARISSA UND IHRE GEIGE

Welche Power entsteht, wenn Kinder sich selbst Ziele setzen, hat meine Freundin Claudia mit ihrer Tochter Larissa (7. Klasse) erfahren. Seit vier Jahren spielt sie Geige, und davon diskutierte die Mutter drei Jahre lang täglich mit ihr, weil sie sich weigerte, zu üben. Darauf wies auch die Musiklehrerin immer wieder hin. Claudia zog alle Motivationsregister: von Sternchen, die auf einem Übungsblatt gesammelt und dann in Belohnungen eingetauscht werden konnten, über Erinnerungen, Ermahnungen, Androhung von Konsequenzen usw. Was passierte? Nichts. Gar nichts. Es interessierte Larissa nicht. Seltsamerweise wollte sie aber auch nicht mit den Musikstunden aufhören.

Die Eltern überlegten sich dann, dass Larissa vielleicht durch das Zusammenspiel mit anderen in einem Orchester die nötige Motivation finden würde. Das Schulorchester der Realschule bot sich an. Doch dieses war so anspruchsvoll und mit vielen älteren Schülern besetzt, dass Larissas Musiklehrer ihr riet: »Da kannst du vielleicht in zwei Jahren hingehen, momentan ist es noch viel zu schwer für dich.« Larissa sah sich das Schulorchester dennoch an. Begeistert kam sie zurück: »Mama, die spielen dort Musicals und so. Und dann machen sie Konzerte. Da will ich auch mitmachen!«

In diesem Moment wendete sich das Blatt: Sie schnappte sich ihre Geige, bisher meist verwaist in einer Ecke des Esszimmers stehend, nun bis zu 20-mal am Tag und spielte ihre Stücke. Im Esszimmer! Morgens! Kurz nach 6 Uhr begann sie und spielte auch noch abends um 22 Uhr, wo sie fast gewaltsam gebremst werden musste. Für den Rest der Familie war das nicht nur vergnüglich. Niemals hätte sich Claudia träumen lassen, einmal zu ihrer Tochter zu sagen: »Hör! Endlich! Auf! Zu! Üben!« Und manchmal überkamen sie ganz unpädagogische Gedanken: »Waren das noch schöne Zeiten, als sie nie geübt hat!«

Solche Wunder passieren, wenn Kinder sich selber Ziele setzen. Eigene Ziele bringen sie in die Selbstverantwortung, und dann gehen Kinder mit ihrem Engagement durch die Decke. Ob es sich dabei um ein Instrument handelt oder um Fächer wie Englisch oder Biologie, ist nebensächlich.

WENN ELTERN ES ZU GUT MEINEN

Ein weiteres Hemmnis auf dem Weg zur Verantwortlichkeit sind wir selbst: Es fällt uns Eltern oft so schwer, den Heranwachsenden die Verantwortung für die Schule nach und nach zu übergeben und sie ihren Weg selber gehen zu lassen. Wir haben ein Problem damit, sie loszulassen. Wir haben Angst, dass unsere Kinder auf ihrem Bildungsweg unter die Räder kommen könnten. Und wir lieben sie so sehr, dass wir sie vor jeglichen Misserfolgen und schmerzhaften Erfahrungen bewahren wollen. Daher räumen wir ihnen nur allzu oft und allzu früh die Steine aus dem Weg, die sich ihnen entgegenstellen – ohne zu registrieren, wie sehr wir sie damit schwächen: Wir erinnern sie an Termine, kontrollieren, ob sie ihre Sportsachen dabeihaben und ob der Zirkel für Geometrie eingepackt ist. Auf diese Weise setzen wir sie bildlich in einen Schubkarren und schieben sie eigenhändig über die Ziellinie der nächsten Klassenarbeit. Welch unglaublicher Kraftakt! Dass uns darüber viele graue Haare wachsen, ist kein Wunder.

Wir Eltern können nicht für unsere Kinder lernen. Sie müssen selber Anlauf nehmen, um den Weitsprung zu schaffen, und sie müssen selbst in die Saiten greifen, damit die Musik erklingt! Auch ich als Mutter neige immer wieder dazu, zu früh zu unterstützen. Dabei vergessen wir meist: Motivationskraft entfaltet sich in vielen Fällen erst dann, wenn wir vor einer scheinbar unüberwindbaren Wand stehen. Oft bewirkt erst eine Notsituation die not-wendige Wende und weckt die Motivation, aktiv zu werden. Denn die ist vorher ja nicht nötig: Erst wenn das behagliche Feuer heruntergebrannt ist und uns ungemütlich kalt wird, schultern wir die Axt und machen uns auf den Weg in den Wald, um Holz zu schlagen.

Die Schubkarren-Lösung mag vielleicht kurzfristig funktionieren, aber langfristig können wir dieses Spiel nicht gewinnen. Inzwischen wissen wir ja: Nur wenn ein Kind weiß, wozu es lernt, nur wenn es in dem, was es lernt, für sich einen Sinn erkennt, hält es den Schlüssel für die Motivation selbst in der Hand.

CO-VERGESSER UND CO-STABILISATOREN

Kinder, die zu oft erinnert und immer angeschoben werden, sind in einer ähnlichen Situation wie ein Alkoholiker, der es nicht nötig hat, von seiner Sucht loszukommen, weil ihn seine Partnerin als Co-Alkoholikerin unablässig stützt. Das Schlimmste wird immer gerade so verhindert – und der ungute Zustand der Sucht bleibt bestehen.

So läuft es auch zwischen Frau Müller und ihrer Tochter. Als »Co« stabilisiert sie Kathis Untätigkeit. Sie erinnert Kathi an alles und drängt sie zu lernen. Damit schiebt sie sie quasi jedes Mal in den Wald – noch bevor das Feuer ganz heruntergebrannt ist. Das ist ein fundamentaler Fehler, denn Kathi erlebt niemals, wie es ist, wenn es einem kalt wird. Das Bedürfnis, sich um Holz zu kümmern, kommt gar nicht erst auf. Das macht ja immer die Mutter – aus der Angst heraus, Kathi könnte frieren. Damit aber blockiert sie die Selbsthilfe- und Motivationskräfte ihrer Tochter. Kathi darf also ruhig erfahren, was passiert, wenn sie nichts für die Schule tut.

EINE SCHWERE HYPOTHEK

Viele junge Menschen verlassen die Schule mit einer schweren Hypothek: Tief in ihrem Innern hat sich die Überzeugung festgesetzt, nicht zu genügen. So nehmen sie ihren Mr. Perfect, der sie schon während der Schulzeit gequält hat, mit hinaus ins weitere Leben: »Es gibt Vorhaben, die du niemals schaffen wirst!«, flüstert er immer weiter. Tragischerweise sind keineswegs nur die davon betroffen, die sich besonders schwergetan haben, sondern auch jene, die eigentlich ganz gut durchmarschiert sind. Ihre Grundmelodie lautet: »Ich kann es nicht!« Wer die Schulzeit einigermaßen gut hinter sich gebracht hat, bezieht diesen Glaubenssatz »nur« auf einzelne Bereiche wie Mathematik, Sprachen oder auch Sport, Musik oder Kunst. Viele hingegen sind davon überzeugt, als Mensch insgesamt nicht sonderlich kompetent zu sein. Das lähmt, zerstört die Motivation und damit auch den eigenen Lebenserfolg.

Ich selbst habe nicht die geringste Lust, Dinge zu versuchen, von denen ich weiß, dass ich sie vermutlich nicht oder nur unzureichend können werde. Wenn ich zum Beispiel gerne ein Soufflé hinbekommen wollte, aber schon von vornherein überzeugt bin, dass es nichts wird, weil ich es schon mehrmals versucht habe und immer gescheitert bin: Warum soll ich mir dann die Mühe machen? Warum mich anstrengen?

SELBSTWIRKSAMKEIT – DER WEG ZUM ERFOLG

Die meisten Menschen haben ein enormes Potenzial, leben aber nur einen Bruchteil davon aus. Auch Kinder könnten so viel mehr, als wir ihnen zugestehen und als sie sich selbst zutrauen. Oft halten negative Glaubenssätze sie davon ab, ihr gesamtes Potenzial auszuschöpfen. Dabei ist der Glaube an uns selbst die stärkste Kraft, die wir haben! Bei Kindern wie Erwachsenen. Positive Überzeugungen wie »Chemie macht so Spaß und ich bin da gut!« oder »Ich werde die Mathe-Klassenarbeit schon schaffen!« bringen uns voran. In der Psychologie sprechen wir hier von »self-efficacy«, zu Deutsch: Selbstwirksamkeit. Damit ist gemeint, dass ein Mensch die tiefe Überzeugung besitzt, neue oder schwierige Aufgaben bewältigen zu können.

Ist es nicht das, was wir uns für unsere Kinder wünschen: dass sie zuversichtlich sind, dass sie das Leben mit all seinen Hürden packen werden? Wenn das am Schluss herauskommt, egal, welche Note im Zeugnis steht, dann können wir uns glücklich schätzen! Dann könnten wir Eltern unsere Kinder viel leichter loslassen und ihnen die Verantwortung für ihr Lernen und Leben auch tatsächlich mehr und mehr übertragen. Und könnten sie getrost ins Leben hinauslassen ohne Angst, dass sie es nicht bestehen.

DER GLAUBE AN SICH SELBST – ERFOLGSENTSCHEIDEND BEI PRÜFUNGEN

Die Selbstwirksamkeitserwartung spielt nicht nur während des Lern- und Arbeitsprozesses eine große Rolle, sondern auch, wenn es darum geht, das Gelernte wieder abzurufen, also in Prüfungssituationen. Kinder, die nicht an sich glauben, versagen im entscheidenden Augenblick viel häufiger als Kinder mit der entspannten Einstellung: »Irgendwie wird das schon!«

Ein typisches Beispiel zweier Schüler, die in Geografie mündlich ausgefragt werden: Benedikt ist nicht vorbereitet, sagt sich aber: Irgendwas werde ich schon noch wissen. So marschiert er selbstbewusst an die Tafel. Er weiß tatsächlich noch ein paar Dinge, und da er locker drauf ist, kann er sie geschickt darbieten und sich gekonnt über seine Lücken hinwegmogeln. Ergebnis: Befriedigend, immerhin. Sabine dagegen hat sich sehr gut vorbereitet, denn sie ahnte schon, dass sie demnächst drankommen wird. »Mensch, jetzt bloß nicht die Zwei im Zeugnis verhauen!«, denkt sie, während sie nervös in Richtung Tafel geht. Und plötzlich ist das Gelernte weg. Nein, einzelne Bruchstücke weiß sie noch auswendig, aber sie kann nicht mehr logisch denken und die Zusammenhänge herstellen. Sie stammelt, verfranzt sich und strauchelt. Das Ausfragen geht in die Hose. Ergebnis: Vier minus. Manchmal ist der Glaube an sich selbst entscheidender, als einen Nachmittag lang zu lernen!

QUELLEN DER SELBSTWIRKSAMKEIT

Wie entwickelt sich nun diese für Lernlust und Lernerfolg so fundamental wichtige Selbstwirksamkeitsüberzeugung »Ich bin gut! Ich pack das!«? Und wodurch kommt dieser positive Zirkel in Gang?

Quelle 1: Erfolg macht erfolgreich!

Ich muss als Lernender die Aussicht haben, dass ich erfolgreich bin. Nichts motiviert uns mehr als der Erfolg selbst. Und Erfolg meint hier nicht nur Noten, sondern die Erfahrung, nach einer Lerneinheit etwas verstanden zu haben und tatsächlich zu können. Dazu muss das, was gelernt werden soll, grundsätzlich zu bewältigen sein.

Je häufiger ein Heranwachsender die Erfahrung macht, dass er eine Herausforderung bewältigt, desto stärker entwickelt sich in ihm die Überzeugung: »Ich bin gut! Ich kann das.« Und das gibt ihm die Kraft, sich an neue Aufgaben zu wagen.

Jeder von uns trägt unbewusst ein Erfolgskonto mit sich herum, das gleichzeitig ein Selbstwirksamkeitskonto ist. Mit jeder Erfolgserfahrung füllt sich dieses Konto unserer Selbstwirksamkeit. Und mit jedem Misserfolg leert es sich wieder ein bisschen. So wie jedes Gelingen auf die Selbstwirksamkeit einzahlt, hebt jeder Misserfolg wieder ein Stück davon ab. Ob Schüler sich also nachmittags leicht dazu aufraffen können, sich an den Schreibtisch zu setzen und ihre Hausaufgaben zu machen, hängt entscheidend davon ab, ob sie sich grundsätzlich als »Könner« fühlen und das Gefühl haben, ihren »Lernjob« bewältigen zu können. Auch dafür, dass wir überhaupt Herausforderungen in Angriff nehmen, zum Beispiel eine Ausbildung, ein Studium oder eine Promotion, braucht es dieses Gefühl der Selbstwirksamkeit.

Damit das Erfolgskonto nicht allzu schnell leer wird, ist es zum Beispiel wichtig, dass wir Eltern Noten nicht absolut setzen, sondern sie im großen Kontext betrachten und ihnen den Wert beimessen, der ihnen tatsächlich zusteht – statt unser gesamtes Familienleben davon prägen zu lassen. Lassen Sie uns die Schultage also nicht danach beurteilen, welche Noten-Ernte die Kinder am Abend eingefahren haben, sondern welche Saat wir für das Gelingen ihres Lebens gesät haben.

Biss und Selbstdisziplin

Das Gefühl von Selbstwirksamkeit beflügelt die Motivation und bestimmt maßgeblich, wie sehr wir bereit sind, uns reinzuhängen und durchzuhalten. Ohne Mühe, Durchhaltevermögen, Biss und Disziplin kommen wir selten zum Erfolg. Insbesondere, wenn es einmal schwer wird und Durststrecken kommen, sollten wir über diese Fähigkeiten verfügen. Untersuchungen zeigen, dass Menschen mit einem starken Vertrauen in die eigene Kompetenz größere Ausdauer bei der Bewältigung von Aufgaben haben und ihnen mehr gelingt. Und je mehr gelingt, desto mehr wächst die Selbstwirksamkeitserwartung – ein Kreislauf, bei dem der Erfolg im Grunde genommen nicht mehr aufzuhalten ist, weder in der Schule noch im Job.

Selbstwirksamkeit und Selbstvertrauen

Das Gefühl von Selbstwirksamkeit führt zum Selbstvertrauen. Das Vertrauen in mich selbst. Und wann kann ich mir selbst vertrauen? Dann, wenn ich mich auf mich verlassen kann. Das hängt wiederum mit Selbstdisziplin zusammen. So ist es beispielsweise anstrengend, eine Seminararbeit, einen Artikel, dieses Buch zu schreiben oder auch eine Präsentation zu erstellen, die zu einem bestimmten Zeitpunkt fertig werden soll. Es gibt Tage, da denkt man: »Heute läuft es irgendwie nicht, ach, ich lass es und mach morgen weiter«. Am nächsten Tag ist es aber auch nicht besser. Dazu kommen das schlechte Gewissen und so ein kleines bisschen Angst, dass man vielleicht generell nicht fertig wird. Und schon ist man im negativen Fahrwasser der Versagensangst. Augenblicklich nehmen auch die Lust und die Willensstärke ab.

So wie Babys permanente Verlässlichkeit brauchen, damit sie Urvertrauen entwickeln können, so ist auch unsere Selbstwirksamkeit ein zartes Pflänzchen, das kontinuierlich auf nährendes Futter angewiesen ist. In meinem Fall heißt das: Auch wenn es mich auf die Couch zieht oder wenn ich gerade lieber Küchenschränke sauber machen und alle Schuhe putzen würde, als mich zum Schreiben hinzusetzen, gehe ich trotzdem in mein Büro und fange einfach an – und zwar mit dem, was am leichtesten fällt. In meinem Fall mit Recherchearbeiten im Internet oder mit dem Lesen von Fachliteratur. Hilfreich sind dabei Gewohnheiten, die leicht von der Hand gehen.

Das Anfangen ist für die meisten Kinder – wie auch für die meisten Erwachsenen – immer wieder eine Überwindung. Rituale helfen uns dabei. Und auch Lust und Spaß kommen oft erst mit dem Tun, dann nämlich, wenn wir merken: »Geht doch!« Und wenn wir die blockierenden Glaubenssätze damit Lügen strafen. Der Anfang ist die halbe Miete: »Für jedes Gewinnen ist das Beginnen unerlässlich«, meint Andreas Müller. Weiterhin braucht es kleine, bewältigbare Zwischenziele. Bei mir sind es zum Beispiel fünf Seiten am Tag, die zu Papier gebracht werden sollen. Das ist zu schaffen. Mir hilft da oft der Gedanke daran, wie ich am Abend stolz auf meine neuen Textseiten schauen kann und wie ich mich dann freuen werde.

Welche kleinen, machbaren Zwischenziele setzt sich Ihr Kind? Wie viele Vokabeln will es zum Beispiel am Tag wiederholen?

Wenn wir an unsere Kinder und Jugendlichen glauben, dann können auch sie an sich glauben und sich etwas zutrauen. Der Glaube an sich selbst die stärkste Kraft, die Kinder haben. Und dann sind sie auch bereit, etwas dafür zu leisten. Dazu müssen wir den Kindern allerdings einen Zahn ziehen: nämlich den Glauben, Intelligenz sei etwas, das jemand hat oder nicht hat. »Ich bin eben nicht so gut in Mathe« ist dann ein Satz, der hinfällig ist, denn jeder kann nahezu alles lernen. Es ist nur eine Frage der Zeit, wie die Down-Kinder uns gelehrt haben! Das sollten Lernende wissen, denn das gibt ihnen Hoffnung in einer Lernkrise.

Kompetenzraster als Weg zum selbstständigen Lernen

Wie können wir Heranwachsenden nun helfen, mit Selbstdisziplin und in Eigenverantwortung zu arbeiten, wenn sie sich am liebsten vor dem Lernen drücken? Hier hilft eine Kombination aus Selbstbestimmung und klarer Vereinbarungskultur. Commitments und Contracting gehören hier dazu. Es darf Spaß machen, aber wichtig ist auch die Verbindlichkeit und das Erfüllen von Verpflichtungen! Dies ermöglichen Kompetenzraster, mit denen die Jugendlichen ihr Lernen selbstständiger organisieren können. Grundlage dafür sind die Lehr- und Bildungspläne. Kompetenzraster beschreiben in einer übersichtlichen Tabelle, was man in einem Fach können sollte. Dabei geht es nicht darum, welchen Stoff man »schon gehabt« hat, sondern um die Formulierung »Ich kann …«, »Ich weiß Bescheid über …« usw. Die Struktur gibt den Schülern Orientierung und Sicherheit beim eigenständigen Lernen. Kompetenzraster zeigen einen Entwicklungsweg und geben Auskunft darüber, was ein Schüler bereits kann und welche Fähigkeiten er noch erwerben muss – vergleichbar einem Kompass, der den Schüler leitet und ihm zeigt, wo er in seinem Lernprozess gerade steht. Was Eltern und Lehrer oft mit Druck erreichen wollen, übernimmt hier das Kompetenzraster, an das der Schüler gebunden ist. Das Ziel ist dabei immer vor Augen. Auf diese Weise werden viele gelingende Momente und Erfolgserlebnisse organisiert, denn Lernende können dabei individualisiert in ihrem Tempo und auf ihrem Niveau arbeiten. So kann das Erfolgskonto permanent aufgefüllt werden und letztlich schwarze Zahlen schreiben.

Wenn der Sturm zu heftig wird

Fast jeder von uns hat das schon erlebt: Wir sind frustriert und resignieren, wenn wir uns dauernd stark überfordert fühlen. Letzteres ist im Schulalltag häufig der Fall. Dagegen blühen wir auf, wenn wir in einem mittleren Maß und in einer Weise gefordert sind, die zu bewältigen ist. Dann macht es nichts, wenn wir uns ab und zu auch mal überfordert fühlen oder wir uns an äußeren und inneren Widerständen reiben müssen. Dann werden wir einen großen Schritt über die Zone hinausgeschoben, in der wir uns wohl und sicher fühlen: die Komfortzone. Wir tauschen damit das gewohnte, gemütliche Routine-Sofa ein gegen noch unbekanntes Lernterrain und wagen ein Stück »noch ungelebtes Leben«. Im Neuland, in der Fremde waren wir noch nie und da kennen wir uns nicht aus. Der erste Schultag, der Wechsel von der Grundschule in eine weiterführende Schule, die erste Fremdsprache, die erste Präsentation, das erste Buch, der Wechsel des Arbeitsplatzes – all das sind solche kritischen Momente. Wie wird es werden? Komme ich in der neuen Schule zurecht? Werde ich das packen mit dem neuen Job? Kommt die Präsentation beim Auditorium an? Jedes Mal, wenn wir unsere Komfortzone verlassen, ist das ein Abenteuer mit ungewissem Ausgang. Und die inneren Schweinehunde lauern an jeder Ecke mit dem Wunsch, wieder in die warme, komfortable Stube zurückzukehren.

Die Komfortzone zu verlassen und mit inneren und äußeren Widerständen kämpfen zu müssen, hilft uns aber, unseren Kompetenzradius, unsere Freiheit und unsere Lebensmöglichkeiten zu erweitern: Die Wurzeln eines Baumes werden stärker, wenn er immer wieder Wind und Sturm ausgesetzt ist. Dies gilt jedoch nur, solange dieser Zustand nicht zu lange anhält und den Lernenden nicht dauerhaft überfordert. Ist der Sturm zu stark oder dauert er zu lange, entwurzelt der Baum und wir verlieren leicht den Glauben daran, dass wir das Ding schon schaukeln werden. Und wenn Kinder eine Situation so erleben, dass sie sie nicht meistern können, werden sie einen großen Bogen um das Lernen machen und ausweichen, wo es nur möglich ist. Denn die Angst vor dem Scheitern ist scheußlich! »Wieder eine Vier. Ich kann's halt nicht. Weiß auch nicht, warum!«, schmettern einem dann die Kinder entgegen. Sie befinden sich dann nicht mehr in der bewältigbaren Lernzone, sondern in der Panikzone. Sie haben Angst zu versagen. Sie fürchten sich davor, zu scheitern.

Fehler werden bestraft

Ein Grund mangelnder Selbstwirksamkeit ist also unsere Versagensangst. Die Angst, keinen Fehler machen zu dürfen. »Aber natürlich dürfen Schüler in der Schule Fehler machen!«, höre ich die Schulbehörden jetzt kontern. Wo denken wir hin, dass wir das anzweifeln! »Nur aus Fehlern lernt man!«, lautet das offizielle pädagogische Statement. Aber schauen wir doch mal genauer hin: Faktisch werden Fehler nicht nur in schriftlichen Prüfungen oder beim mündlichen Ausfragen bestraft; die Lehrer sind angehalten, auch im Unterrichtsfortgang mündliche Noten zu machen. Dies geschieht manchmal durch Referate, überwiegend aber durch die Bewertung der Mitarbeit im Unterricht. Theoretisch ist dies eine Möglichkeit für schwächere Schüler, ihre Note zu verbessern, da Lehrer im Mündlichen meist milder bewerten. Doch de facto können viele Schüler diese Chance kaum nutzen. Fühlen wir uns einmal ein: Wie würde es Ihnen ergehen, wenn Sie für jede Ihrer Äußerungen bewertet werden, noch während Sie dabei sind, etwas Neues zu lernen? Jede falsche Äußerung macht die mündliche Note schlechter – und wenn die Lehrkraft nicht gleich eine Note vergibt, dann notiert sie sich doch oft Zeichen: + für gut, – für schlecht und o für so lala. Wenn Sie das wissen: Hätten Sie dann Lust, mit Ihren Antworten herauszusprudeln und Fehler zu riskieren? Oder wären Sie gehemmt und hätten Angst, etwas Falsches zu sagen? Eben. Genauso ergeht es vielen Schülern. Auch sie sind vorsichtig, wenn sie wissen, dass sie bewertet werden. Auch die Lust nachzufragen, wenn man etwas nicht verstanden hat, legen wir damit an die Kette. Wer gibt denn unter diesen Umständen gerne zu, dass er etwas – vielleicht als Einziger der Klasse – immer noch nicht kapiert hat? Wer traut sich tatsächlich, so lange nachzufragen, bis er es verstanden hat?

Ich glaube, dass wir durch die Omnipräsenz von Noten selbstmotiviertes Lernen behindern. Daher plädieren viele Lehrer inzwischen dafür, dass Lern- und Prüfsituationen strikt auseinanderzuhalten sind.

Fehler – Stationen auf dem Weg zum Erfolg

Die meisten von uns sind in ihrem Leben bei Fehlern mehr kritisiert und abgewertet worden als ermutigt. Das bleibt nicht ohne Folgen. Wenn Kinder demoralisiert oder entmutigt sind, wenn sie an sich zweifeln, dann verlegen sie sich aufs Nichtstun: »Es lohnt sich ja nicht, wenn ich was tu!« Dabei meinen es die Lehrer doch gut, wenn sie Fehler anstreichen und Defizite aufzeigen. Doch was die Schüler dabei mitlernen, sind innere Überzeugungen: »Ich glaube, ich bin dumm«, »Ich bin nicht gut genug«, »Ich kann nicht erfolgreich sein« usw. Wie viele Erwachsene gibt es, die nicht mehr lernbereit sind, weil sie denken, dass alle anderen besser sind als sie! Und andere wiederum sind Titeljäger geworden, um allen zu zeigen, dass sie eben doch nicht doof sind. »Aber auch das letzte Diplom oder der letzte Beweis einer gelungenen Prüfung hat sie nicht überzeugt, dass sie nicht dumm sind.«[42]

Um konstruktiv scheitern zu können, müssen wir aufhören, Fehler als Versagen zu verstehen. Fehler sind Zwischenstationen, Versuche, die richtige Lösung zu finden. Fehler sind Freunde, denen wir immer dann begegnen, wenn wir durch »trial and error«, also durch Versuch und Irrtum lernen. Wie kommen Schüler an den Punkt, an dem Fehler dem Erfolg dienen? Indem sie sich vornehmen: »Diesen Fehler mache ich kein zweites Mal!« Das geht nur, indem sie sich damit auseinandersetzen. Daraus entsteht sogar die Hoffnung, richtig gut zu werden und dem Ziel, der Meisterschaft immer näher zu kommen.

Wenn ein Kind zu mir ins Lerncoaching kommt – zum Beispiel mit einer Klassenarbeit in Französisch mit der Note Fünf –, dann ist das Erste, was ich unternehme, mit dem Schüler den Weg aus der Hoffnungslosigkeit zu gehen. Und der ist gar nicht schwer! Ich kopiere die Arbeit, und dann markieren wir zusammen mit dem Leuchtstift zuerst einmal alle Fehler, die einfach zu vermeiden gewesen wären – zum Beispiel Vokabelfehler. Ob nun ein Wort falsch übersetzt wurde oder ob ein Rechtschreibfehler im Wort war – egal! Wir zählen die Fehler zusammen, und oft stellen wir fest, dass der Schüler bereits ein bis zwei Noten besser abgeschnitten hätte, wenn er nur die Vokabeln beherrschen würde. Sofort wächst die Hoffnung. Anschließend schauen wir uns zum Beispiel die Verbformen an, die ebenfalls gut gelernt werden können. Am Schluss bleiben dann oft nur noch ein paar Fehler übrig, die tiefer gehendes Erklären und Nacharbeiten verlangen.

Quick Shitty Draft

Wenn Schüler für einen Hausaufsatz im Fach Deutsch eine Woche Zeit haben, dann setzen sie sich normalerweise nicht gleich hin und schreiben den Aufsatz. Sondern sie merken: »Oh, das wird ja kompliziert, das schüttle ich nicht schnell mal aus dem Ärmel.« Und wenn das beruhigende und zuversichtliche Selbstwirksamkeitsgefühl »Ich kann das gut schaffen!« nicht ausreichend vorhanden ist, ist ihre gesunde und spontane Reaktion: Aufschieben! So schieben sie den Aufsatz tatsächlich oft tagelang vor sich her und schreiben ihn auf den letzten Drücker. Eine gute Möglichkeit, das Gefühl von Selbstwirksamkeit zu initiieren, ist die Methode des »Quick Shitty Draft« – angelehnt an das amerikanische »shitty first draft«. Ich habe sie an mir, an vielen Erwachsenen und an zahlreichen Kindern getestet und mit großem Erfolg eingesetzt. Wörtlich übersetzt bedeutet »Quick Shitty Draft« schneller »beschissener« Entwurf. Und der geht so:

1. Quick: Der Lernende kommt schnell ins Tun und macht einen ersten Entwurf für den Aufsatz. Am besten mit dem PC. Dafür ist maximal eine viertel bis halbe Stunde vorgesehen (diese Zeit hält man gerade noch aus, wenn man etwas erledigen soll, was man nicht so gerne macht).

2. Dieser Entwurf darf ruhig »shitty« sein! Er darf voller Fehler sein, und es darf viel Mist drin stehen. Wichtig ist, dass das Kind überhaupt angefangen hat.

3. Am nächsten Tag holt das Kind den Aufsatz wieder heraus und tut so, als ob ihn jemand anderer geschrieben hätte. Denn nicht nur wir Erwachsenen, auch Kinder tun sich schwer, mit einer Sache zu beginnen. Was wir aber dagegen sehr gut können: verbessern und optimieren. Da beginnt dann auch der Spaß, denn das Kind darf sich entrüsten: »Also, wer hat denn diesen Quatsch geschrieben? Das ist ja katastrophal. Ey, das könnte ich besser!« Und dann wird verbessert, was möglich ist. Beim Lesen fallen dem Kind von selbst schönere und treffendere Worte ein. Es tut, was sonst nur Lehrer tun: Es wirft Sätze raus und formuliert neue. Alles ohne Druck. Am nächsten Tag macht das Kind dasselbe noch einmal. Und am Tag darauf noch einmal usw. Viele Kinder staunen dann nach einer Woche, was für ein toller Aufsatz entstanden ist und dass sie selbst ihn geschrieben haben!

Als ich diese Methode das erste Mal bei einer Sechstklässlerin eingesetzt habe, habe ich allerdings mein blaues Wunder erlebt: Lisa knallte mir im Lerncoaching ihr Aufsatzheft auf den Tisch und giftete mich an: »Ich mach das niiiiiie mehr so!« Erschrocken fragte ich nach, was denn passiert sei. »Meine Lehrerin«, klärte sie mich auf, »hat vor der ganzen Klasse gesagt: ›Dieser Aufsatz ist so gut, denn kannst *du* nicht geschrieben haben!‹«

So eine Kraft hat diese Methode des »Quick Shitty Draft«: Sie öffnet die Türen unseres Potenzials. Sie macht uns erfolgreich, denn sie befreit uns aus den Kerkern der Versagensangst – Kinder wie Erwachsene! Vielleicht werden Sie jetzt einwenden: Ja, aber in der Klassenarbeit haben die Schüler nicht eine Woche Zeit, da muss es auch schnell gehen und da herrscht eine Menge Druck. Das ist richtig. Aber die Kinder haben es bereits einmal erlebt, wie gut sie es können. Und das erhöht die Selbstwirksamkeitserwartung enorm. Denn oft sind es ja die inneren Glaubenssätze wie »Ich bin einfach nicht gut im Aufsatz«, die den Kindern die Energie rauben und sie blockieren.

Quelle 2: Gewonnen wird im Kopf

»Mein Vater machte mir das größte Geschenk, das jemand einem anderen Menschen geben kann: Er glaubte an mich«, sagte einmal der ehemalige US-amerikanische Basketballtrainer Jim Valvano. Für die Entwicklung der Selbstwirksamkeitsüberzeugung von Kindern ist es notwendig, dass wir sie bestärken, ermutigen und an sie glauben. Denn dann können sie auch lernen, sich selbst zu ermutigen und an sich zu glauben. Das ist gar nicht so einfach: Die meisten von uns entmutigen sich täglich selbst mit negativen Selbstgesprächen, die sich dann zu sich selbsterfüllenden Prophezeiungen verfestigen. Jedes Mal, wenn wir eine neue Aufgabe beginnen möchten, geht uns schon vorher die Luft aus. Ist unser innerer Dialog dagegen positiv, können wir alles daransetzen, unser Ziel zu erreichen.

Was Kinder dabei wissen müssen: Die Kraft, eine Leistung zu erbringen oder zu versagen, entsteht zuallererst in unserem Kopf, genauer: in unseren Gedanken über uns selbst. Ob wir nun gut oder schlecht über uns denken – es hat Auswirkungen auf unsere Lust, etwas zu leisten und gegebenenfalls alles zu geben oder eben alles aufzugeben.

Wir sehen das häufig bei Fußballspielen: Da ist eine kämpferische, motivierte Mannschaft, die jedoch mit 2:4 hinten liegt. In der 82. Spielminute ist allen klar: Das Spiel ist gelaufen. Und dann passiert das Unglaubliche: Die Mannschaft macht in den letzten Minuten drei Tore – und gewinnt! In den Interviews hinterher wollen die Journalisten natürlich wissen, wie die Spieler das nun gedreht haben. Die Antwort: »Wir haben bis zum Schluss an uns geglaubt und nicht aufgegeben!« – Auch ein Tennisspieler kennt das. Er weiß, dass bei einem Spiel der Gegner nicht nur auf der anderen Seite des Netzes ist, sondern vor allem im eigenen Kopf. Wenn ich von mir denke: »Das schaffst du ja sowieso nicht. Das wird nichts!«, dann werde ich nicht wirklich alles aus mir herausholen. Ich werde unsicher und vielleicht zittrig sein. Der unbedingte Siegeswille fehlt.

So ist es auch beim Lernen. Wir brauchen mentale Stärke. Die erlangen wir, indem wir den negativen inneren Dialog in einen positiven verwandeln. Das geht umso leichter, je mehr wir uns auf unsere Stärken besinnen und auf all das, was bereits geklappt hat. Aus »Ich vermassle bestimmt wieder die Klassenarbeit!« wird dann: »Ich kann die Grammatik schon ganz gut, hab mich im Unterricht beteiligt, meine Hausaufgaben gemacht. Und das, was ich noch nicht kann, übe ich morgen noch. Dann habe ich mein Bestes gegeben in der Vorbereitung.«

Quelle 3: Auch fallen will gelernt sein!

»Natürlich ist Siegen etwas Großartiges, aber wenn du wirklich etwas erreichen möchtest im Leben, musst du lernen, wie man verliert! Niemand bleibt alle Zeit ungeschlagen. Wenn es dir gelingt, dich nach einer vernichtenden Niederlage wieder aufzurichten, weiterzumachen und wieder zu gewinnen, wirst du eines Tages ein Champion sein!«[43] Diese beeindruckenden Worte stammen von Wilma Rudolph, die als Kind an Kinderlähmung erkrankte und als Erwachsene dreimal Olympiagold über 100, 200 und 4 x 100 Meter gewann.

Damit Kinder selbstverantwortlich lernen und ihr Lernen und Leben selbst in die Hand nehmen, müssen sie mit Misserfolgen und Versagen konstruktiv umgehen können. Scheitern ist eine Disziplin, die in der Schule komplett vernachlässigt wird, obwohl die meisten Kinder dort permanent scheitern. Bereits eine mittelmäßige Note zeigt: Es ist dir nicht wirklich gut gelungen! Und schlechte Noten sagen: Du hast versagt! Diese Niederlagen muten wir den Lernenden zu, aber wir zeigen ihnen nicht, wie es geht, nach dem Hinfallen wieder aufzustehen, die Krone zurechtzurücken und weiterzumachen.

Eine Lehrerin sagte in der Sprechstunde einmal zu den Eltern: »Ja, das muss Ihre Tochter halt auch lernen, mit Misserfolgen umzugehen!« Das ist im Prinzip richtig. Nur: »Wer soll es ihr beibringen und wie geht das?«, fragte mich die Mutter in der Beratung. Wissen Sie es? Erfahren Schüler das Risiko des Scheiterns nicht in dosierter Form, sondern in Form von vielen schlechten Noten, wird ihnen regelmäßig eine Überdosis Niederlagen und Enttäuschungen verabreicht. Und das führt zu starken Beeinträchtigungen des Selbstwertgefühls.

Neulich sah ich einen kleinen Jungen rasant mit seinem Roller in die Kurve fahren. Er rutschte dabei weg und fiel – aber er fiel so geschickt, dass er sich nicht wehtat. Dabei hielt er sogar noch den Roller fest und war dann sichtlich stolz, dass er knapp vor dem Radweg mit Anstand zum Stehen kam.

Versagensmanagement kommt in der Schule fast immer zu kurz. Und wenn, dann wird dieses Thema in angebotenen Lernkursen oft nur auf der kognitiven Ebene behandelt: Man spricht darüber und erhält Arbeitsblätter. Aber das reicht nicht! Wie Artisten, Schauspieler, Sportler das Fallen trainieren, so müssen wir das auch den Lernenden beibringen. Scheitern muss eingeübt werden, zum Beispiel, wenn eine Klassenarbeit danebengegangen ist. Radfahren lernen wir ja auch nicht, indem wir darüber sprechen, wie die Bewegungen auszuführen sind, und indem wir einen Lückentext ausfüllen. Radfahren lernt man, indem man Rad fährt. Hier braucht jeder Schüler einen Coach an die Seite, der da ist, auffängt und wieder auf die Beine hilft. Der zeigt, was dennoch erreicht worden ist, aus welchem Fehler gelernt werden kann usw. Ob das nun ein Lehrer, Eltern oder ein externer Coach sind, spielt dabei keine Rolle.

Die wichtigste Lektion, die Kinder – aber auch Eltern und Lehrer – lernen müssen: Scheitern ist das Normalste der Welt. Es ist kein Problem, im Gegenteil. Das Problem ist das Verleugnen und Unter-den-Teppich-Kehren. Wenn Schüler die Fünf auf ihrer Klassenarbeit nur anschauen, das Blatt gleich wieder abgeben und keine anderen Konsequenzen daraus ziehen als »Ich kanns halt einfach nicht!«, dann ist das fatal. Wir müssen unseren Kindern und Jugendlichen vielmehr vermitteln, dass eine Bruchlandung nicht das Ende ist. Eine Landebahn ist gleichzeitig immer auch eine Startbahn, die wieder nach oben führen kann. Beim Business-Experten Hermann Scherer habe ich sogar den Spruch gelesen: »Ich scheitere mich nach oben!« Schüler müssen daher den Zyklus des Scheiterns (hinfallen, aufstehen, Krone richten, weitermachen) als etwas ganz Alltägliches kennenlernen. Dann verdirbt ihnen das Misslingen einer Sache nicht gleich die ganze Lust! Ich stelle allerdings immer wieder fest, dass viele Eltern und Lehrer Heranwachsende bei Misserfolgen nicht besonders gut begleiten können, weil es ihnen in der Schule selbst nicht beigebracht wurde. Auch sie können nicht gut scheitern. Daher besteht der erste Schritt auf dem Weg, Kindern und Jugendlichen zu helfen, für Erwachsene darin, sich mit seinem eigenen Scheitern wohlwollend auseinanderzusetzen und zu versöhnen.

ERFOLGE FEIERN, WIE SIE FALLEN!

Es beflügelt Menschen ungemein, wenn sie sich vor Augen führen, was sie bereits alles geschafft haben. Das ist bei uns Erwachsenen nicht anders als bei Kindern. Und wie uns das Wasser im Mund zusammenläuft, wenn das Essen schön angerichtet ist, so ist das Auge auch an der Lernlust beteiligt. Richten wir es also für das Auge schön an, wenn Kinder etwas geschafft haben. Visualisieren wir die Erfolge! Erreichtes muss sichtbar gemacht werden. Dazu können Lehrer anleiten, aber auch die Eltern.

Eine Möglichkeit dafür sind grafische Darstellungen. So hatte sich eine Schülerin der 6. Klasse auf kariertem Blatt die Form eines Lineals gezeichnet und es ausgeschnitten. Jede Woche hatte fünf Kästchen, und jedes Mal, wenn sie ihre 20 Vokabeln gelernt und wiederholt hatte, malte sie ein Kästchen farbig an. Das ursprünglich weiße Lineal wurde immer bunter, und so hatte sie ihre vielen kleinen Siege über den inneren Schweinehund immer klar vor Augen. Und sie sah genau, was noch zu tun war.

Ähnlich geht es uns Erwachsenen, wenn wir uns vorgenommen haben, abzunehmen. Das geht ja oft nur in 100-Gramm-Schritten voran. Nach einer Woche haben wir immer noch nicht zwei Kleidergrößen weniger. Es kommt Ungeduld auf. Und es schleichen sich erste Gedanken ans Aufgeben ein. Aber wenn wir im Bad ein Diagramm hängen haben, in dem wir täglich eintragen, wie viel die Waage weniger anzeigt, dann wirkt das sehr motivierend – selbst wenn Tage dabei sind, an denen es wieder ein bisschen in die andere Richtung geht. Die 100-Gramm-Abnahmen addieren sich, die Tendenz nach unten wird sichtbar. So etwas hilft. Auch Kindern.

Weitere Ideen zur Visualisierung von Erfolgen: Nach Erledigung der Hausaufgaben kann Ihr Kind jeden Tag eine Erbse, ein Cent-Stück oder eine Walnuss in ein großes Glas werfen. Auch hier sieht es den Fortschritt. Älteren Schülern empfehle ich, ein

Erfolgsjournal anzulegen (bei jüngeren kann man es »Ich-freu-mich-Buch« nennen). Diese Idee kommt nicht aus der Pädagogik, sondern aus der Business-Welt und aus dem Sport. Viele Manager und Spitzensportler führen solche Erfolgsjournale. Ich übrigens auch. Wir alle haben Aufs und Abs in unserem Leben. Und wenn wir unten sind, verlässt uns manchmal der Mut und wir haben das Gefühl: »Ich bin nix, ich kann nix und keiner mag mich.« Wer dann in seinem Erfolgsjournal nachliest, welche Erfolge er bereits hatte, wie andere wunderbar über ihn gesprochen oder geschrieben haben, was der Lehrer X letztens über ihn gesagt hat und welch schöne SMS von der Freundin gekommen ist, der schöpft spätestens auf Seite 3 dieses Journals wieder Hoffnung und findet neuen Schwung, Mut und Selbstvertrauen. Denn an Misserfolge und Scheitern erinnern wir uns sehr genau, aber leider blendet unser Gehirn nur allzu leicht all das aus, was gelungen ist.

Nicht nur Feste muss man feiern, wie sie fallen, sondern auch die Erfolge, damit die Kinder sie wirklich wahrnehmen und Kraft aus ihnen ziehen – mit einem besonderen Essen, einem Restaurantbesuch, einem Kino- oder Konzertbesuch oder einfach einer kleinen Party mit Freunden. Je nachdem, was die Kinder für sich selbst als Belohnung erleben. Nur wenn wir die Erfolge der Kinder würdigen, kann wirklich in ihre Seele träufeln, welche Kompetenz sie errungen haben. Damit sie sie bewusst auf ihrem inneren Konto verbuchen können. Diese Buchungen machen stolz, stark und zuversichtlich. Daran erinnern wir uns auch später noch. Das gilt nicht nur für die großen Meilensteine wie den Schulabschluss. Auch kleine Erfolge verdienen Beachtung: dass die Schülerin früh genug angefangen hat, für eine Prüfung zu lernen. Dass sich der Schüler von einer Fünf auf eine Drei verbessert hat. Dass das Projekt »Vokabeln wiederholen« durchgezogen und erfolgreich abgeschlossen wurde.

Wenn wir möchten, dass unsere Kinder leistungsstark werden

und ihr Lern- und Lebenssteuer selbst in die Hand nehmen, müssen wir ihnen helfen, möglichst viel von diesen Erfolgen in ihren Lebensrucksack zu packen, die sich dann in Selbstwirksamkeitsüberzeugungen verwandeln. Die können wir natürlich nicht für die Kinder produzieren, doch wir können Bedingungen schaffen, damit sie sich entwickeln und gedeihen. Das gilt für Eltern wie für Lehrer. Dabei spielen wir Erwachsenen eine wegweisende Rolle: Wir können die Kinder nur dann in ihre Kraft führen, wenn wir selbst eine haben.

GUTE AUSSICHTEN: LUSTVOLLE LEHRER, LERNBEGIERIGE SCHÜLER, ENTSPANNTE ELTERN

Und plötzlich weißt du:
Es ist Zeit, etwas Neues zu beginnen
und dem Zauber des Anfangs zu vertrauen.
(MEISTER ECKHART)

Nun sind wir zehn Lernlustkiller lang in den Mokassins unserer Kinder und Jugendlichen gelaufen – durch ihre Straßen, Berge und Täler. Wir haben ihre Trauer gefühlt, ihren Schmerz erlebt und ihre Freude gesehen. Schön, dass Sie sich auf diese Erfahrung eingelassen haben! Jetzt dürfen Sie gerne Ihre Kinderschuhe abstreifen, wieder in Ihre Erwachsenenschuhe schlüpfen und Bilanz ziehen. Mein Fazit sieht so aus:

Unsere Schüler verbringen lange neun bis 13 Jahre in der Schule – und am Ende sind sie sich doch selber oft fremd geblieben. Weil wir es nicht schaffen, ihnen etwas ganz Wesentliches mitzugeben: wer sie selber sind und welche Stärken sie haben. Trotz hunderter Klassenarbeiten und Klausuren verwehren wir den meisten von ihnen den Schlüssel für ihren weiteren Lebensweg: ihrer eigenen Lebensspur und ihren eigenen Träumen zu folgen. Zu viele kommen mit dem Abschlusszeugnis in der Tasche aus der Schule – und sind doch voller Selbstzweifel und weit davon entfernt, an sich selbst zu glauben. Das, was sie wirklich ausmacht, ihre Einzigartigkeit, findet sich tief unter der gepaukten Stofffülle begraben.

Aber nicht nur bei Schülern schwindet die Lernlust. Wir beobachten dieses Phänomen auch bei Lehrern: Auch sie beginnen ihre Schullaufbahn voller Überzeugung und mit großer Begeisterung. Doch mit zunehmender Schuldauer nimmt diese Freude bei vielen immer mehr ab. Nach ein paar Jahren hat das System sie ausgebremst und manchmal sogar ausgebrannt. Das Problem können wir nur lösen, indem wir die LERN-Lust und LEHR-Lust gemeinsam angehen. Denn auch Lehrer haben in unserer verregelten Schulwelt oft kaum Möglichkeiten, ihr gesamtes Potenzial auszuschöpfen. Genauso wenig wie die Schüler.

FLICKSCHUSTEREI IM SCHULSYSTEM

Auf Facebook kursiert ein Bild, das mich sehr berührt: Es zeigt ein Grüppchen afrikanischer Kinder, die in die Weite der Savanne blicken und sich unterhalten. In einer der Sprechblasen ist zu lesen: »Die Kinder in Europa werden gezwungen, sechs Stunden in Klassenzimmern zu sitzen, werden mit Drogen ruhiggestellt, wenn sie sich zu viel bewegen oder laut sind, und ihre primäre Quelle von Unterhaltung sind Fernsehen und Computer.« Worauf ein anderes Kind antwortet: »Das ist ja schrecklich. Wir sollten einen Spendenfonds für sie einrichten.«

Angenommen, es gäbe noch keine Schule auf dieser Welt, sondern lediglich die Erkenntnisse der Hirnforschung und der Lernpsychologie, wie sie uns zum jetzigen Zeitpunkt vorliegen. Und angenommen, es wäre unsere Aufgabe, eine Schule zu konzipieren, die Kindern ein möglichst effektives und nachhaltiges Lernen ermöglicht, das ihnen auch noch Freude macht. Eine Schule, deren oberste Aufgabe es ist, Schüler dahin zu führen, dass sie dauerhaft lernen wollen. Ich wiederhole: *wollen!* Wie würde die Schule wohl aussehen? Ich meine, sie hätte kaum mehr etwas zu tun mit der Schule, wie wir sie heute kennen.

Die Schule, wie wir sie heute vorfinden, scheint uns so normal, dass wir sie als Gesamtes nicht hinterfragen. Zwar hat sie in den letzten Jahren zahlreiche Reformen über sich ergehen lassen, reformiert wird allerdings immer im »Inner Circle«: Lehrplaninhalte und Lehrmethoden. Das Gesamtkonzept an sich stellen wir kaum infrage. Aus Sicht eines Politikers wäre das auch gefährlich, denn die Auswirkungen sind unkalkulierbar. So etwas kann leicht aus dem Ruder laufen, dem Einzelnen die politische Karriere und der Partei Mandate kosten. Und da Schulpolitik ja Ländersache ist, ändert sie sich dauernd, je nachdem, welche Partei gerade an der Macht ist. Und nach ein paar Jahren wird alles wieder umgeworfen. Die Zeche zahlen die Kinder. Und die Lehrer, die die stets neuen Vorgaben umsetzen müssen.

Die Grundstruktur unseres heutigen Bildungssystems stammt noch aus dem 19. Jahrhundert. Während sich unsere Gesellschaft längst weiterentwickelt und verändert hat, hin zu mehr Demokratie und Teamarbeit, hat sich an den Grundpfeilern unseres Schulsystems kaum etwas verändert: An den alten und veralteten Strukturen wie den Ziffernnoten, der frühen Selektion, dem Gleichmarsch der Schüler beim Lernen, dem 45-Minuten-Takt der Unterrichtsstunden halten wir fest wie ein Kind an seinem Lieblingskleid, das ihm zwar bereits zu kurz geworden und längst zu eng ist, das es aber einfach nicht hergeben möchte. Auch wenn es sich inzwischen regelrecht hineinzwängen muss.

In der Schule lösen wir dieses Problem des zu engen, zwickenden »Schulkleides«, indem wir mittels Reformen die Nähte öffnen und regelmäßig neue Stoffstücke dranflicken. Dass es das passende Muster inzwischen gar nicht mehr gibt und das Alte nicht zum Neuen passt, ignorieren wir. Auf dünne Stoffstellen nähen wir einfach Flicken. Löcher werden gestopft. Und dann verlängern wir das Kleid mit einer dicken Bordüre. Keiner hat daran rechte Freude: weder die Schüler noch die Lehrer, selbst wenn wir die modernsten Stoffe verwenden. Wenn wir an das vorhandene Schulsystem weiter immer neue Teile dranflicken, wird es weder gut funktionieren noch attraktiv sein. Es bleibt Flickwerk und irgendwann muss man es einfach ablegen, bevor es auseinanderzufallen oder zu reißen droht.

Warum tun wir uns nur so enorm schwer, die Erkenntnisse der Neurowissenschaften, der Lern- und Entwicklungspsychologie umzusetzen? Es nützt uns nichts, immer wieder von Neuem eine Reform der Reform der Reform anzuzetteln – sie haben im Grunde die gleiche Wirkung, als würde man in einer Gefängniszelle alle halbe Jahre die Möbel umstellen. Das bringt weder den Schülern die Freiheit des Lernens noch den Lehrern die Freiheit des Lehrens. Nein, es geht ums Ganze! Wir brauchen eine Generalsanierung. Richard D. Precht nennt sie »Bildungsrevolution«. Gerald Hüther und Margret Rasfeld sprechen von »Transformation«. Egal, welchen Namen wir dem Kind geben, die Bildungswende wird bei uns umso mehr Erfolg haben, je mehr das Motiv der Reformer aus Liebe zu den Kindern geschieht – und nicht aus Rechthaberei oder politischem Kalkül.

DIE WENDE KOMMT IMMER VON UNTEN

»Was können wir schon ausrichten?!«, fragen sich Eltern und Lehrer. Dem großen Schulapparat gegenüber fühlen sie sich klein und machtlos und sehen kaum Möglichkeiten, nennenswerte Veränderungen zu bewirken. Gibt es da nicht zahlreiche rechtliche Vorschriften, die eingehalten werden müssen? »Wer will, findet Wege, und wer nicht will, findet Gründe«, sagt ein Sprichwort. Schulen, die sich für den Wandel zu einer Lernkultur der Potenzialentfaltung entschieden haben, beenden die Klagegesänge und finden Möglichkeiten für die Veränderung. Dem Gefühl der Ohnmacht setzen sie Aktion entgegen.

Wir alle können zum Wandel der Lernbedingungen beitragen.

Ja, wir alle! Auch wenn wir meinen, wir müssten erst auf die ganz großen Veränderungen von oben warten, an die kein Mensch wirklich glaubt. In der Politik – und auch in der Bildung – kommt die entscheidende Wende von unten: von Eltern, Lehrern und Schulleitern, die sich an ihren Schulen zu einem Bündnis zusammenschließen, aktiv werden und Lernen gemeinsam neu denken. Wir können den Wind, der aus den Kultusministerien weht, nicht ändern, aber wir können in der Schule selbst – als Eltern und Lehrer – die Segel anders setzen. Und während die Politik noch über G8 oder G9, über Lehrpläne und Stundenzahlen streitet, nehmen immer mehr Schulen Anlauf zu einer Art »Bildungssprung« auf eigene Verantwortung: Schulleiter, Lehrer und Eltern wollen die Erkenntnisse der Neurowissenschaften nicht mehr ignorieren und erkennen die Notwendigkeit, aus den Erkenntnissen der Hirnforschung Konsequenzen zu ziehen. Sie überlegen, was sie im Rahmen der gesetzlichen Möglichkeiten gemeinsam bewerkstelligen können. Und sie schaffen ein Klima, in dem Kinder gerne lernen. Ein Klima, in dem sich Schüler nicht nur auf die Freunde, die Pausen und die Ferien freuen, sondern tatsächlich auf das Lernen.

Lassen Sie uns – Schulleitung, Lehrer, Eltern und Schüler – gemeinsam ein Bündnis schließen, damit unsere Kinder eine lernfördernde, stärkende Schul- und Jugendzeit erleben und ihre Begabungen entwickeln. Die Anstrengung und das Engagement, die das vielleicht kosten mag, werden belohnt durch die Freude, wenn wir dann sehen, wie die Kinder aufblühen!

Vom dm-Gründer Götz Werner stammt der Satz: »Die Utopien von gestern sind die Realität von heute und unsere Zukunft wird morgen so sein, wie heute unsere Utopien sind.« In diesem Sinne möchte ich uns alle ermutigen, die Hoffnung nicht aufzugeben und mit anzupacken: Die Berliner Mauer ist schließlich auch gefallen! Und dass die Lernlust limitierende Mauer unseres Schulsystems an vielen Stellen bereits bröckelt, zeigen sogenannte Leuchtturmschulen wie zum Beispiel die Evangelische Schule Berlin-Zentrum, das Albrecht-Ernst-Gymnasium in Oettingen, die Georg-Christoph-Lichtenberg-Gesamtschule in Göttingen und die Anne-Frank-Realschule in München, die 2014 den Deutschen Schulpreis erhalten hat – um nur vier Beispiele stellvertretend für viele weitere zu nennen.

Und wie geht nun so eine Transformation? Zuallererst: Es gibt keine feste Regel, wie eine Schule der Zukunft aussehen soll. Das bestimmen Sie! Sie können Ihre Schule so transformieren, wie Sie sie vor Ort haben wollen: Sie als Schulleiter, Lehrer, Eltern und Schüler. Es soll ja *Ihre* Schule sein, in und mit der Sie gerne leben und lernen.

Meiner Erfahrung nach haben vor allem die Eltern ein tatkräftiges Interesse an einer Veränderung des Schulsystems. Viele Lehrer möchten dieses Fass gar nicht erst berühren, geschweige denn aufmachen. Im Gegenteil: Kommt in einer Schule die Rede auf die Erkenntnisse der modernen Hirn- und Lernforschung, fühlen sich Lehrer oft in ihrer Ehre gekränkt.

DIE ROLLE DER LEHRER

Lehrer fühlen sich leicht angegriffen. Warum das so ist, beschäftigt mich schon seit Längerem. Es ist eine Schlüsselfrage auf dem Weg zu einer neuen Schulkultur.

In der öffentlichen Wahrnehmung gelten Lehrer oft als beratungsresistent: Sie ließen sich von Eltern nichts sagen und könnten selbst konstruktive Kritik nur schwer annehmen, sondern gingen sofort in die Verteidigung, wird behauptet. Auch wenn wir Verallgemeinerungen vermeiden sollten, glaube ich, dass in den Vorwürfen ein wahrer Kern steckt. Die Ursachen dafür liegen allerdings weniger in der Person des Lehrers, als vielmehr in seinem Amt:

1. Lehrer sind in das Schulsystem, so wie es ist, hineinsozialisiert. Zuerst als Schüler, später als Referendare und dann als Lehrer. Die meisten kennen es nicht anders, können es sich auch kaum anders vorstellen. Sie sehen ihr Lebenswerk und ihre aufrichtigen Bemühungen infrage gestellt durch Veröffentlichungen, die eine Bildungsrevolution ausrufen. Das verunsichert und bringt ihre Kompetenz und Autorität ins Wanken.

2. Lehrer müssen permanent werten und andere Menschen beurteilen, das heißt ihr Beruf spricht ihnen Autorität zu – und verlangt sie ihnen ab. Und diese Autorität müssen sie wahren. In dem Moment, in dem nun Elternvertreter Ansichten oder Vorschläge hinsichtlich des Unterrichts äußern – sei es im Gespräch oder auch indirekter, indem an einem Elternabend ein schulkritischer Film gezeigt oder ein entsprechendes Buch verschenkt wird –, sehen viele Lehrer ihre Autorität bereits untergraben. Und damit auch ihr Ansehen. Auch wenn es noch so gut gemeint ist, wird es nicht ankommen – im Gegenteil: Die meisten Lehrer werden eine Schutzmauer hochziehen. Was bleibt, ist ein fahler Nachgeschmack. Damit Impulse von Eltern Resonanz wecken, muss zuvor ein Vertrauensverhältnis zwischen Lehrern und Elternvertretern gewachsen sein.

3. Lehrer werden häufig kritisiert und müssen eine Menge einstecken. Leider ist auch das Klischeebild des Lehrers, der am Vormittag arbeitet und am Nachmittag Tennis spielt, in der Öffentlichkeit nicht auszurotten. Ja, Lehrer haben einen gewissen zeitlichen Spielraum, aber dass sie oft bis Mitternacht an Korrekturen sitzen, sehen nur wenige. Selten findet ihre Arbeit positive Beachtung. Weder aufseiten der Schüler (wenn das einer mal öffentlich anspricht, gerät er schon in Verdacht zu »schleimen«) noch von den Eltern. Lehrer wertzuschätzen

gehört nicht zur Kultur unseres Landes. Im Gegenteil: Sobald uns etwas missfällt, stehen wir auf der Matte, in der Sprechstunde. Im schlimmsten Fall beschweren wir uns bei der Schulbehörde oder schalten einen Anwalt ein. Hätten Sie Lust, unter diesen Bedingungen auf Dauer mit Elan zu arbeiten?

Die Gefühle des Lehrers finden in der ganzen Diskussion um eine gute Schule viel zu wenig Beachtung. Was für eine Herausforderung es darstellt, in unserem Schulsystem eine Horde Pubertierender zu unterrichten, können sich die meisten nicht im Ansatz vorstellen. Zudem werden Lehrer zermahlen »in einem Dreifrontenkrieg: Hier der Anspruch der Behörden auf Selektion, dort der Anspruch der Eltern auf eine bestmögliche Schulkarriere ihres Kindes und da der Anspruch der Kinder auf Lernen und Freude daran«[44], fasst die Grundschullehrerin Sabine Czerny die Situation der Lehrer zusammen. Nicht umsonst sind die psychosomatischen Kliniken voll von Lehrern, die unter einem Burnout leiden. Ich habe dafür Verständnis.

Als Mutter habe ich mich selbst inzwischen davon frei gemacht, nur auf das zu sehen, was nicht klappt. Es gibt eine Menge Positives – an jeder Schule. Das gilt es wertzuschätzen. Und das muss auch gesagt werden! Von Eltern wie von Schülern. Denn wie für Schüler gilt auch für Lehrer: Wir alle wachsen nur an unseren Stärken. Wie beflügelt es doch jeden von uns, wenn das, was wir tun, wofür wir uns einsetzen, auch wahrgenommen wird! Unsere Schullandschaft würde sich schon alleine dadurch zum Besseren verändern, wenn wir konsequent das Positive wertschätzen würden. Und nur Lehrer, die sich grundsätzlich angenommen fühlen, machen die Tür auf für den Austausch, für Kritik, für Anregungen und Ideen.

ENDE DER GRABENKÄMPFE – ANFANG DES WANDELS

Meine Anregung also für Eltern: Wenn Sie etwas zur Veränderung der Schule beitragen und mit Lehrern ins Gespräch kommen möchten, nehmen Sie sie zuerst einmal wahr. Schauen Sie, was Ihre Schule vor Ort alles leistet und welche einzigartigen Stärken die Lehrer Ihres Kindes haben. Was erzählt Ihr Kind über seine Lehrer? Lassen Sie sich das Positive ruhig ausführlich darstellen. Ich habe Fälle erlebt, da dachten Kollegen, dass bestimmte Schüler ihren Unterricht »doof« fänden. Genau diese Kinder berichteten aber daheim, wie cool und toll die Lehrer sind. Melden Sie das dem entsprechenden Lehrer zurück: Es beflügelt ihn und es bestätigt ihn darin, an diesem Punkt so weiterzumachen. Vor Kurzem sah ich folgendes Plakat aus dem Spectra-Verlag: »Wenn Sie mir versprechen, dass Sie nicht alles glauben, was Ihr Kind von der Schule erzählt, dann versprechen wir Ihnen, dass wir nicht alles glauben, was Ihr Kind von zu Hause erzählt.«

Immer wieder erlebe ich Grabenkämpfe zwischen Eltern und Lehrern. Manchmal werden Konflikte direkt und offen ausgetragen. Häufiger allerdings versteckt und hinter dem Rücken der jeweils anderen Partei. Dass wir in der Schulentwicklung nur langsam weiterkommen, ist kein Wunder. Solange wir es nicht schaffen, an einem Strang zu ziehen, bleibt es schwierig!

Daher nun auch mein Tipp an die Lehrer: Wertschätzen auch Sie, was Eltern täglich an Erziehungs- und Bildungsarbeit leisten mit ihren Kindern. Wenn Eltern diese vernachlässigen, kann der Unterricht nur mit halber Kraft vonstattengehen. Sprechen Sie ausführlich mit den Eltern darüber, was das Kind an Stärken hat und was Ihnen alles Positives auffällt – und die Schulwelt wird sich verändern! Dabei wird der Zugang zu den Eltern umso besser gelingen, je mehr sie spüren können, dass Ihnen ihr Kind am Herzen liegt.

VON DER VISION ZUM ERSTEN SCHRITT

Was können nun Sie als Eltern konkret tun, wenn Sie nicht nur Ihren Kindern in der aktuellen Schulsituation helfen möchten, sondern sich ihre Schule als Ort der Potenzialentwicklung wünschen?

Einen konkreten Leitfaden für die ersten Schritte hin zu einer kindgerechteren Schule, der den inhaltlichen Spielraum offen lässt, bietet die Plattform www.schule-im-aufbruch.de. Dort finden Sie auch viel aktuelles Filmmaterial.

»Die Transformation einer Schule benötigt im ersten Schritt tatsächlich nur eine Person, die den Anfang macht. Eine Person, die in ihrem Herzen die Sehnsucht und die Bereitschaft spürt, sich zu engagieren«, schreiben die Verantwortlichen von *Schule im Aufbruch* auf ihrer Website: Margret Rasfeld, Stephan Breidenbach und Gerald Hüther. Und dann braucht es Menschen, die die Idee und die Sehnsucht teilen, eine Lernkultur der Potenzialentfaltung zu entwickeln. Menschen, die sich gemeinsam auf den Weg machen und ein Bündnis schmieden aus Schulleitung, Lehrern, Schülern, Eltern und Schulbehörden.

Die Initiative *Schule im Aufbruch* will mit einer Art »Kompass« helfen, sich zu orientieren und erste Schritte zu gehen. Dabei wird nur der Rahmen vorgezeichnet, die Inhalte bestimmen die Schulen selber. So kann am Schluss die Lernkultur der Potenzialentfaltung sehr unterschiedliche Formen annehmen, keine Schule wird sein wie die andere. Dieser Kompass ist nicht als Rezeptbuch gedacht, sondern bietet – in Form von zehn Themenfeldern – Inspirationen, Anregungen und Beispiele, wie sich die Prinzipien einer neuen Lernkultur umsetzen lassen.

Es gibt inzwischen eine Menge Initiativen in ganz Deutschland, die sich dieses Ziel auf ihre Fahnen geschrieben haben. Ihnen können Sie sich anschließen. Dort erhalten Sie viele Impulse, aktuelle Beispiele von Pionierschulen, die in der Umsetzung schon Schritte gegangen sind, Hilfen und Informationen über aktuelle Aktionen usw. Eine Liste von aktuellen Adressen maile ich Ihnen gerne zu.

Vielleicht haben Sie nach der Lektüre des Buches ja generell Lust, mit mir in Kontakt zu treten und mir mitzuteilen, was Sie berührt und inspiriert hat. Oder was Sie geärgert und zum Widerspruch gereizt hat. Dann schreiben Sie mir gerne eine E-Mail an: jutta.wimmer@juttawimmer.com

AUSGEBUCHT!

Nun wünsche ich Ihnen als Eltern und Lehrer zum Schluss, dass es in der Schule Ihrer Kinder so wunderbar zugehen möge, wie es der kleine Sebastian beschreibt:

Sebastian ist sechs Jahre alt und Sohn eines Kinobesitzers. Von klein auf ist er immer mit dabei. Er weiß, wie das alles läuft mit dem Kino, mit den Filmen, mit dem Publikum. Und nun – sein erster Schultag. Die Eltern begleiten ihn in die Schule, und als sie ihn am Mittag wieder abholen, fragt der Papa gespannt: »Ja, Bub, sag, wie war's denn?« – »Super Vorstellung, Papa!«, antwortet Sebastian, »bis auf den letzten Platz ausverkauft!«

Lassen Sie uns zusammen helfen und alles dafür tun, dass unsere Schulen zu Lernorten werden, die bei den Kindern so begehrt sind, dass sie – freiwillig – bis auf den letzten Platz ausgebucht sind!

ANHANG

DANKSAGUNG

Nach neunmonatiger intensiver und freudig-strapaziöser »Buch-Schwangerschaft« sage ich von Herzen Danke! Danke

... all meinen Schülern, Lerncoach-Klienten, Eltern und Lehrern, die mir vertrauensvoll ihr Herz über ihr Schulleid ausschütteten und mir zeigten, wo es im System hakt. Und all meinen Freunden, Lehrerkollegen und Kontrahenten, mit denen ich in vielen Diskussionen meine Ansichten schärfen konnte.

... meinem Kollegen und Freund Udo Gaedeke, der mir Türen zu meinem Potenzial öffnete und von Anfang an an mich glaubte.

... meiner Begleiterin und Psychoanalytikerin Gisela Ermann, die mich lehrte, hinter die äußeren Fassaden zu blicken und Kinder in ihrer Verletzlichkeit zu sehen.

... meiner Lerncoach-Ausbilderin Iris Komarek, bei der ich erfuhr, wie sinn- und lustvolles Lernen wirklich gehen kann.

... meinem Mentor Hermann Scherer, der mich vielfältig förderte und mich mit seinem Weitblick immer wieder herausforderte. Ohne ihn hätte ich viele meiner Grenzen nicht überwunden.

... meiner Unterstützerin Sabine Asgodom, deren Bücher mir

die Power verliehen, Neues zu wagen, und die mir einst zurief: »Jutta, dieses Buch *musst* du schreiben!«

... meinem Schreib-Coach Karen Christine Angermayer, die mich mit viel Humor in die Kunst des Bücherschreibens einweihte.

... meiner Lektorin Barbara Zollner, die mich inspirierte und mich während der langen Zeit der Wehen mit ihrer Hebammen-Kompetenz so wundervoll begleitete.

... dem Kösel-Verlag für sein Vertrauen, insbesondere meinem Lektor Gerhard Plachta, der meinem Buchbaby mit großer Sorgsamkeit half, das Licht der Welt zu erblicken und der den Perfektionismus einer »Erstgebärenden« geduldig ertrug.

... meiner Förderin und Mitstreiterin Margret Rasfeld, die mir viel Zeit und meinem Buchkind das wunderbare Vorwort schenkte.

... meiner ganzen Familie, deren Verständnis und Rückhalt mir immer so guttat.

... ganz besonders meinem wunderbaren Sohn Daniel, der mein größter Lehrmeister in vielen pädagogischen Fragen war und ist und dem ich so viele tiefe Lebenserkenntnisse verdanke.

... vor allem meinem Mann Christoph, der mir in all der Zeit grandios den Rücken freihielt und mich mit Rat und Tat unterstützte. Ohne ihn hätte ich es nicht geschafft! Tausend Dank!

Und nun, nun dürft auch ihr alle mein Buch-Baby endlich in den Armen halten :)

ANMERKUNGEN

1. Wissensresiduum = das Wissen, das am Schluss übrig bleibt
2. Städtler, Thomas: *Die Bildungs-Hochstapler. Warum unsere Lehrpläne um 90 % gekürzt werden müssen.* Heidelberg: Spektrum 2010, S. 422
3. Roth, Gerhard: *Bildung braucht Persönlichkeit. Wie Lernen gelingt.* Stuttgart: Klett-Cotta 2011, S. 114
4. Intrinsische Motivation kommt von innen: Der Mensch tut etwas von sich aus, weil es Spaß macht oder ein Bedürfnis befriedigt.
5. Müller, Andreas: *Eigentlich wäre Lernen geil. Wie Schule (auch) sein kann: Alles außer gewöhnlich.* Bern: hep 2013, 2. Aufl., S. 35
6. Städtler, Thomas: *Die Bildungs-Hochstapler*, a.a.O., S. 34
7. Ebd.
8. Ebd., S. 37
9. Precht, Richard David: *Anna, die Schule und der liebe Gott. Der Verrat des Bildungssystems an unseren Kindern.* München: Goldmann 2013, S. 196
10. Müller, Andreas: *Eigentlich wäre Lernen geil.* a.a.O., S. 21
11. Ebd., S. 16
12. Reinhard Kahl in: Seidl, Roland: *Reißt diese Schulen ein! Wege aus der Bildungskrise.* München: Kösel 2009, S. 11
13. Müller, Andreas.: *Die Schule schwänzt das Lernen. Und niemand sitzt nach.* Bern: hep 2013, S. 23
14. Ebd.
15. Rasfeld, Margret; Spiegel, Peter: *EduAction. Wir machen Schule.* Hamburg: Murmann 2012, S. 52
16. de Zárate, Alma u. a.: *Wie wir Schule machen. Lernen, wie es uns gefällt.* München: Knaus 2014, S. 42
17. Spitzer, Manfred: *Medizin für die Bildung. Ein Weg aus der Krise.* Heidelberg: Spektrum 2010, S. 37
18. Müller, Andreas: *Eigentlich wäre Lernen geil, a.a.O.*, S. 24
19. L'Habitant, Bettina: *Du machst Schule! Warum das Bildungssystem versagt, was junge Menschen wirklich lernen müssen und wie wir ihnen dabei helfen.* München: Südwest 2012, S. 36

20. Müller, Andreas: *Eigentlich wäre Lernen geil, a.a.O.*, S. 10

21. Czerny, Sabine: *Was wir unseren Kindern in der Schule antun … und wie wir das ändern können.* München: Südwest 2010, S. 153

22. Ebd., S. 34

23. Melzer, Wolfgang; Sandfuchs Uwe (Hrsg.): *Was Schule leistet. Funktionen und Aufgaben von Schule.* Weinheim / München: Juventa 2012, S. 87

24. Reinhard Kahl in: Seidl, Roland, a.a.O., S. 12

25. Leppert, Ursula: *Ich hab eine Eins! Und du? Von der Notenlüge zur Praxis einer besseren Lernkultur.* München: Uni-Online-Press 2010, S. 45

26. Zitat in: Bayrhammer, Bernadette: *Eltern wollen Noten, weil sie auf eine Illusion vertrauen.* Die Presse.com vom 12.02.2013

27. www.notenfrei.de/pdf/wasmachennoten.pdf

28. Singer, Kurt: *Die Schulkatastrophe. Schüler brauchen Lernfreude statt Furcht, Zwang und Auslese.* Weinheim: Beltz 2009, S. 11

29. Juul, Jesper: *Pubertät – Wenn Erziehen nicht mehr geht. Gelassen durch stürmische Zeiten.* München: Kösel, 9. Auflage 2014, S. 23

30. Felten, Michael: *Auf die Lehrer kommt es an! Für eine Rückkehr der Pädagogik in die Schule.* Gütersloh: Gütersloher Verlagshaus 2012, S. 127

31. Bauer, Joachim: *Lob der Schule. Sieben Perspektiven für Schüler, Lehrer und Eltern.* Hamburg: Hoffmann und Campe, 4. Auflage 2008

32. de Zárate, Alma u. a.: *Wie wir Schule machen*, a.a.O., S. 102

33. Ebd., S. 103

34. Henzinger, Hans, auf www.schulpsychologie.at

35. Jacobson, Lenore; Rosenthal, Robert: »Schüler leisten, was ihre Lehrer von ihnen erwarten«, in: *betrifft erziehung*, 12 / 1970, 21–25

36. Voll, Stefan; Buuck, Sabine: *Steigerung der geistigen Leistungsfähigkeit durch Bewegung. Modellprojekt Bewegung zur kognitiven Aktivierung (BekoAkt) an bayerischen Schulen* (PDF)

37. www.zeitzuleben.de/2912-eine-wundervolle-liste

38. Berner, Hans-Günter: *Blackout passé. Mit Nährstoffen zu optimaler Konzentration und Leistungsfähigkeit.* Hamburg: Promedico 2002, S. 45

39. Voll, Stefan; Buuck, Sabine: *Steigerung der geistigen Leistungsfähigkeit durch Bewegung*. PDF

40. Vgl. Strunz, Ulrich: *Praxisbuch Mentalprogramm*. München: Heyne 2008, S. 129

41. Scherer Hermann: *Glückskinder. Warum manche lebenslang Chancen suchen – und andere sie täglich nutzen*. München: Piper 2014

42. Schoenaker, Theo: *Mut tut gut. Das Encouraging-Training*. Züntersbach: RDI 2000, S. 17

43. Rudolph, Wilma; Ralbovsky, Martin: *Wilma. The Story of Wilma Rudolph*. New York: Signet 1977

44. Czerny, Sabine: *Was wir unseren Kindern in der Schule antun …*, a.a.O., S. 92

LITERATURVERZEICHNIS

Bauer, J.: *Lob der Schule. Sieben Perspektiven für Schüler, Lehrer und Eltern.* Hamburg: Hoffmann und Campe 2008, 4. Auflage

Bayrhammer, B.: *Eltern wollen Noten, weil sie auf eine Illusion vertrauen.* Die Presse.com vom 12.02.2013

Berner, H.-G.: *Blackout passé. Mit Nährstoffen zu optimaler Konzentration und Leistungsfähigkeit.* Hamburg: Promedico 2002, 2. Auflage

Czerny, S.: *Was wir unseren Kindern in der Schule antun ... und wie wir das ändern können.* München: Südwest 2010

de Zárate, A.; Tressel, J.; Ehrenschneider, L.-L.: *Wie wir Schule machen. Lernen, wie es uns gefällt.* München: Knaus 2014

Felten, M.: *Auf die Lehrer kommt es an! Für eine Rückkehr der Pädagogik in die Schule.* Gütersloh. Gütersloher Verlagshaus 2012, 2. Auflage

Fuchs, C.: *Anstiftung zum Lernerfolg. Oder: Was Lehrer tun, wenn sie nicht lehren.* Bern: hep 2006

Hamm, M.; Freeman, A.; Hoffmann, M.; Rauhe, H.: *Brainfood. 100 kulinarische Highlights für Körper, Geist und Seele.* Hannover: Schlütersche Verlagsgesellschaft 2007

Holford, P.; Colson, D.: *Optimale Gehirnernährung für Kinder. Fit im Kopf, fit in der Schule, fit im Leben.* Kirchzarten: VAK 2011, 2.Auflage

Jacobson, L.; Rosenthal, R.: »Schüler leisten, was ihre Lehrer von ihnen erwarten«, in: *betrifft erziehung,* 12/1970, 21–25

Juul, J.: *Pubertät – Wenn Erziehen nicht mehr geht. Gelassen durch stürmische Zeiten.* München: Kösel 2014, 9. Auflage

Komarek, I.: *Ich lern einfach! Das NLP-Programm für effektive Lerntechniken.* München: Südwest 2010

L'Habitant, B.: *Du machst Schule. Warum das Bildungssystem versagt, was junge Menschen wirklich lernen müssen und wie wir ihnen dabei helfen.* München: Südwest 2012

Leppert, U.: *Ich hab eine Eins! Und du? Von der Notenlüge zur Praxis einer besseren Lernkultur.* München: Uni-Online Press 2010

Lehtinen, E.: »Institutionelle und motivationale Rahmenbedingungen und Prozesse des Verstehens im Unterricht«, in: Reusser, K.; Reusser-Weyeneth, M. (Hrsg.): *Verstehen. Psychologischer Prozess und didaktische Aufgabe.* Bern: Hans Huber 1997

Melzer, W., Sandfuchs, U. (Hrsg.): *Was Schule leistet. Funktionen und Aufgaben von Schule.* Weinheim/München: Juvena 2012

Müller, A.: *Eigentlich wäre Lernen geil. Wie Schule (auch) sein kann: Alles außer gewöhnlich.* Bern: hep 2013, 2. Auflage

Müller, A.: *Die Schule schwänzt das Lernen. Und niemand sitzt nach.* Bern: hep 2013

Perrez, M; Huber, G.L; Geißler, K.A.: »Psychologie der pädagogischen Interaktion«, in: Krapp, A.; Weidenmann, B. (Hrsg.): *Pädagogische Psychologie. Ein Lehrbuch.* Weinheim: Beltz 2001

Precht, R. D.: *Anna, die Schule und der liebe Gott. Der Verrat des Bildungssystems an unseren Kindern.* München: Goldmann 2013

Rasfeld, M., Spiegel, P: *EduAction. Wir machen Schule.* Hamburg: Murmann 2012

Roth, G.: *Bildung braucht Persönlichkeit. Wie Lernen gelingt.* Stuttgart: Klett-Cotta 2011

Rudolph, W.; Ralbovsky, M.: *Wilma. The Story of Wilma Rudolph.* New York: Signet 1977

Sacher, W.: *Prüfen – Beurteilen – Benoten. Theoretische Grundlagen und praktische Hilfestellungen für den Primar- und Sekundarbereich.* Bad Heilbrunn: Julius Klinkhardt 1994

Scherer, H.: *Glückskinder. Warum manche lebenslang Chancen suchen – und andere sie täglich nutzen.* München: Piper 2014

Schoenaker, T.: *Mut tut gut. Das Encouraging-Training.* Züntersbach: RDI 2000

Seidl, R.: *Reißt diese Schulen ein! Wege aus der Bildungskrise.* München: Kösel 2009

Singer, K.: *Die Schulkatastrophe. Schüler brauchen Lernfreude statt Furcht, Zwang und Auslese.* Weinheim/Basel: Beltz 2009

Spitzer, M: *Medizin für die Bildung. Ein Weg aus der Krise.* Heidelberg: Spektrum 2010

Städtler, T: *Die Bildungs-Hochstapler. Warum unsere Lehrpläne um 90 % gekürzt werden müssen.* Heidelberg: Spektrum 2010

Strunz, U.: *Praxisbuch Mentalprogramm.* München: Heyne 2008

Voll S., Buuck, S.: *Steigerung der geistigen Leistungsfähigkeit durch Bewegung. Modellprojekt Bewegung zur kognitiven Aktivierung (BekoAkt) an bayerischen Schulen* (PDF)